高等院校民航服务专业系列教材

民用航空基础概论

周为民　孙　明　编著

清华大学出版社
北京

内 容 简 介

在广阔无垠的蓝天下，民用航空作为现代交通运输体系中的重要组成部分，它以高效、快捷、安全的特点，不仅极大地缩短了人与人之间的物理距离，也深刻地影响着全球经济格局、文化交流乃至人们的生活方式。本书旨在为读者打开一扇通往民航世界的大门，全面而系统地介绍民航业的发展历程、民航的系统组成、航空安全及客机概况。

全书共分为五篇：第一篇介绍飞机的发明与发展历程；第二篇介绍了民用航空的各类组织及其作用和民航法规；第三篇全面介绍了民航系统的组成与分类；第四篇系统讲述了民航客机的机型、结构、设备及飞行原理等相关知识；第五篇是民航安全的相关知识，从飞行安全、航空安全保卫、危险品运输三个维度讲解了民航安全的重要性。五篇的内容既相对独立又相辅相成，旨在构建一个既有深度又有广度的知识体系。

本书不仅能够帮助大家提升对民航业的整体认知，还能为从事或计划进入民航相关领域的学习者提供宝贵的专业知识与技能储备。全书内容全面丰富、结构合理清晰、图文并茂、通俗易懂。既可作为高等院校空中乘务及相关专业的教材，又适合作为民航从业者或民航爱好者全面了解民航产业的参考图书。

图书在版编目(CIP)数据

民用航空基础概论 / 周为民，孙明编著. -- 北京：清华大学出版社，2025.9.
(高等院校民航服务专业系列教材). -- ISBN 978-7-302-70124-8
Ⅰ. F56
中国国家版本馆 CIP 数据核字第 2025TZ8282 号

责任编辑：张 瑜
封面设计：李 坤
责任校对：吕春苗
责任印制：丛怀宇
出版发行：清华大学出版社
　　　　　网　　址：https://www.tup.com.cn, https://www.wqxuetang.com
　　　　　地　　址：北京清华大学学研大厦 A 座　　　邮　　编：100084
　　　　　社 总 机：010-83470000　　　　　　　　　邮　　购：010-62786544
　　　　　投稿与读者服务：010-62776969, c-service@tup.tsinghua.edu.cn
　　　　　质量反馈：010-62772015, zhiliang@tup.tsinghua.edu.cn
　　　　　课件下载：https://www.tup.com.cn, 010-62791865
印 装 者：三河市少明印务有限公司
经　　销：全国新华书店
开　　本：185mm×260mm　　　印　张：17.5　　　字　数：424 千字
版　　次：2025 年 9 月第 1 版　　　　　　　　印　次：2025 年 9 月第 1 次印刷
定　　价：59.00 元

产品编号：107184-01

前　言

在 21 世纪全球化的浪潮中，航空运输业扮演着连接世界各地的桥梁角色，其重要性日益凸显。随着科技的飞速发展和经济全球化的不断深入，民航业已成为国家经济发展的重要引擎，同时也是促进国际交流与合作的关键平台。本书正是在这样的时代背景下应运而生，旨在为读者提供一个全面、系统、深入浅出的民航知识体系。

民航业的发展历经从萌芽到繁荣的辉煌历程。从最初的简单飞行尝试，到莱特兄弟实现人类首次动力飞行；从二战期间军事航空技术的飞跃，到战后民用航空的蓬勃发展；再到现代，以超音速客机、大型远程宽体客机、无人机及绿色航空技术为代表的技术革新，每一次进步都深刻地改变了人类的生活方式和经济社会结构。本书将简要回顾这一发展历程，让读者感受民航发展的辉煌与艰辛。

本书旨在为民航相关专业的学生、从业人员及对民航业感兴趣的社会各界人士提供一本基础性的入门读物。本书通过系统梳理民航业的基本概念、发展历程、民航的系统组成及飞行的相关原理和客机系统结构，帮助读者建立起对民航业的全面认知，为后续深入学习和工作实践打下坚实基础。

本书分为五篇，共十个章节，内容涵盖飞机发展简史、中国民航发展历程、民用航空组织介绍、民航法规体系、空中交通管理、民用航空机场、民航客机的结构与系统、客机飞行原理以及民用航空安全概述。每章均配有丰富图片和思考题，旨在帮助读者深化理解知识内容，激发学习兴趣。

本书在编纂过程中参考了大量文献，书后仅列出主要参考书目。在此，谨向所有被引用的书刊和资料的作者致以诚挚的谢意。由于编写时间及作者能力有限，书中难免有不足之处，恳请各位专家、老师和同学批评、指正。

编　者

目 录

第三篇　民用航空组成

第四篇　民用航空客机

第五篇　民用航空安全

第一篇

民用航空发展史

第一章

飞机发展简史

【本章导读】

自古以来，人类对于飞翔的向往就如同对星辰的憧憬，强烈而持久。随着科技不断进步，这种向往逐渐从神话传说变为现实。

飞机的发明是人类航空史上的里程碑，标志着人类正式征服了天空，实现了人类飞翔的梦想，开启了全新的航空时代。从最初的简单滑翔机到如今的喷气式客机、战斗机、直升机和无人机等，飞机的形态和功能不断演变。飞机不仅改变了人类的交通方式，更对战争、经济、文化等多个领域产生了深远的影响。在军事上，飞机的出现使战争从地面扩展到了空中，战略战术发生了巨大的变化；在经济上，飞机的快速运输大大促进了国际贸易的发展；在文化上，飞机的出现使人们能够更加便捷地探索世界，促进了不同文化之间的交流与融合。未来，随着科技的不断进步，飞机的性能将会更加先进，应用领域也将更加广泛。

【学习目标】

- 了解飞机是如何诞生的；
- 了解飞机的发展简史；
- 掌握民用航空兴起的历史阶段；
- 了解相关的历史事件、人物和技术知识；
- 了解民航业的起源、发展和演变，以及航空技术的进步和应用；
- 掌握几种常见的民航运输飞机型号及其特征；
- 培养学生分析问题的能力。

第一节 飞机发明之前的时代

一、人类的飞天梦想

飞行是人类自古以来的梦想，很多国家和民族都有关于飞行的神话传说。"大鹏一日同风起，扶摇直上九万里"，在中国两千多年的历史长河中，从乘槎泛天河到嫦娥奔月的神话传说，从飞车、木鸟、风筝、竹蜻蜓到火箭，古人"逐梦九天"的梦想从未消逝。

最早的飞行器记载，当数《山海经》中记载的奇肱国，如图 1-1 所示。"奇肱之国在其北，其人一臂三目，有阴有阳，乘文马。有鸟焉，两头，赤黄色，在其旁。"《博物志》中说："奇肱国，其民善机巧，以杀百禽，能为飞车从风远行。"这是一个神奇的部族，长着三只眼，只有一条手臂，而又极为机巧，善于制造飞车，乘风远行。

人类首次飞天的尝试，最早记录是 14 世纪的"万户飞天"，如图 1-2 所示。万户是明朝初期人，本名陶广义，后被明太祖朱元璋赐名"成道"，封赏"万户"。他喜好钻研炼丹技巧，在一次炼丹事故后，转为试制火器，偶然发现火器点燃发射时有巨大的推动力，于是设法利用这种推动力将人送到空中。经过多年潜心研究，他正式开启了自己飞天梦想的实现之路。晚年，陶成道把 47 个自制的火箭绑在椅子上，自己坐在上面，双手举着两只大风筝，然后叫人点火发射。他设想利用火箭的推力，加上风筝的力量飞起，像鸟儿一样在天空飞翔，不幸火箭在高空爆炸，陶成道也为此献出了生命。万户飞天，无论是科学寓言还是真实历史，都体现了人们自古就有的探索星空、开拓未来的精神。

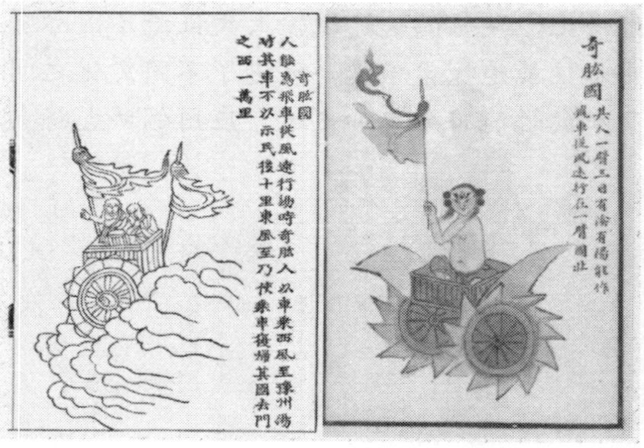

图 1-1 《山海经》中记载的奇肱国

图 1-2 万户飞天

二、飞行器的发明

1. 达·芬奇的早期飞行器研究

在意大利乌菲兹美术馆中，藏有一页古旧的手稿，如图 1-3 所示。手稿的背面，是一幅鸟的俯冲轨迹图，旁边带有注解。它也许是人类最早的对飞行器的系统研究图。手稿作者是欧洲文艺复兴时期意大利画家达·芬奇。

15 世纪末期，达·芬奇结合解剖学和机械学中的重力及运动原理，开始设计载人飞行器，这一时期他绘制了许多飞行器的概念草图。图 1-4 所示是达·芬奇设计的扑翼机草图。16 世纪初，达·芬奇开始系统地探索人类飞行的可能性，他经常整天待在户外，观察鸟类飞行的特征。他深信人类能够模仿鸟类在天空翱翔。1505 年，达·芬奇撰写了一份手稿，后被命名为"鸟类飞行手稿"，这份手稿不仅有文字叙述，还有大量画作。画作内容包括机械装置的工作方式，铸造金属的原理，重力、风和气流对飞行的影响，羽毛的作用，扇动翅膀如何压缩空气，鸟类尾翼的动作等。

关于飞行器，达·芬奇不但有理论研究，还亲手进行制作。他设计制作出了许多个飞行器，还曾在佛罗伦萨附近的小山上试飞，但没有成功。

图 1-3　达·芬奇手稿

图 1-4　达·芬奇设计的扑翼机草图

2. 巴克奎威利的飞行尝试

从欧洲文艺复兴时期开始，人们模仿鸟类飞行的尝试就从未停止，一直持续到 17 世纪，却无一人成功。图 1-5 所示是一名意大利人在学习鸟类飞行。1742 年，巴克奎威利侯爵试图飞越塞纳河，如图 1-6 所示。确切地说，他是从位于巴黎码头附近的自家府邸出发，飞行 150～180 米后，降落在杜伊勒里宫中。他胳膊上挂着一对假翅膀，从自家楼顶跳了下去，片刻之后，摔在了游艇的甲板上，腿摔折了。

图 1-5　一名意大利人在学习鸟类飞行

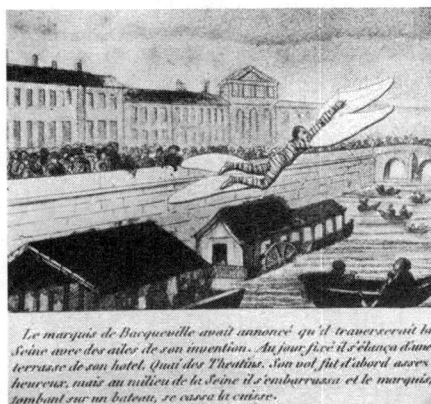

图 1-6　巴克奎威利侯爵飞越塞纳河画面

有了前人的飞行经历，人们发现单靠假翅膀飞上天根本不可能实现。人类无法制造出像鸟类翅膀那样具备滑翔、前飞、悬停甚至倒飞的多功能设备，且人类的肌肉力量不足以让自身像鸟类那样振动翅膀克服自身重力做长时间飞行。但人类在模仿鸟类飞行的活动中积累了许多宝贵的知识和经验。

三、热气球的出现

18世纪的工业革命推动了科学技术的发展，为人类实现真正的飞行奠定了基础。1783年6月4日，法国约瑟夫·蒙哥尔斐和艾迪安·蒙哥尔斐兄弟设计制作的以麻布为材料的热气球，进行了第一次成功的公开升空表演。如图1-7所示。

热气球数据　　　　　　公开演示图画　　　　蒙哥尔斐兄弟发明热气球手稿

图1-7　蒙哥尔斐兄弟制造的热气球

热气球的升空原理是基于热空气的静浮力。启动热气球时要在热气球底部燃烧干草和羊毛，燃烧产生的热空气被导入热气球内部。由于热空气的密度小于冷空气的密度，当气球充满热空气后，便会因为空气的静浮力而升空。这一原理与中国的孔明灯相似，都属于轻于空气的航空器。同年11月21日，两位法国人乘坐蒙哥尔斐兄弟制造的热气球升到了1000米的高空，并飞行了12千米，完成了人类历史上首次载人航空的壮举，这标志着近代航空史的开端。

热气球试飞后不久，法国科学家亨利·查理研制出了利用氢气的气球。氢气的密度比热空气更小，且不会像热气球那样在短时间内冷却下降。因此，它的浮空和操作性能更为优越。1783年12月1日，两名法国人乘坐氢气球在巴黎进行了首次自由飞行，这一事件进一步推动了航空技术的发展。

四、飞艇与滑翔机

1. 让·皮埃尔·布兰查德的手动螺旋桨飞艇

热气球没有操纵装置，只能随风漂流，或者需要在地面用绳索进行引导。为了改进这个缺陷，法国人让·皮埃尔·布兰查德在 1784 年将一个手动螺旋桨安装到了气球上，发明了可以操纵的无动力飞艇。

2. 乔治·凯利的固定翼飞行器理论

1796 年，英国乔治·凯利爵士通过对中国古老玩具竹蜻蜓的研究，在科学计算的基础上制作了第一个飞行器——相对旋转模型直升机。1799 年，26 岁的乔治·凯利意识到固定翼飞行器应该是可以飞行的，并提出了现代飞行器不应模仿鸟类振翼而飞，而应采取"固定翼飞机+推进器"模式的观点。他在一块银盘上刻下了自己对未来飞行器的构想，如图 1-8 所示。

图 1-8　乔治·凯利的飞行器草图及设计

1804 年，乔治·凯利制作了第一架根据他的研究理论而发明的小型滑翔机，这一发明奠定了现代飞机的基础。1809 年，他制造了一架表面积达 28 平方米的滑翔机，堪称历史上真正意义的首个航空器。1810 年乔治·凯利在英国的《自然哲学、化学和技艺》杂志上发表了著名论文《论空中航行》，提出了重于空气飞行器的基本飞行原理和飞机的结构布局，奠定了固定翼飞机和旋翼机的现代航空学理论基础，被看成现代航空学诞生的标志。此后 40 年间，乔治·凯利一直在不断地试验，以改进滑翔机的设计。1849 年，他制造了一架旋翼载人滑翔机，并带人飞了一段距离。1852 年，他又制作了一架机翼面积达 43 平方米，重 68 千克的滑翔机，由他的马车夫驾驶飞行了 10 米后坠毁。1853 年，他制造了一架更大的滑翔机，并装上了灵巧的刹车杠杆，首次在公众面前表演了载人飞行。滑翔机成功起飞了，但接下来它就掉到地上摔坏了，所幸没有人员受伤。1804—1853 年乔治·凯利设计的滑翔机，如图 1-9 所示。

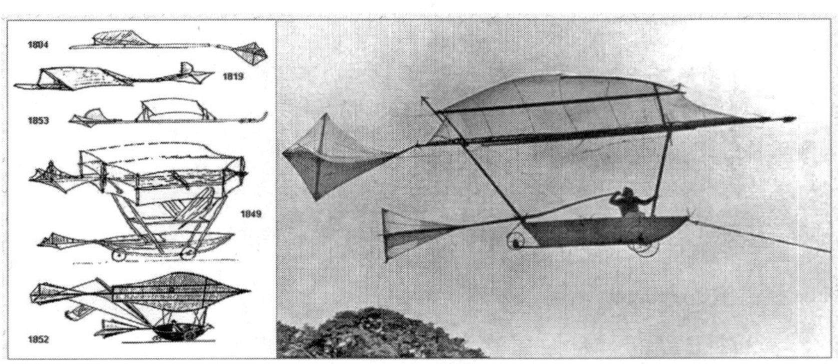

图 1-9　1804—1853 年乔治·凯利设计的滑翔机

乔治·凯利通过大量的试验得出了一个重要的结论，那就是人类要想实现飞行，需要为固定翼的飞行器配置能够产生升力的部件，即机翼；以及能够产生推力的部件，即发动机和螺旋桨，而不是学习飞鸟，用一对上下扑动的机翼，同时产生升力和前进的推力。乔治·凯利在飞行原理方面贡献巨大，因此，被后人尊称为"空气动力学之父"。

3. 奥托·李林达尔与滑翔机

奥托·李林达尔生于 1848 年 5 月，是一位德国工程师和滑翔飞行家。他自幼酷爱飞行，从 10 岁起就和弟弟古斯塔夫·李林达尔一起制造了扑翼机和动力飞机模型。1867 年，李林达尔兄弟开始用自制的悬臂机进行气动力试验，对鸟的飞行进行精准的研究，用图形描述鸟翼的气动力，并进行了大量的试验，收集了大量有效数据。1889 年，奥托·李林达尔出版了著名的《鸟类飞行：航空的基础》一书，论述鸟类飞行的特点，指出机翼也要像鸟翼那样具有弓形截面才能获得更大的升力。1891 年，奥托·李林达尔制造了一架蝙蝠状弓形翼滑翔机，并成功地进行了滑翔飞行，从而验证了曲面翼设计的合理性和有效性。此后，他又制造了多架不同形式的单翼和双翼滑翔机。1891 至 1896 年间，他先后设计制造了 18 种不同形式的滑翔机，包括 12 种单翼机和 6 种双翼机(或多翼机)，并且进行了 2000 次以上的滑翔试验(见图 1-10)，积累了丰富的资料，并著有《飞翔中的实际试验》等书。他原本计划在充分掌握稳定操纵技术后，在滑翔机上安装蒸汽机实现动力飞行。然而，1896 年 8 月 9 日，他在试飞试验中遭遇大风，从 17 米高处重重摔在地上，导致脊椎断裂，第二天在柏林一家诊所中不治身亡。弥留之际他留下的最后一句话是："必须有人为此做出牺牲。"奥托·李林达尔为人类实现翱翔蓝天的梦想作出了卓越贡献，被称为"滑翔机之父"。

图 1-10　奥托·李林达尔试飞滑翔机

4. 亨利·吉法尔的可操纵飞艇

同一时期，法国工程师亨利·吉法尔在 1852 年发明制造了世界上第一艘可操纵飞艇。他将一台输出功率为 3 马力的蒸汽发动机安装到一个长 44 米、最大直径为 12 米、形状像橄榄的气球上,用于驱动一副三叶螺旋桨,如图 1-11 所示。同年 9 月 24 日,他驾驶这艘飞艇从巴黎飞抵特拉普斯,航程约 28 千米,实现了飞艇首次载人飞行。

图 1-11 亨利·吉法尔和他的飞艇

5. 斐迪南·冯·齐柏林的硬式飞艇

让飞艇真正登上世界舞台的是德国人斐迪南·冯·齐柏林伯爵。1890 年,齐柏林伯爵从军队退役后致力于大型硬式飞艇的设计。所谓硬式飞艇,就是在提供升力的气囊表面覆盖坚固的骨架和蒙皮,气囊也改为填充氢气。1898 年,他成立了空中航行推进公司(Gesellschaft zur Förderung der Luftschifffahrt)。1899 年,他设计并制造了第一艘硬式飞艇——"齐柏林 LZ-1 号"。飞艇规格为:长 128.02 米,直径为 11.73 米,体积为 11298 立方米,有效载荷为 12428 千克,最快速度为 27 千米/小时,动力装置是 2 台戴姆勒 NL-1 4 缸水冷活塞发动机,每台发动机功率为 11 千瓦,如图 1-12 所示。1900 年 7 月 2 日,第一艘齐柏林飞艇首次试飞,搭载 5 人在 410 米的高度飞行了 6 千米。尽管试飞只持续了 17 分钟,但它标志着人类历史上第一次硬式飞艇成功飞行。

图 1-12 "齐柏林 LZ-1 号"飞艇

在此之后,齐柏林不断改进他的飞艇设计,制造了多架更大、更先进的飞艇,还于 1908 年成立了齐柏林飞艇公司,专门从事飞艇的制造和应用。在 20 世纪初期,齐柏林飞艇因优越的载重能力(可以搭载数十名乘客和数吨货物)和超长的航程(10 000 千米),成为在民用和军用领域均具实用价值的航空器,风靡一时。

齐柏林飞艇的黄金时代在 1937 年 5 月 6 日这天戛然而止。当天 19 时 25 分左右,"兴登堡号"飞艇在美国新泽西州莱克霍斯特海军航空站降落时,发生了一场惊天动地的爆炸,造成 36 人遇难。这次空难发生后,整个飞艇客运事业遭受到巨大打击,加上其他客观因素,飞艇逐渐退出了历史舞台。

第二节 飞机的百年发展历程

一、世界上第一架飞机

1903 年,人类航空事业进入了新纪元。这一年 10 月 7 日,美国天文学家兰利在华盛顿附近的波托马克河上进行了飞机试飞,如图 1-13 所示。可惜他的飞机掉进了河里,试飞失败了。兰利去世 8 年后,即 1914 年,美国著名飞机设计师格伦·柯蒂斯将沉没的飞机打捞上来,对其改进后安装了功率更大的发动机,结果试验成功,飞机飞行了近百米。

同年 12 月 17 日,在美国北卡罗来纳州的基蒂霍克小镇,莱特兄弟在经过长久探索和1000 多次滑翔试飞后,首次试飞了他们研制的"飞行者 1 号",如图 1-14 所示。这架用云杉、平纹细布等材料制作而成的飞机与以往的热气球、飞艇、滑翔机之类的航空器截然不同,它能完全被驾驶者操控,自带动力,机身比空气重,且能持续飞行。这架看起来有些破旧的飞机在弟弟奥维尔的驾驶下,成功地离开了地面并在空中飞行,然后安全降落。其中,在第 4 次飞行时,飞机离地约 260 米,飞行了 59 秒。

上图:兰利的飞机在波托马克河上试飞
右图:兰利(右)和试飞员曼利的合影

图 1-13 兰利进行试飞

随后,莱特兄弟不断改进飞机设计。1904 年,莱特兄弟制造了"飞行者 2 号",如图 1-15 所示。它能达到 396 米的最高飞行高度。1905 年,莱特兄弟又制造了"飞行者 3 号",它具有重复起降、倾斜飞行、转弯和完全圆周飞行,以及"8"字飞行等多种能力,飞行距离达到 38 千米。"飞行者 3 号"被广泛认为是第一架实用的飞机。

图 1-14 莱特兄弟试飞

图 1-15 "飞行者 2 号"飞机

二、航空工业初始阶段(1903—1914 年)

莱特兄弟的成功极大地激励了世界上其他的发明家，鼓舞了许多人投身于飞机的研发中。飞机的关键技术不断取得突破性进展，包括舵面控制、发动机改进和飞机结构设计等。

这一时期的德国已有 15 家飞机制造企业，且初步建立了独立的航空工业。1905 年 10 月 12 日，由德国、比利时、法国和英国发起的国际航空联合会(FAI)在巴黎成立。

1907 年，法国伏瓦辛兄弟创办了世界上第一家飞机研制工厂，这一事件标志着飞机工业诞生。同年，中国的冯如在美国奥克兰创办了一家工厂制造飞机，开始制造飞机。

1909 年，英国开始出现飞机制造企业。同年 7 月 25 日，由法国著名飞机设计师路易·布莱里奥设计的 Blériot XI 飞机(见图 1-16)，完成了首次横跨英吉利海峡的飞行。尽管它的发动机只有 25 马力，却能稳定飞行，且飞行距离远，飞行高度可达 1000 米。这一壮举使布莱里奥一举成名，获得了巨额奖金并收到大量订单。同年 8 月 22 日，法国兰斯举行了第一次大型航空博览会，参展飞机有 38 架。

图 1-16 Blériot XI 飞机

1909 年 11 月，莱特兄弟在纽约注册了世界上第一家工业飞机制造公司——莱特公司。随后，世界上第一个批量生产飞机的专业工厂在俄亥俄州代顿市郊建立，如图 1-17 所示。1909—1910 年，莱特公司共制造了 60 架莱特 A 型飞机，这些飞机被美国陆军用于侦察任务，因而也称为莱特军用飞机。图 1-18 所示为莱特兄弟和美国陆军军官在测试莱特 A 型飞机。

图 1-17　莱特公司飞机工厂厂房

图 1-18　莱特兄弟和美国陆军军官在测试莱特 A 型飞机

此后，莱特公司又生产了 100 架改进的莱特 B 型飞机，如图 1-19 所示。该机型同样成为美国陆军的制式装备。1914 年，莱特公司生产了 6 架莱特 H/HS 型飞机。1916 年，莱特公司与格伦·马丁公司合并，不再作为独立企业存在。

图 1-19　莱特 B 型飞机

1910 年 3 月，法国人法布尔设计的水上飞机试飞成功，飞机的使用场景扩大到水上起降。同年，英国马可尼公司第一次在飞机上使用无线电设备。

1911 年，英国在亨登与温莎之间开展不定期航邮业务。

1914 年 1 月 1 日，美国在佛罗里达州圣彼得斯堡与坦帕之间开通了全球首个定期客运航班。航班运营了三个月，总共运送 1204 名旅客。

三、战争中飞机的军事应用(1914—1918 年)

1914 年 7 月 28 日，第一次世界大战爆发。飞机作为新科技的军事工具，被各国广泛应用到战争中进行侦察、轰炸和空中作战等任务，如图 1-20 所示。

左上图:德国三翼飞机   右上图:英国F-E-2战斗机
左下图:德国福克E-Ⅲ战斗机   右下图:法国纽波特-17战斗机

图 1-20 第一次世界大战中的飞机

这一时期的飞机制造技术不断发展，飞行员们积累了丰富的飞行经验，对飞机的改进也在不断进行。曾经，设计并制造一款新的飞机需要数年时间；而在战争时期，新飞机在设计出来后几周内就得拿到战场上使用，甚至出现的一些问题都是飞行员在飞行中解决的。到 1918 年第一次世界大战结束时，典型的战斗机已经和 1914 年开战之初的辅助军用飞机完全不同了。无论是在气动设计、飞机结构、发动机技术，还是飞机性能方面，都有了显著的进步。

四、民用航空初创与发展时期(1919—1938 年)

第一次世界大战后，大量飞机由军用转为民用，战争时的轰炸机也被改装成可以乘坐12 人的民用飞机，并开始提供商业航班服务。1919 年，法国法曼公司使用 F-60 歌利亚双翼飞机(见图 1-21)执飞巴黎至伦敦的国际商业航班。这架飞机可容纳 12 名乘客，是当时在商业运输领域最大的航空器之一。同年晚些时候，法曼公司又开通了巴黎至布鲁塞尔的定期客运航班。此后不久，该公司又增加了到哥本哈根、伦敦，以及北非一些国家的航线。

同年，来自丹麦、德国、英国、挪威和瑞典的 5 家航空运输企业代表在荷兰海牙举行会议，签订一份关于成立国际航空业务协会的协议。成立协会的初衷是帮助航空运输企业对文书工作和客票进行标准化程序运作。还是这一年，在巴黎和会上，由国际联盟主持签订了《关于管理空中航行的公约》(简称《巴黎公约》),这是第一个关于民用航空的正式国际协定。该公约规定了关于国际民用航空的初步技术标准,成立了国际空中航行委员会(ICAN),该委员会被一些人认为是国际民航组织的前身。图 1-22 所示为 1922 年国际空中航行委员会在巴黎召开第一次会议。

图 1-21　F-60 歌利亚双翼飞机

图 1-22　1922 年国际空中航行委员会
在巴黎召开第一次会议

1925 年,首次航空私法国际会议在巴黎召开,审议关于航空公司责任的问题,以及开展编纂航空私法的艰巨工作。会议的"最后议定书"呼吁建立一个特别专家委员会——国际航空法专家技术委员会(CITEJA)。

1926 年,国际货运代理协会联合会(FIATA)在维也纳成立;在必维国际检验集团的倡议下,成立了航空器国际登记处(AIR);西班牙与葡萄牙和拉丁美洲国家共同制定了《伊比利亚美洲公约》(简称《马德里公约》),该公约对其成员享有平等权利的原则做了单独的考虑。

1927 年,在苏联的倡议下,第一届国际航空邮政大会在荷兰海牙举行。本次会议签订了一份协定,确立航空公司为官方认可的邮件承运人。会议制定了关于签字国接收和快速投递航空邮件、没有航空服务的国家快速处理航空邮件,以及国际航空邮件核算程序基础的重要规则和规定。同年,无线电大会在华盛顿特区召开,参会者达成了几项关于航空器和航路管制站使用特定频率的国际协定。

1928 年 2 月 20 日,美国及西半球的 20 个国家在古巴哈瓦那签订了《泛美商业航空公约》(简称《哈瓦那公约》)。该公约只适用于商业航空器,规定了空中交通的基本原则与规则,承认每一个国家对其领土之上的空域拥有完全和排他的主权。《哈瓦那公约》后来被 1944 年的《芝加哥公约》取代。

1928 年,国际民用航空会议在华盛顿特区举行,如图 1-23 所示。会议上参会者纪念了莱特兄弟首次飞行 25 周年,并审议自首次动力驱动飞行以来全球在民用航空科学与做法上取得的进步,进一步讨论发展这方面科学与做法为人类造福的方法和手段。同时,会议还简化了国际航空邮件的预付费和处理方式。

1929 年 10 月 12 日,德国、英国、法国、瑞典、苏联、巴西、日本、波兰等国在华沙签订了《统一国际航空运输某些规则的公约》,并于 1933 年 2 月 13 日生效。该公约就国际航空运输的凭证和航空承运人的赔偿责任确定了此类运输的条件。

图 1-23　1928 年在华盛顿举行国际民用航空会议

　　1933 年，第三次航空私法国际会议在罗马举行。会议通过了《关于统一与外国航空器对地(水)面第三方造成损害相关的某些规则的公约》和《关于统一与预防性扣留航空器相关的某些规则的公约》。这些公约的目的是确保为遭受外国航空器在地(水)面造成的损害的人员提供充分的赔偿，同时将此类损害引发的赔偿责任限制在合理的水平，以免妨碍国际航空运输的发展。同年，第一版《空中航行国际卫生公约》在海牙签订，以防止公众感染通过航空器输入的疾病，以及防止搭乘飞机的人员因飞行而患上疾病。

　　同年，具有全阳极氧化铝结构的波音 247 型客机首飞成功，它以流线型外形、可收放起落架和自动驾驶仪、除冰器等先进配置，被誉为第一种现代客机，如图 1-24 所示。波音公司由威廉·波音于 1916 年 7 月创立，起初名为太平洋航空制品公司，1917 年更名为波音公司。公司起初主要从事航空器和军用飞机的生产，随着时间的推移，波音公司的业务逐渐扩展至民航市场。

图 1-24　波音 247 型飞机复制品

　　1938 年，第四次航空私法国际会议在布鲁塞尔举行。会议通过了对 1933 年签订的《关于统一与外国航空器对地(水)面第三方造成损害相关的某些规则的公约》的附加议定书，该议定书允许保险公司使用一些基本的辩护措施。本次大会还通过了《关于统一与在海上援助和救助航空器或通过航空器施救相关的某些规则的公约》。

五、喷气式飞机时代来临(1939—1959 年)

　　到了 20 世纪 30 年代后期，活塞发动机螺旋桨飞机的最大飞行速度已经达到 700 千米/小时，俯冲时甚至接近音速。但这种飞机在高速飞行时不稳定，可能会发生剧烈抖动，甚至因为失去控制导致飞机在空中解体或坠毁。随着航空业的不断发展，世界上许多飞机设计师都在探索能让飞机飞得更快的办法，喷气式飞机的概念和技术应运而生。

1. 世界首架喷气式飞机和战斗机

1939 年 8 月 27 日，世界上第一架喷气式飞机德国制造的 HE-178，飞上了天空，如图 1-25 所示。喷气式飞机使用喷气发动机作为推进力的来源。喷气发动机依靠燃料燃烧时产生的气体向后高速喷射的反冲作用使飞机向前飞行，它可使飞机获得更大的推力，飞得更快。在第二次世界大战期间(1939—1945 年)，英国、美国、法国、德国、意大利、苏联等国在该领域都取得了不同程度的成果。其中，德国的 Me-262 战斗机是世界上第一款投入实战的喷气式战斗机，于 1944 年正式入役，如图 1-26 所示。

图 1-25　德国 HE-178 飞机　　　　　　图 1-26　德国 Me-262 战斗机

2. 世界首架喷气式客机——"彗星"客机

英国作为航空领域的传统强国，在第二次世界大战的刺激下带动了喷气式发动机技术的井喷式发展，使得整个航空产业发生了质的飞跃，喷气式飞机的飞行速度、飞行高度、飞机载重量等基本性能相比于螺旋桨飞机有显著提升，为喷气式发动机在民用航空领域的应用打下了坚实的基础。第二次世界大战之后，歼击机、轰炸机和其他军用飞机都先后进入喷气化阶段，民用飞机的喷气化稍微迟缓些。1949 年 7 月 27 日，英国王牌飞行员约翰·康宁厄姆驾驶全球第一架喷气式客机——英国德·哈维兰公司研发的 DH-106 "彗星"客机，飞向天空，如图 1-27 所示。

图 1-27　英国 DH-106 "彗星"客机

这款"彗星"客机摒弃了此前邮运飞机仅有 6 座的设计，它采用客舱左右分列 9 排，每排 4 座，左右各 2 座，共计 36 座的座椅布局，如图 1-28 所示。飞机外形并未像二战后常见的大型轰炸机与运输机那样采用下挂式发动机，而是将四台喷气式发动机每两台一组安置在机身两侧的翼根处，将发动机的进气道与排气管嵌入机翼内部，如图 1-29 所示。"彗星"客机机身表面包覆了一层 0.5 厘米厚的铝制蒙皮，可飞越气象条件较复杂的对流层，进入 10000 米以上气象环境相对稳定的平流层飞行。飞机操作系统设计了 3 套相互独立的液压驱动系统，即使某一系统发生故障，飞行人员也可以使用另外两套备用系统保证飞机正常飞行。

图 1-28　"彗星"客机客舱座椅布局　　　　图 1-29　"彗星"客机发动机样式

"彗星"客机于 1952 年加入英国海外航空公司(BOAC)，投入运营。1952 年 5 月 2 日，当"彗星"1 型喷气客机投入从英国伦敦飞往南非约翰内斯堡的航班服务时，轰动了全世界，这种高速客机令飞行成为奢华享受。1952 年 5 月，英国海外航空公司的 9 架"彗星"1 型客机投入航线运营，这标志着民用喷气客机时代的到来。也可以说，从"彗星"客机开始，民用航空"飞入寻常百姓家"。

1953—1954 年，"彗星"1 型客机不幸接连发生了 3 次坠毁事故，导致"彗星"客机停飞。随后四年中，德·哈维兰公司对"彗星"客机进行了大量试验和重新设计，推出四个改进版本。其中，"彗星"4 型客机于 1958 年 10 月加入英国海外航空公司，投入跨大西洋航班运营服务。但"彗星"4 型客机无论是性能、容量，还是运营经济性均不如同年随后开始交付的波音 707 飞机，因而很快遭到淘汰。二战后，英国国力衰退，在航空领域的科研竞争中逐渐失去了优势，最终被美国和苏联反超，降为航空业界的"第二梯队"。"彗星"客机的命运也如它的名字一般，在照亮了民航产业的光明未来之后黯然落幕。

3. 波音 707 客机

波音 707 客机是由波音公司基于波音 367-80 原型机开发和生产的第一架喷气式客机，它采用了后掠翼、发动机吊舱等设计。首架型号为 707-120，该机型于 1957 年 12 月 20 日首飞。泛美航空公司订购了 20 架波音 707 客机，并于 1958 年 10 月 26 日投入商业运营，如图 1-30 所示。

波音 707 虽然不是世界上首款喷气式客机，却是第一架在商业上取得成功的喷气式客机，它大大促进了民航业的发展。波音 707 客机几乎主导了二十世纪六七十年代的民用航空市场，开启了"喷气式飞机时代"。图 1-31 和图 1-32 所示为波音 707 客机飞行情况和宣传海报。中国从 1973 年开始引进波音 707 客机，共运营过 15 架，从 1993 年开始陆续退出运营。正是因为波音 707 客机的巨大成功，波音公司引领了全球民航客机制造业接近半个世纪，并在之后发展出各型号 7*7 喷气式飞机，如 727、737、757 都是以 707 为基础。今天民航客机普遍采用的后掠翼、发动机吊舱下挂引擎等都是在波音 707 客机上首次出现的。

图 1-30　泛美航空公司用波音 707 客机首飞纽约至巴黎的航班

工程师进行波音 707 客机飞机测试　　波音 707 客机内的乘客等待吃午餐　　波音 707 客机正在机场加油

图 1-31　波音 707 客机飞行情况

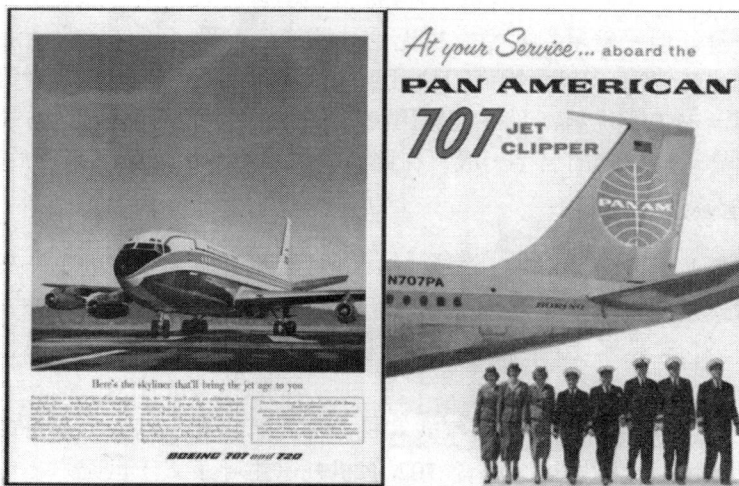

图 1-32　1958 年的波音 707 客机海报

4. DC-8 客机

DC-8 客机是美国道格拉斯飞行器公司研制的一款四发中程窄体客机,其动力采用喷气发动机,主翼采用后掠式机翼,如图 1-33 所示。它是民航历史上第一代喷气客机之一,也是道格拉斯飞行器公司进入喷气时代的标志性产品。DC-8 客机是 20 世纪 50 年代波音707 客机的主要竞争对手,又与波音 707 客机一起替代了"彗星"客机。DC-8 客机于1955 年 6 月开始设计,1958 年开始生产并在同年首飞,1959 年开始服役,1972 年停产,共生产了 556 架。DC-8 客机具有多种型号和改进型号,可以满足不同的航程、载客量和货运量的需求。

图 1-33　DC-8 客机

六、民用飞机技术进步与航空产业发展时期(1960—1990 年)

1. 20 世纪 60 年代是喷气式客机的黄金年代

20 世纪 60 年代,是喷气式客机发展的黄金年代,共有 16 种全新客机在这 10 年间飞上了天空,如图 1-34 所示。同时,飞机结构的设计思想与方法由此前传统的静强度设计开始发生重大变革。这项变革是航空技术进步的一个重要标志,其对于提高飞机的安全性具有至关重要的意义。

图 1-34　各种型号的喷气式客机

1960 年 3 月 29 日，由苏联图波列夫设计局设计的图-124 客机完成首飞。该机型是作为短程支线客机研制的，具有双缝襟翼、宽大的中部减速板和自动扰流板，增强了飞机短距起降性能。

1962 年 1 月 9 日，由英国霍克·西德利公司研制的中短程三发喷气式民用客机"三叉戟"首飞成功。中国在 20 世纪 70 年代引进"三叉戟"客机，是"三叉戟"客机的主要用户之一。

1963 年 1 月 3 日，苏联的伊尔-62 客机进行首飞。它取代了远程航线上的涡桨客机图-114，之后进入苏联民航服役，并被全球 30 多家航空公司订购。同年 7 月 29 日，苏联的图-134 客机完成首飞。这两款机型都非常成功，总产量分别是 292 架和 854 架。

1963 年 2 月 9 日，首架波音 727 客机成功完成了首飞，并于 1964 年 11 月正式投入商业运营。它是当时最受欢迎的民航客机，许多航空公司用波音 727 客机执行中短程国内和国际航线。至 1984 年停产时该机型的总产量达 1832 架，这一数字远远超过了"三叉戟"客机。

1964 年 5 月，波音公司开始研发波音 737 客机，三年后完成首飞，并于 1968 年 2 月正式投入航线开始运行。该机型自 1968 年首架波音 737-100 客机投入商业运营以来，经过不断的技术革新和升级，已经发展成一个庞大的家族，共包括 4 个系列和 16 个型号，如图 1-35 所示。截至停产，波音 737 系列机型的生产数量达到 11526 架，畅销 50 年，长久不衰，是民航业最大的飞机家族，被誉为世界民航史上最成功的窄体民用客机。

1965 年 2 月 25 日，美国道格拉斯飞行器公司的中短程客机 DC-9 进行首飞，该机型主要用于满足小型机场和中短航线的需求，后期改进成 MD-80、MD-90 和波音 717。

1966 年 10 月 21 日，苏联雅克-40 客机完成首飞，它是一种支线客机，大部分服役于苏联国内，产量达到了 1011 架。

1968 年 10 月 4 日，苏联图-154 客机首次亮相，并很快成为随后数十年中苏联民航的主力。21 世纪初期，该机型一直是苏俄民航的标准国内航线客机，总产量达 1026 架。

1969 年 2 月 9 日，美国波音公司推出的 400 座级客机波音 747 进行首飞。该机型是世界首款双通道双层客机，使用四台涡轮风扇发动机，商载为 90 吨，航程可达 13000 千米，采用客货两型并行开发的技术途径，是有史以来最成功的民用飞机。1970 年 1 月 22 日开始，波音 747 客机开始为泛美航空执飞纽约至伦敦的航线。

2. 超音速客机的发展与挑战

20 世纪 60 年代，国际民航业基于 50 年代超音速战斗机全面开花的推动，掀起了研制超音速客机的热潮，并最终形成了超音速运输机(SST)的概念。这一时期，人们把超音速客机视为未来的发展方向，各国纷纷投入大量的人力和物力进行研制。1962 年，英国和法国签署了一项协议，约定共同研制"协和"超音速客机。美国联邦航空管理局(FAA)也立项研制超音速客机，旨在打造一款比"协和"更快、更大、更先进的超音速客机。然而，超音速运输机的兴起并未持续太久，很快就面临许多现实的问题。超音速运输机的研制消耗了巨大的资源，还存在着太多的不切实际之处。最终只有两种超音速客机真正诞生：一种是苏联图波列夫的图-144，另一种是英国和法国合作研制的"协和"超音速客机。如图 1-36 和图 1-37 所示。随着时间的推移，超音速运输机的发展逐渐趋于衰落。

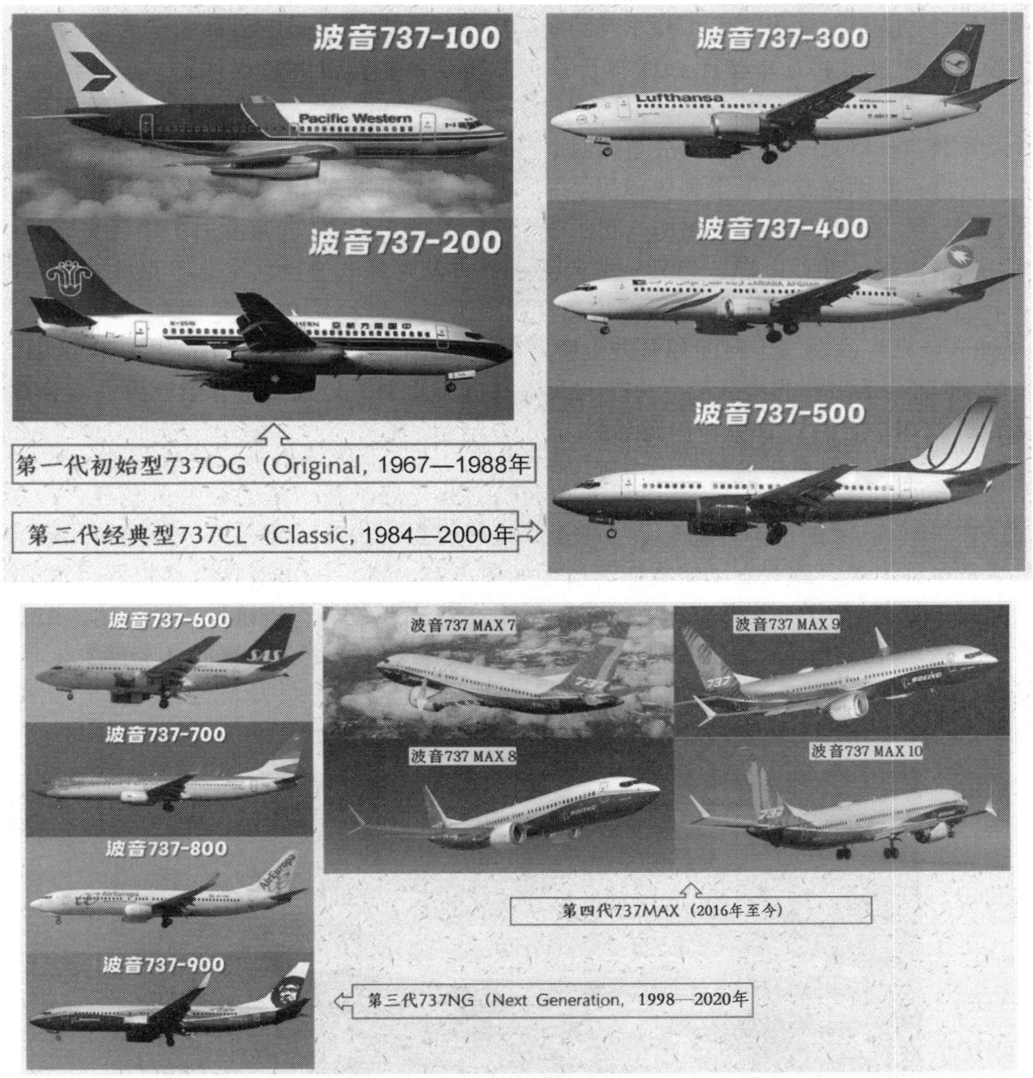
波音737-100
Pacific Western
波音737-200
波音737-300
Lufthansa
波音737-400
波音737-500
第一代初始型737OG（Original, 1967—1988年
第二代经典型737CL（Classic, 1984—2000年
波音737-600
SAS
波音737-700
波音737-800
波音737-900
波音737 MAX 7
波音737 MAX 9
波音737 MAX 8
波音737 MAX 10
第四代737MAX（2016年至今）
第三代737NG（Next Generation，1998—2020年

图 1-35　波音 737 系列部分机型

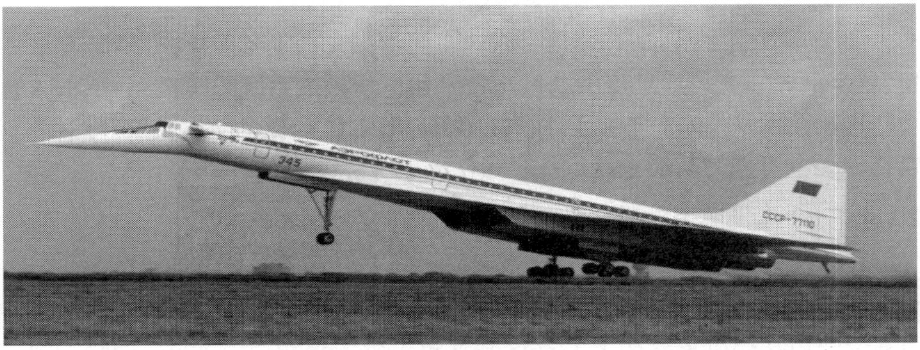

图 1-36　图-144 超音速客机

图 1-37 "协和"超音速客机

3. 20 世纪 70 年代航空工业的竞争与发展

20 世纪 70 年代，美国在航空工业领域蒸蒸日上，三大飞机制造公司波音、麦道和洛克希德牢牢把控民航市场。昔日辉煌的欧洲航空业开启了新一轮的空中争霸赛。1970 年 12 月 18 日，欧洲的空中客车工业公司正式挂牌成立。1973 年，空客公司推出 A300 客机，这是世界上第一款双发动机宽体客机，如图 1-38 所示。与波音 747 客机四台发动机相比，A300 客机精简了一半数量，主打经济适用；与波音 737 客机机身直径相比，A300 客机大了一倍，并采用了数字化驾驶舱。1977 年，美国东方航空公司租借 4 架 A300 客机，试航后订购了 23 架，A300 客机借此走进大众视野。而采用三发动机设计的麦道和洛克希德公司，逐渐退出历史舞台。

图 1-38 A300 客机

1974 年，世界上第一款采用主动控制技术和电传操纵系统的飞机——F-16A/B 战斗机试飞成功，这项技术从 1943 年装于 B-17E 轰炸机的 C-1 型自动驾驶仪开始，经 30 年发展，已成长为一个可靠的功能系统。

4. 20 世纪 80 年代民用飞机技术的革新

20 世纪 80 年代，民用飞机技术不断进步，包括先进的航电系统、先进材料的应用、飞行控制系统的革新等，这使飞机在安全性、舒适性、效率方面都有了显著提升。1985 年，采用数字式电传操纵系统的 F-16C/D 战斗机入役。1988 年，空客 A320 成为最先采用电传操纵系统的客机。

在 20 世纪 80 年代，许多国家放开对航空运输行业的管制，推动了航空自由化发展。多家航空公司开辟了更多的国际航线，民用航空运输走向了全球化。

七、民用航空市场化与国际化发展时期(1991 年至今)

20 世纪 90 年代以后，随着市场经济的发展，各国纷纷开始放开民航市场，允许私人资本进入。低成本航空公司崛起，为民众提供了更实惠的票价和更便捷的服务，也对传统航空公司构成了竞争压力，使得民航行业的竞争更加激烈。这既推动了行业结构的变革，也促进了民航运输的发展。不仅如此，航空公司之间也开始合作，形成了一系列的航空联盟，提供更多的选择和便利给乘客。

航空运输业的持续发展，使航空工业开始改变以军用飞机生产为主的局面。到 20 世纪 90 年代中期，军用飞机的销售额占航空工业总销售额的比重已由 80 年代的 70%下降至 50%。过去专门研制生产军用飞机的企业转为军民机同时研制生产；在飞机研制生产方面更多考虑军民两用的通用性，甚至可以实现军用飞机和民用飞机混线生产；重视开发军民两用技术，并注重将已实用化的先进军用技术转化为民用技术。

进入 21 世纪，航空技术的持续创新使民用航空有了更大的突破和发展。喷气式飞机的速度大幅提升、超音速飞机的研制成功、数字化航空交通管理系统的推广、航空电子技术及材料科学等领域的进步、碳治理下对环保和可持续发展的绿色技术的推广等成为引领航空发展的新方向，给民航行业带来了更多的可能性。波音、空客等七家航空制造商联合发布声明，宣布支持可持续航空燃料和绿色制氢技术开发，推动航空业的可持续发展，力争在 2050 年前实现航空运输行动小组(ATAG)提出的航空业净零碳排放目标。

【思考题】

1. 万户进行的航空活动是一种民用航空活动吗？
2. 在中国古代时期，劳动人民创造了哪些航空器的雏形？
3. 世界上第一架飞机是由谁制造成功的？
4. 民航是从什么时候开始发展起来的？
5. 世界上第一家飞机制造厂是哪家？
6. 战争对民航的发展起到了什么作用？
7. 简述民航业面临的挑战和发展前景。

第二章

中国民航发展史

【本章导读】

中国民航的发展历程是一部波澜壮阔、从无到有、从弱到强的壮丽史诗。它见证了国家的沧桑巨变，承载了民族的飞天梦想，是推动经济社会发展的重要力量。本章将沿着历史的脉络，依次介绍中国民航从清末民初的奠基，到国民政府时期的初步发展，再到新中国成立后尤其是改革开放以来的飞跃式进步，直至迈向现代民航强国的辉煌历程。通过这一旅程，我们将深刻理解中国民航如何在挑战与机遇中不断成长，展望未来，共绘蓝天新篇章。

【学习目标】

- 了解中国民航的起步和发展历程，包括旧中国时期的民航发展、计划经济时期、改革开放时期的重要事件和成就；
- 分析中国民航在不同历史阶段的特点和影响；
- 掌握民航事业的发展对国家和社会的影响；
- 认识中国民航在国内外的发展地位；
- 了解中国民航如何从小到大逐渐发展起来，经历了哪些阶段，以及现在的世界地位；
- 了解重大历史事件和时间点；
- 掌握重大历史事件对中国民航发展的意义。

第一节 中国近代民航发展历程

中国近代航空发展始于清朝末年。1840 年鸦片战争之后，国门打开，大量西方学说涌入闭关自守的中国，现代航空知识也随之传入，国内出现了许多介绍氢气球、飞艇和飞机的文章及图片。一些有识之士开始摸索中国自己的航空发展之路。

一、清朝政府时期

1904 年，两架法国"高德隆"式小飞机在北京南苑庑殿毅军校阅场进行了飞行表演，这是作为近现代科技象征的飞机首次在中国大地上起降。此时，距莱特兄弟制造的第一架飞机试飞成功还不到一年的时间。

1905 年，湖广总督张之洞从日本购进"山田"式气球，这种气球直径约 3 米，高 10 余米，充以氢气，下挂吊篮可载人，以地面绞盘人工旋转收放，使用旗语或电话与地面联络，可以作为军事侦察用途。正式的"气球队"在 1908 年 2 月于湖北陆军第八镇成立，在成军仪式上，张之洞检阅了气球的试放，这是中国境内第一次有飞行器升空的正式记录，也预示着中国真正进入了"空军"时代。

1907—1910 年，清朝政府着手筹办航空事业，将北京南郊南苑皇家狩猎场改建为南苑机场，当时的南苑大门如图 2-1 所示。在此期间，清朝政府修建了厂棚，并开办了飞机修造厂以研制飞机，利用毅军操场修建简易飞机跑道，供从法国购进的一架"苏姆"式飞机起降。自此，南苑机场成为中国第一个航空机场，中国航空事业的篇章由此开启。

图 2-1　清末时期作为皇家狩猎场的南苑大门

1908 年 5 月，中国第一位飞机设计师、制造者和飞行家冯如(见图 2-2)，在美国奥克兰一间面积仅为 7.4 平方米的房屋内办起了中国人的第一家飞机制造公司——广东制造机器公司。1909 年 9 月，冯如完成了中国人自己设计并制造的第一架飞机——"冯如 1 号"，并于同年 9 月 21 日试飞成功。1910 年 7 月，冯如又制造了一架性能更好的飞机——"冯如 2 号"(见图 2-3)，并于 1911 年 1 月在奥克兰艾劳赫斯特广场公开试飞。

1911 年 2 月，冯如拒绝多家外国公司的重金聘请，带着助手及两架自制飞机回到中国。抵达广州后，清朝政府为其在广州东郊燕塘地区划定飞机制造和飞行场地。辛亥革命

图 2-2　中国航空之父——冯如

后，冯如在广州燕塘建立广东飞行器公司，这是继南苑飞机修造厂之后中国第二家飞机制造公司。1912 年 3 月，冯如在燕塘制造出中国本土的第一架飞机，如图 2-4 所示。同年 8 月 25 日该架飞机进行了公开飞行表演，掀开了中国航空工业史的第一页。

图 2-3　冯如及助手与"冯如 2 号"飞机合影

图 2-4　冯如和他制造的飞机在燕塘机场

二、北洋政府时期

1913 年 3 月，北洋政府决定在北京南苑万字地营盘设立随营飞行教练班和飞机修理厂，订购 12 架法国高德隆双翼教练机，聘请 4 名法国教练，如图 2-5 所示。同时，北洋政府在营盘西南隅修建一所航空学校——南苑航校，包括校舍、机棚、油库、弹药库等设施，如图 2-6 所示。

南苑航校是中国历史上第一所航空学校，也是亚洲第一所国立航空学校，首任校长是留法飞行家秦国镛，如图 2-7 所示。他在 1911 年学成归国，带回一架 50 马力高德隆单座教练机，并在北京南苑庞殿毅军操场上空进行飞行表演，成为中国本土驾驶飞机飞上蓝天的第一人。1913 年 9 月，南苑航校正式开学，面向陆、海军事机关和作战部队招收第一期学员。第二次直奉战争后，北洋政府覆灭，航校停办，南苑航校共存在了 15 年，累计招生四期，培养飞行员 158 名。

图 2-5　法国飞行教练和机械师与一架高德隆 G3 飞机在南苑机场合影

左上图与左下图：南苑航校
右图：航校教官与教练机合影

图 2-6　南苑航校旧照

图 2-7　秦国镛在高德隆教练机前留影

从此，中国有了自己培养航空人才的基地，南苑也成为我国最早集机队、机场、航校、修理厂于一体的航空基地。中国飞行器发展在初期时并不落后于世界，但受制于当时国内政局动荡，最终在航空从"制造作坊"向"大型工业"发展时，被西方国家远远抛在了后面。

1918 年，北洋政府交通部成立了筹办航空事宜处，这是中国最早的民用航空管理机构，翌年从英国购买了 6 架由轰炸机改装的 24 座亨德利·佩治商用飞机和 2 架阿弗罗-504K 教练机，以及一批补充零备件和修理机械，并聘请英国飞行员和机械工程师各 2 名，筹办京津、京沪、京汉和张家口至乌兰巴托的民用航线。1928 年 8 月，筹办航空事宜处被撤销。

1919 年，北洋政府陆军部从英国购买了 100 架飞机，包括 40 架由双发动机维梅型轰炸机改装的客机和 60 架单发动机阿弗罗-504K 教练机，如图 2-8 所示。在陆军部的支持和建议下，北洋政府设立航空事务处，负责全国军民航空事务，1921 年升级为航空署。1920

年 2 月，南苑航校划归航空事务处领导，改称航空教练所，其修理厂也改称为航空工厂。

单发阿弗罗-504K教练机　　　　双发维梅型轰炸机

图 2-8　1919 年北洋政府购买的飞机

1920 年 4 月 24 日，北洋政府使用亨德利·佩治飞机进行首条民用航线南苑至天津段试航。由英国籍飞行员麦肯锡上尉驾驶从北京起飞，成功开辟了中国第一条民用航线——京沪航线京津段。1920 年 5 月 7 日该航线正式运行，搭载英国驻华公使、交通部代表等乘客 15 人以及部分邮件、报刊，由南苑起飞，历时 1 小时安全抵达天津赛马场。这次由北京到天津的往返飞行，尽管只是邮局委托飞机试带邮件，却开创了中国民航和航空邮件的首航，中国民用航空发展的序幕由此揭开。北京—天津航段首航照片如图 2-9 所示。

图 2-9　北京—天津航段首航照片

1921 年 7 月 1 日，北洋政府开设北京至济南航线，并开展了航空邮政业务。因时局多变，航班不能按时运行，于同年 10 月停航。1921 年 8 月 11 日，北洋政府开设北京南苑至北戴河夏季旅游航线以及长城游览飞行线，航线运行 3 年，1924 年停航。这一时期，由于时局混乱加上人力与物力的限制，开设的航线多半虎头蛇尾，无力维持。

三、国民政府时期

1. 沪蓉航空线管理处的成立与运营

1927 年，国民政府于南京成立，全国形势稳定后，航空业迎来突飞猛进的发展。1928

年 6 月，航空筹备委员会成立，策划筹办民用航空事宜。1929 年 5 月 18 日，沪蓉航空线管理处在南京成立，隶属国民政府交通部航政司，是国民政府筹建的第一家航空公司。公司运营 6 架美制的史汀生"底特律人(Detroiter)"SM-1F 型单发 6 座单翼飞机，如图 2-10 所示。

图 2-10　沪蓉航线管理处的 SM-1F 型飞机

公司计划从上海出发，以成都为目的地，开设上海—南京—汉口—宜昌—重庆—成都航线，构建连接长江沿岸各大城市的空中航线，并以上海、南京、汉口为基地，修建机场、机棚、维修站等设施。1928 年 7 月 8 日，首段上海—南京航线首航成功，开始邮件运输服务，如图 2-11 所示；8 月 26 日，上海—宁波航线开始客运服务；10 月 11 日，上海—南京—汉口实现首航。至 1930 年 8 月并入中国航空公司为止，沪蓉航线累计飞行 15 万千米，输送旅客逾 1200 人次，邮件 20 千克。

图 2-11　首航的"沪蓉 1 号"SM-1F 型飞机

2. 中国航空公司的成立与运营

1929 年 5 月，隶属国民政府铁道部的第一家中美合资航空公司——中国航空公司在南京成立，美方占 60%的股份，中方占 40%的股份。10 月 21 日中国航空公司开辟了上海—汉口航线。航线开航一个星期之后，10 月 28 日，美国寇蒂斯·莱特公司的子公司航空开发有限公司将《中美航空邮务合同》中规定给美方的权益转让给美商经营的中国飞运公司。这种无视中国主权的做法引起中国各界人士特别是航空界和邮务部门人士的极大愤慨，强烈要求取消中国航空公司，废除与美国人签订的合同。1930 年元旦，上海邮政工会组织了示威大罢工，强烈抗议外国航空公司擅自承揽运送邮件及不受任何空中交通管制等侵犯中国主权的行径，各地邮政工人纷纷响应。迫于形势，中国航空公司仅仅营运 9 个月，就在一片抗议声中关闭了。中国航空公司共载运旅客 211 人次、邮件 3.56 吨。1930 年 7 月，国民政府交通部与美方重新签订合同，将中国飞运公司、原中国航空公司和沪蓉航空线管理处合并，成立新的中国航空公司(简称"中航")，总部位于上海。这次依据中国法律组成股份有限公司，国民政府交通部占股 55%，包括飞机制造商史汀生公司在内的美国投资人占股 45%。

中航成立之初，以上海为枢纽，开通沪蓉、沪粤和京平(南京—北平)三条国内航线。由于得到了国民政府的大力支持，中航在技术设施和业务经营上都处于领先地位。比如，获得了国民政府交通部特准的航空邮件专营权；开设的航线都在长江流域和东部沿海经济文化较发达地区，旅客往来频繁，如图 2-12 所示；多次担负特殊航班和专机的飞行任务。

飞机正在加油　　　　　上下飞机的乘客　　　　　机舱门口的孩童

图 2-12　1930 年代中国航空公司机场画面

1933 年，泛美航空收购了美国投资人手中的中航股份，为中航注入资金，提供先进的管理经验，中航迎来了重要发展时期，陆续开通了多条航线。将沪蓉航线延伸到了贵阳和昆明，将沪粤航线延伸到了香港地区，并在香港地区与英国海外航空和美国泛美航空的洲际航线实现了连接。1933 年 11 月，三条航线全部开通，并在全国各大城市开设了办事处和营业处。

①　沪蓉线：上海—南京—九江—汉口—宜昌—万县—重庆—成都

②　沪粤线：上海—温州—福州—厦门—汕头—广州

③　沪平线：上海—南京—徐州—济南—天津—北平

至 1936 年年底，中航共拥有各机型飞机 15 架和 24 名飞行员。1930—1936 年，中航旅客、邮件、货物的运输量如表 2-1 所示。

直到全面抗战前夕，中航开辟了以上海为中心的沪蜀、沪平、沪粤、渝昆四条主要航线，航线布局弥补了铁路和公路的不足，不仅经济价值巨大，而且把边远地区紧密联系起来，促进政治统一和民族团结，具有重大政治意义。机库、航站等硬件设施初具规模，通信导航、气象观测等工作也逐渐开展。中航在技术设施和业务经营等方面，与同时期国内开办的其他航空公司相比，均处于领先地位。中航的发展也成为这一时期中国民用航空的一个缩影。就在中航打算大跨步发展时，"七七事变"的爆发使其一度停航。

表 2-1 1930—1936 年中航旅客、邮件和货物运输量统计表

年　份	旅客/人次	邮件/吨	货物/吨
1930	2654	17.86	—
1931	2784	43.71	—
1932	2699	48.95	—
1933	4215	57.58	—
1934	6729	70.26	12.79
1935	14812	73.80	42.09
1936	20198	120.29	48.85

3. 欧亚航空公司的成立与运营

1931 年 2 月，国民政府交通部与德国汉莎航空公司合作，在上海成立了欧亚航空公司。其中，中方持有 2/3 的股份，德方持有 1/3 的股份。这是我国第一家国际性航空公司，业务以专运经过苏联的欧亚航空邮件及兼载经过苏联的航空货物和乘客为主。欧亚航空公司当时规划了三条从上海经苏联去欧洲的航线。

①　沪满线：上海—南京—济南—天津—北平—林西(今蒙古国境内)—满洲里—苏联；

②　沪蒙线：上海—南京—济南—天津—北平—库伦(乌兰巴托)—苏联；

③　沪新线：上海—南京—洛阳—西安—兰州—肃州—哈密—迪化(乌鲁木齐)—塔城—苏联。

这三条航线中，沪满线以沿途经济、交通较为发达，经营成本较低，人口密集，客货运量较大而成为首选。1931 年 5 月 31 日，经过两次试航后，欧亚航空公司开通了沪满线，并计划在满洲里与苏联进行联运，运送国际邮件。该航线林西—满洲里段要经过蒙古国上空，由于涉及国际政治因素，遭到蒙古国当局拒绝。至此，开辟沪满、沪蒙两条航线的计划均告失败。同年 12 月，欧亚航空公司完成了上海—迪化的试飞，这是其他省份与新疆之间的首次通航，开启了新疆民航事业的新时代。

1932 年春，国民政府决定采取渐进程序，经营由上海经陕甘至新疆的沪新航线。随后国民政府在包头、洛阳、西安、兰州、肃州等地大力整修机场，建设机库、油库、无线电台、气象观测点、办公楼、生活区等航站设施，并在新疆修建哈密、迪化、塔城、和田等简易机场，使新疆有了第一批机场。4 月 1 日，欧亚航空公司开通上海—南京—洛阳—西安航线，5 月 18 日航线延伸至兰州，11 月 13 日航线延伸至肃州、哈密，12 月试航至塔城。由于受到新疆动乱影响，直到 1933 年 6 月沪新航线才全线开通。沪新航线极大改善了新疆落后的交通运输状况。1934 年以后，欧亚航空公司陆续开辟了几条国内航线：1934年 5 月开通平粤线(北平—太原—洛阳—汉口—长沙—广州)，6 月航线延伸至香港；1935年 9 月开通西安至成都航段，翌年 4 月延伸至昆明。1930 年代，欧亚航空公司飞机、接驳车和行李标签，如图 2-13 所示。

根据历史数据记载，1931—1937 年，欧亚航空公司职员人数和飞机数分别从 77 人和 4 架增加到 176 人和 14 架；公司客运量和货运量从 941 人和 4151 千克增加到 11600 人和 189079 千克；定期航线从 1 条增加到 6 条；7 年之间，欧亚航空公司已经初具规模，发展成为一家具有稳定的飞行员队伍和机队的公司。

| 欧亚航空公司飞机 | 欧亚航空公司接驳客车——兰州 | 两枚欧亚航空公司行李标签 |

图 2-13　1930 年代欧亚航空公司飞机、接驳车和行李标签

四、抗日战争时期

刚刚起步的中国航空运输事业，在 1937 年抗日战争全面爆发之后，面临着战火的威胁。但是航空从业人员坚持开展业务、努力经营，使航空运输在战争期间既为抗战出力，又取得了行业发展。

1938 年春，中航将基地先迁往武汉，再迁往重庆，恢复营运。原有航线因领土被占而停运，中航重新构建航线网络，开辟了重庆—汉口、重庆—泸州、重庆—贵阳—昆明、重庆—桂林—香港等国内航线。其中渝港线最重要，为政府人员和紧急货物运输提供了当时最快捷的交通方式，并在香港与泛美航空公司和英国帝国航空公司联运，可以较快地到达欧美国家。1939 年中航开辟了两条国际航线，同年 3 月，重庆—昆明—河内航线开航；同年 10 月，重庆—昆明—腊戍—仰光航线正式开通。1941 年 12 月 8 日香港陷落，多数中航飞机被炸毁，只抢救出 3 架飞机，以及一些人员和零备件。中航利用仅余飞机在 12 月 25 日恢复了重庆—腊戍、重庆—成都的旅客和邮件航班。1942 年 4 月，因日军攻占缅甸，缅北沦陷，滇缅路断绝，中英签订开辟重庆与加尔各答间航空线协定。同年 5 月，中美两国为了突破日军的封锁，合作开辟了著名的"驼峰航线"，西起印度阿萨姆邦，东至我国云南和四川省，航线全长达 800 公里，地势海拔均在 4500～5500 米，最高海拔达 7000 米，山峰起伏连绵，犹如骆驼的峰背，故而得名"驼峰航线"，如图 2-14 所示。中航凭借丰富经验，在开辟驼峰航线的过程中发挥了重要的作用，从 1942 年 5 月开通至 1945 年 11 月关闭期间，中航飞越驼峰 8 万架次，载运了 50000 吨武器弹药、医药及医疗器材、车辆、各种机器设备、军用被服等货物到中国，运出将近 25000 吨钨、锡等特种矿产品和战略原料货物。战争期间，中航投入 100 架运输机，损失 48 架飞机和 168 名飞行员，为中国抗战作出了重要贡献。

滇缅公路彻底切断后，中航凭借丰富的经验，在开辟驼峰航线的过程中发挥了重要的作用并坚持运营，从 1942 年 4 月到 1945 年 9 月，飞越驼峰 8 万次以上，载运了 50 000 吨武器弹药、医药及医疗器材、车辆、各种机器设备、军用被服等货物到中国，运出将近 25 000 吨钨、锡等特种矿产品和战略原料货物。抗日战争期间，中航共投入 100 架运输机，损失 48 架飞机和 168 名飞行员，为中国抗战作出了重要贡献。

1945 年 8 月抗战胜利后，中航将精力投入"还都复员运输"工作中，公司总部和飞行员基地也于 1946 年 5 月全部迁回上海，航线网络重新构建。得益于战争后盟军留下的大批飞机和航材，中航迅速发展成亚洲最大的航空公司，旅客周转量排名全球第八(IATA 记载数据)，开辟了上海—旧金山、上海—马尼拉、上海—东京等国际航线，并成功试航南洋。中国航空公司在鼎盛时期的国内及国际航线网络图如图 2-15 所示。此时的中航已经跻身于全球一流航空公司之列。

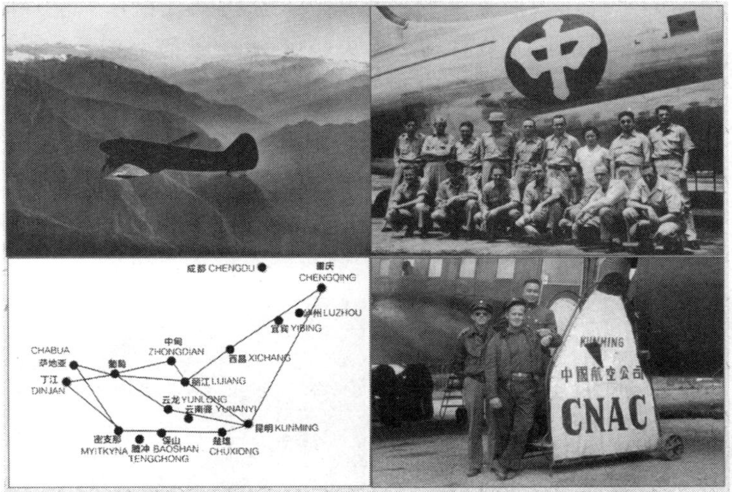

左上图和左下图：驼峰航线　　右上图和右下图：驼峰航线飞行员

图 2-14　驼峰航线

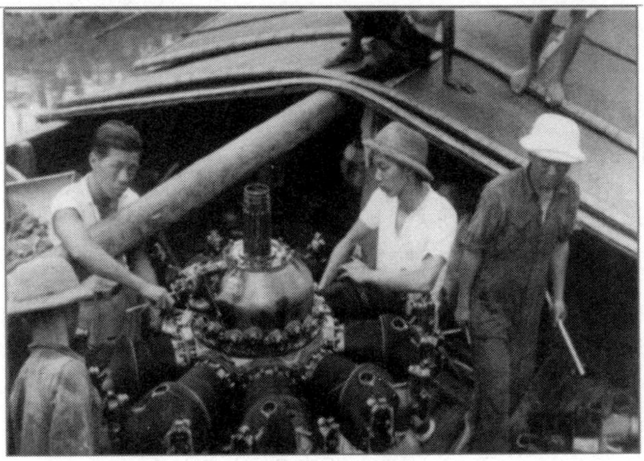

图 2-15　中航鼎盛时期的机务在维修 DC-2 的引擎

1937 年 8 月，欧亚航空公司将总部从上海迁往西安，10 月又迁至昆明，并将航务、机务基地设在香港。运营的航线虽在战争初期没有遭受太多影响，但随着战火的蔓延，上海—北平、郑州—西安等航线被迫停航。随后，欧亚航空公司开辟了汉口—长沙—广州—香港、汉口—西安—兰州—银川、西安—成都—昆明等航线。汉口和广州沦陷后，相关航线停航。之后，欧亚航空公司又开通了重庆—桂林—香港、重庆—成都—兰州—肃州—哈密等航线，为大后方的运输开辟了多条航线，主要是与中苏航空相接驳的新疆航线。由于第二次世界大战爆发后中德两国属于不同阵营，1941 年 7 月中国与德国中断外交关系，同年 8 月，国民政府交通部接管了欧亚航空公司德方股份，将其改为国营。1941 年 12 月 8

日香港陷落，和中航一样，欧亚航空公司的飞机也损失惨重，能够适航的飞机仅剩一架容克 JU-52 运输机，但仍全力坚持着每周一班的新疆航线。1943 年 3 月，国民政府交通部与航空委员会合作，欧亚航空公司正式改组为中央航空公司(简称"央航")。因为没有像中航那样肩负驼峰空运的重任，央航无法通过租借法案获得新飞机，只能接收用老旧的轰炸机改装后的客机维持运营。抗日战争胜利后，央航仅剩 4 架破旧的轰炸机、2 条航线和 3 处航站。在国民政府的扶持下，央航购置了 8 架适航飞机 C-47，并从中航挖来大量技术骨干和飞行员，公司业务得以恢复并逐步发展。随后，央航积极参与战后"还都复员运输"工作，公司总部也迁回上海。央航后续又不断通过低价收购作为战争物资的飞机和航材，迅速成长为全国仅次于中航的第二大航空公司，航线和航点迅速扩张，还开辟了泰国等国际航线。央航飞机修理和运营画面，如图 2-16 所示。

央航客机在龙华机场修理引擎　　　　　旅客排队等待登机

图 2-16　央航飞机修理和运营画面

五、解放战争时期

由于"还都复员运输"工作量巨大，仅仅从 1945 年 8 月至 1946 年 10 月，中航就用 55 架飞机飞行了 3135 次，运输 2.8 万人、908 吨物资；央航运输 1.67 万人、1690 吨物资。也正是如此，将当时民用航空的问题暴露无遗。

① 管理混乱，纪律涣散，外行领导内行，专业技术人员得不到提拔，员工生活条件恶劣。

② 科技落后，没有能力自主研发飞机；公司飞机全部由国外进口，维修成本高；设备更新跟不上进度，外国淘汰的飞机，国内还在勉强使用。

③ 抗日战争结束后内战爆发，导致基础建设薄弱。国内机场大多是军用，航空公司只是借用，真正专门给民用航空使用的机场少之又少。机场非常简陋，跑道崎岖不平，机库紧张，安全降落设备不足。

④ 民航工作人员安全意识薄弱，欠缺排除隐患的能力；乘客缺乏紧急避险技能，也没有建立专业的救援队。

除此之外，解放战争影响了民航各项工作，中航、央航等民用航空公司飞机被国民政府频繁调往战区进行物资运输，民用航线运营受到影响，航空公司资金出现问题、国民政府经济逐渐崩溃，以及各种各样其他问题，都极大地增加了航空风险。在此期间中国民航业频繁出现空难事故。由于航空公司没有进行任何检测、维修和整改，继续执行飞行任务，所以在 1946 年 12 月 25 日，发生了震惊中外的"上海黑色圣诞之夜"空难事件。当天傍晚时分，上海大雾弥漫，2 架中航飞机和 1 架央航飞机先后坠毁于上海龙华机场和江湾机场附近，事故总共死伤 81 人。在同一座城市内，短短几个小时就发生了 3 起空难，这在中国民航史乃至世界民航史上也是绝无仅有的事情。

1947 年 1 月，为了改变航空公司空难频现的困境，国民政府成立民用航空局，隶属交通部管理，负责全国的航空公司、空中交通管制和机场建设等业务。

至 1948 年 12 月，中航拥有 60 架飞机，运输总周转量在当时的国际民航运输协会各成员航空公司中名列第八位。央航在当时远东以及世界范围内也是规模较大的航空公司之一，拥有 42 架飞机。国民政府深知中航和央航掌握着当时中国民用航空的命脉，于是迫使中航总部迁往广州，运营基地迁往广州、香港和台湾地区，仅在上海留下少部分人员、物资和飞机；央航总部和维修基地搬迁至广州。

1949 年 10 月广州解放，中航和央航总部迁往香港地区。港英当局以防务为由要求中航及央航尽快迁离香港地区，国民党当局要求中航及央航迅速迁往我国台湾地区。

▌第二节▌ 新中国民航发展历程

纵观新中国民航发展历程，几代民航人前赴后继、薪火相传、拼搏奋斗、踔厉奋发，从新中国成立之初民航局初建、"八一开航"，到如今国产飞机 C919 翱翔蓝天，辉煌的中国民航史映射着灿烂的共和国成长史。

一、建国初创时期(1949—1957 年)

1949 年 10 月 1 日，中华人民共和国成立，中国民航发展进入新的历史阶段。同年 11 月 2 日，中共中央政治局做出决定，在人民革命军事委员会下设民用航空局，受空军司令部领导。从此，新中国民航正式诞生了。军委民航局局徽、袖章和证章等如图 2-17 所示。

军委民航局使用的局徽　　　　军委民航局使用的袖章、证章

图 2-17　军委民航局局徽、袖章和证章

1949 年 11 月 9 日，迁至香港地区的中航和央航全体员工 4000 余人起义，中航总经理刘敬宜和央航总经理陈卓林率领 12 架飞机(中航 10 架，央航 2 架)陆续从香港启德机场顺利起飞，一架经汉口北上，另一架取道南昌到达天津，分别于当天下午安全抵达北京西郊机场和天津机场，这次伟大的爱国壮举被称为"两航起义"，如图 2-18 所示。之后中共中央宣布接受两航起义，并许可中航、央航分别以天津、广州为基地继续运营。

"两航起义"为新中国民航事业和航空工业的创建和发展提供了重要的人才和技术基础，是中国民航史上具有深远意义的重大事件，将永载于中国人民解放事业和中国民航史册。

新中国成立初期，中国民航只有 10 余架小飞机、几条短航线，机场小且设施简陋，主要担负医治战争创伤和恢复工农业生产建设的一些紧急航空运输任务。1949 年年底至 1950 年上半年，中国民航积极筹备开辟国内航线的工作，并进行了初步的规划，先后组建了天津、广州、重庆办事处和部分航站，担负了北京、天津至重庆、昆明、兰州等地的专包机飞行任务。中国民航经营方针为"小飞原则"和"采取企业制"等。

图 2-18　"两航起义"资料照片

　　1950 年 3 月 27 日，中国政府与苏联政府在莫斯科签订了《关于创办中苏民用航空股份公司的协定》。同年 7 月 1 日，中苏民用航空股份公司正式成立，中苏双方各占 50%股份，原定经营期限为 10 年，实际仅经营了四年半。该公司规划开辟三条直达国际航线：北京—太原—西安—兰州—酒泉(旧称肃州)—迪化—阿拉木图，北京—张家口—库伦—伊尔库茨克，北京—沈阳—哈尔滨—齐齐哈尔—赤塔。新中国民航国际航线就此开通，相关资料照片如图 2-19 所示。

中苏民航飞机在加油检修

中苏民航部分飞行员合影　　　　　　中苏通航协定签字仪式

图 2-19　中苏民用航空股份有限公司资料照片

　　1950 年 3 至 6 月，中国民航各地方组织机构已基本健全，军委民航局和各地民航办事处在组织机构、技术力量和物资准备上都已具备开辟航线的基本条件。遵照中央领导指示，军委民航局开始着手制订恢复国内航线航班的计划，并做了大量研究论证工作。7 月，政务院批准同意军委民航局 8 月 1 日开航计划，首先开辟天津—汉口—广州和天津—汉口-重庆两条直达航线。根据飞机适航情况，军委民航局确定了首航的两架飞机：一架是"两航起义"中飞往北京的 CV-240 型 XT-610 号飞机，现被命名为"北京"号，由毛泽东主席亲题"北京"二字，担任开航领队机，执飞天津—汉口—广州航线；另一架是"两航起义"中的 C-47 型 XT-139 号飞机，执飞天津—汉口—重庆航线。

　　1950 年 8 月 1 日，这一天是新中国民用航空正式开航的日子，称为"八一开航"。8 点 30 分，由天津经北京、武汉飞往重庆的首航班机 139 号在天津机场起飞；10 时 30 分，"北京"号飞机在欢呼声中从广州白云机场起飞，经停汉口，用时 7 小时 40 分钟抵达天津，如图 2-20 所示。当时，《人民日报》称之为"新中国民航建设事业的重要开端"。

执行"八一开航"任务的139号机组人员合影

"北京"号起飞前机长挥手致意

"北京"号机组人员合影

广州航空站工作人员庆祝"八一开航"场景

图 2-20　"八一开航"相关照片

　　开航当年，为尽快改变西南各省交通闭塞状况，又开辟了重庆—成都、重庆—昆明、重庆—贵阳、重庆—汉口四条支线航线。至 1950 年年底，新中国民航共开辟航线 12 条，包括 9 条国内航线和 3 条国际航线。随后，第一条航线因当时广州安全问题，仅飞了 1 次即停航广州；1951 年年初，第二条航线也停飞了天津—汉口段，改为重庆—汉口往返。

　　自 1951 年开始，中国民航开始进行通用航空作业，当时称为"专业飞行"。1986 年，国务院发布《关于通用航空管理的暂行规定》后，正式将"专业飞行"改为"通用航空"，与国际通行称谓保持一致。1951 年 5 月 22 日，应广州市政府的要求，民航局广州管理处派出一架 C-46 型飞机在广州市上空连续两天执行了 41 次防治蚊蝇危害的飞行任务，如图 2-21 所示。这次飞行标志着中国通用航空历史开启了崭新的篇章。1952 年，中国民航在天津建立了新中国第一支通用航空队伍——军委民航局航空农林队，该航空队拥有 10 架捷克制爱罗-45 型飞机，职工 60 余人。根据民航局与东北、内蒙古林业总局签订的协议，当年 4 月，军委民航局航空农林队首次派爱罗-45 型飞机在东北大兴安岭林区执行护林任务，如图 2-22 所示。在随后几年里，通用航空又拓展了航空摄影、探矿和防治农作物病虫害等项目，同时，运用航空放射性测量技术，在长江中下游流域和秦岭一带进行铀矿勘探，如图 2-23 所示。

图 2-21　民航飞机在广州上空执行灭蚊蝇作业

图 2-22　爱罗-45 型飞机在大兴安岭林区上空执行护林任务

| 在国营友谊农场为麦田施肥 | 在江苏省微山湖地区进行药剂灭蝗飞行 |

图 2-23 通航飞机执行防治农作物病虫害任务

1952 年 7 月 17 日，根据政务院、中央军委《关于整编民航的决定》，在天津成立了新中国第一个国营民用航空运输企业——中国人民航空公司。中国人民航空公司成立后，开展了开辟航线、拓展业务、改进经营管理、健全机构和制定规章制度等工作。自 8 月 1 日起，航空运输、包机、护林飞行、农业航空等民航业务由中国人民航空公司接手办理。军委民航局当年拨给中国人民航空公司 28 架飞机，次年又拨给 6 架，并组建了新中国第一个飞行队，如图 2-24 所示。同年，中国航空公司和中央航空公司并入中国人民航空公司，从此结束了他们二十多年传奇的民航客运生涯。

中国人民航空公司客运服务

中国人民航空公司C-46型飞机机群

周总理"同意采用中国人民航空公司"名称的批件

图 2-24 中国人民航空公司资料照片

1953 年 6 月，借鉴苏联民航"政企合一"的模式，中国人民航空公司与人民革命军事委员会民用航空局合并成中国民用航空局，简称民航局。在中国民用航空局设立了商务处、机务处、航行处。自 1954 年起，中国人民航空公司飞机改为民航局标志，对外统一以民航局名义进行活动。尽管中国人民航空公司存在时间较短，却是新中国民航在政企分开、改革管理体制方面的有益探索。

1955 年 1 月 1 日，苏联将中苏民航公司中的苏联股份全部移交给中方，中苏民航公司所经营的航线和业务由中国民航局接管经营。截至公司停办时共有飞机 15 架，当年完成旅客运输量 2.43 万人次，货邮运输量 2390 吨。同年 8 月，中国民航局开始招收空中乘务员，在这之前没有专门的乘务员，在长航线的飞行中，均由报务员抽空为乘客倒水。考虑到当时中国民航乘务员的工作性质，首次乘务员招收并没有面向社会公开招聘，而是在北京市教育局的配合下，从各个学校品学兼优的应届初中女毕业生中挑选，经过层层选拔，最终选定了 16 名女学生和 2 名转业到民航局的工作人员，组成了新中国第一代空中乘务员，被称为"空中十八姐妹"，如图 2-25 所示。第二年，这批空中乘务员走上飞机为党和国家领导人服务。毛泽东主席乘机时曾亲切地称她们为红色空中小姐，"红色空姐"成为那个年代共和国天空中一道独特的风景线。

"空中十八姐妹"中的 15 位着制服合影　　　　　　"空中十八姐妹便装合影"

图 2-25　新中国第一批空中乘务员

1956 年，为加强其他省份与西藏之间的交通联系，中共中央做出飞机通航拉萨的重要决定。同年 5 月 25 日至 29 日，根据中共中央决定，民航局指派由潘国定担任机长、王珊担任副驾驶，驾驶 CV-240 型"北京"号飞机从北京经重庆、广汉、玉树飞至拉萨，如图 2-26 所示。飞机飞越了昆仑山、巴颜喀拉山、唐古拉山和著名的横断山脉上空，经受住时速 100 多千米的高空风和汹涌澎湃的恶性垂直气流以及-40℃的严寒冰雹的严峻挑战，稳健地在拉萨市当雄机场着陆。试航成功不但为北京—拉萨开航积累了经验，而且对西藏高原的气候、山川、河流、湖泊，都进行了周密而细致的实地勘测，获得了珍贵的地理与气象资料。

1956 年 11 月 17 日，民航局派出伊尔 14 型 632、626 号飞机，执行周恩来总理访问越南、柬埔寨和缅甸等国家的专机任务，次年 2 月 8 日返回北京。这是新中国民航第一次执行国家领导人出国访问的专机任务。

同年 11 月 25 日，民航局经国务院批准正式启用新局徽，同时停用 1950 年设计的局徽。新局徽中间有一颗大红星，下面有四颗小红星，组成代表中国的红五星。从大五星左右延伸两翼，分别代表中国运输航空和通用航空。其中，飞机使用局徽为蓝翼红星，地面使用局徽为黄翼红星，如图 2-27 所示。

1957 年 10 月 5 日，周恩来总理在民航局上报的《关于中缅通航一周年的总结报告》中做出了"保证安全第一，改善服务工作，争取飞行正常"的工作批示，如图 2-28 所示。

这份批示高度概括了民航工作的主要内容，深刻阐明了民航工作的基本要求，闪耀着思想与智慧的光芒，在六十多年后的今天，依然是指导我国民航工作的总方针，对促进民航发展、安全与服务工作发挥了极其重要的作用。

"北京"号飞机飞抵拉萨上空　　　　飞机起降点简略图

图 2-26　"北京"号飞机试航北京—拉萨航线

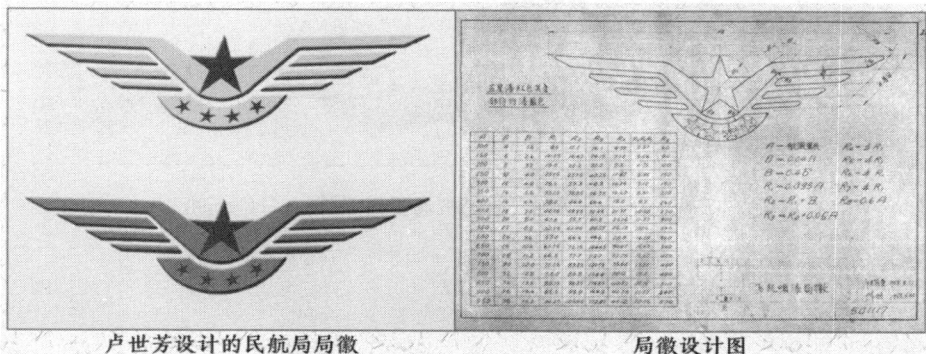

卢世芳设计的民航局局徽　　　　局徽设计图

图 2-27　中国民航局新局徽

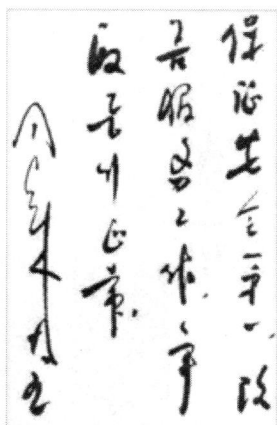

图 2-28　周恩来总理的批示

1958 年 2 月 27 日，国务院通知中国民用航空局自本日起划归交通部领导。有关民航的一切技术、飞行、机务、通信、人事、政治等工作，主要由空军负责；有关民航的计划、基本建设、企业经营管理、对外关系等方针政策问题，由交通部负责。

1958 年 3 月 1 日，新中国成立后的第一个大型民用机场在神州大地上破土而出，正式启用，中央人民政府将其正式命名为中国民用航空局首都机场，简称首都机场。这是共和国自行设计、自行施工的第一座大型民用运输机场，也是中国历史上第四个开通国际航班的机场，承载着中国民航的光荣与梦想。中国民航从此有了一个功能较为完备、条件较好的民用机场。同年 10 月 1 日，首都机场航站楼(0 号航站楼)投入使用，建筑面积为 10138 平方米，如图 2-29 所示。

左图：首都机场建成投入使用
右上图：首都机场内的飞机
右下图：首都机场航站楼前景

图 2-29 首都机场资料照片

二、调整前进时期(1959—1977 年)

1959 年 1 月 3 日，遵照周恩来总理指示，民航飞行、机务、服务人员须统一着民航制服，如图 2-30 所示。同年 5 月 16 日，民航局印发《关于民航制服样式问题和制作办法的规定》。也是在这一年，中国民航引进伊尔-18 型飞机，这标志着中国民航从活塞式螺旋桨飞机，向涡轮螺旋桨飞机时代过渡。

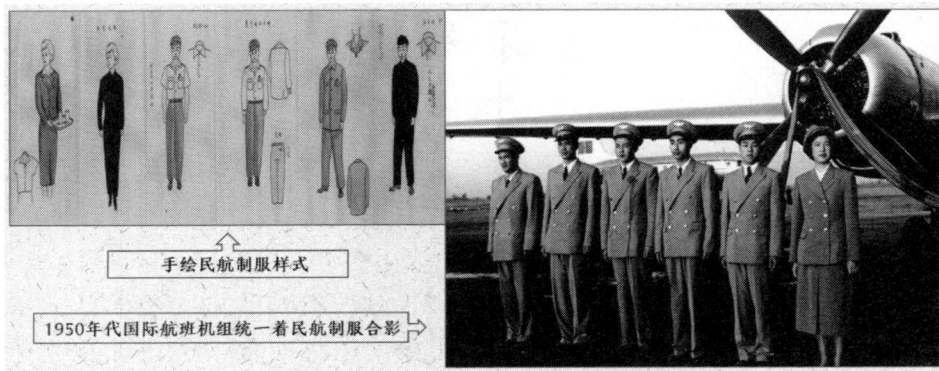

手绘民航制服样式

1950年代国际航班机组统一着民航制服合影

图 2-30 民航制服图片

1960 年 11 月 7 日，经国务院编制委员会讨论决定，中国民用航空局改称交通部民用航空总局，对外行文用中国民用航空总局。1962 年 4 月 13 日，第二届全国人民代表大会常务委员会第五十三次会议决定将民航局名称改为"中国民用航空总局"，简称民航总局。同年 4 月 15 日，中共中央决定将民用航空总局由交通部属改为国务院直属局，其业务工作、党政工作、干部人事工作等均直接归空军负责管理。

自 1960 年起，由于接连发生多起飞行安全事故，1961 年 7 月 29 日，民航总局党委印发《关于总结保证飞行安全经验和保证飞行安全工作的几点指示》，提出加强安全工作的若干措施。9 月 2 日，民航总局印发《关于编写民航各种条令、条例、规章的规定》，成立编写条例办公室，确定编写飞行领航、飞行训练、机务、通信、运输、专业、财务、气象、供油等各个方面规章及教材 68 种，对民航业务建设起到重要的推动作用。

1961 年，中国向英国维克斯公司购买了 6 架子爵-843 型飞机。1963 年，中国民航北京管理局开始接收子爵-843 型飞机，这是新中国民航第一次引进西方国家飞机，结束了长期以来只使用苏制飞机的时代。

1964 年 4 月 29 日，我国与友好邻邦巴基斯坦通航。中国西部大门从此打开了，中国民航的飞机经巴基斯坦可以直接飞往欧洲和非洲。

1965 年 3 月 1 日，一架伊尔-18 型客机从北京起飞，次日平稳降落在西藏自治区拉萨市当雄机场，北京—成都—拉萨航线正式通航。飞机在当雄机场落地的那一瞬间，西藏各族人民的航空梦实现了，历史也定格成永恒，西藏通航资料图片如图 2-31 所示。

伊尔-18型飞机在拉萨当雄机场　　　停放在当雄机场的伊尔-18型客机

图 2-31　西藏通航资料图片

1965 年 6 月，周恩来总理出访坦桑尼亚等非洲六国。中国民航派出当时国内拥有的最先进的伊尔-18 型涡轮螺旋桨飞机执行这次重要的专机任务。首次远航的伊尔-18 型专机，历时 14 天，途经 12 个国家和地区，航行约 45 000 千米。这是新中国民航一次里程碑式的远航。

1966 年 6 月 1 日，中国和法国两国政府在巴黎签署《航空交通协定》。9 月 19 日，法国航空公司开辟巴黎—雅典—开罗—卡拉奇—金边—上海航线。这是我国与西方国家的首次通航。

1969 年 10 月 31 日，民航总局党委向中共中央、国务院报送《关于进一步改革民航体制和制度的报告》。11 月 20 日，国务院、中央军委决定：民航划归中国人民解放军建制，成为空军的组成部分，各项制度按军队的执行；民航总局对外名称不变，仍为国务院直属局；民航各级机构的设置，按照空军机关、部队的组织形式进行相应的改革；民航实行义务工役制；民航基建投资、生产资金、行政事业费和其他经费，由民航每年编制预算和计划，按军队系统上报，由国家统一拨到军队；民航的企业收入亦由军队系统统一上报。

1970年6月2日，民航总局党委认真贯彻周总理的指示，决定成立专机工作小组，具体实施重要专机工作的组织与指挥。

1971年10月25日，第26届联合国大会通过了要求恢复中华人民共和国在联合国一切合法权利的联合国大会第2758号决议。11月15日，中国代表团出席了联合国第26届全体会议，中国民航承担了代表团往返的专机任务。图2-32所示为党和国家领导人在首都机场为参加第26届联合国大会的中国代表团送行。11月19日，国际民航组织第74届理事会第16次会议研究联合国大会第2758号决议对国际民航组织的影响。会议承认中华人民共和国的代表为中国驻国际民航组织的唯一合法代表。会议宣布这一决定后，我国台湾地区代表立即退出。

图2-32　党和国家领导人在首都机场为参加第26届联合国大会的中国代表团送行

1972年，中美关系开始解冻，2月21日，美国总统尼克松抵达北京，受到周恩来总理等国家领导人的欢迎。1972年9月29日，中日两国政府发表了《中日联合声明》，正式建立邦交。中国民航将工作重点放在开辟远程国际航线上，以此带动其他各项工作的发展。当年12月3日，周恩来总理召集外交部、外贸部、三机部、总参、空军和民航总局负责人开会，研究开辟北京—巴黎航线和首都机场对外开放问题。民航总局为开辟国际航线增加了3架伊尔-62型飞机，并与波音公司签订了购机合同，订购10架波音707飞机。1973年8月，中国民航引进首架波音飞机，如图2-33所示。

图2-33　中国民航机组接收第一架波音707飞机后与波音公司代表合影

1974 年 4 月 10 日，民航总局决定采用"B"作为我国飞机的国籍标志，民用飞机登记标志继续使用阿拉伯字母顺序排列，不做更改。在国籍标志和登记标志间按规定加一横道。同年 9 月 29 日，中日航线正式开航。9 月 24 日至 10 月 15 日，经国务院批准，由中国民航总局副局长沈图任团长的中国政府代表团，出席在加拿大蒙特利尔举行的国际民航组织第 21 届大会。这是中国政府代表团第一次参加国际民航组织大会。会上，中国当选为理事国，任期为 3 年，如图 2-34 所示。

中国政府代表团出席国际民航组织第21届大会 　　中国代表团合影

图 2-34　中国政府代表团参加国际民航组织大会

1975 年，随着国民经济的恢复，民航开辟了多条国内航线，航线总数达 135 条。运输总周转量、旅客运输量、货邮运输量都有大幅增长，收益增加，本年实现利润 1374 万元，扭转了连续 7 年亏损的局面。同年 7 月 23 日，国务院、中央军委批准民航总局、外交部、总参谋部和海上安全指挥部的报告，将我国和邻近我国的公海上空划为沈阳、北京、上海、广州、昆明、武汉、兰州、乌鲁木齐 8 个飞行情报区和飞行搜寻援救区，其中南中国海空域划归广州飞行情报区。

至 1976 年年底，中国民航的国际航线已经发展到 8 条，通航里程达 40 000 千米，占通航总里程的 41%；国际运输总周转量达 4000 万吨千米，比 1970 年增长了 23 倍多，运输总周转量占比由 3%上升到 21%。国际航空业务有了较大发展，有力地服务了国家的对外交往。

三、重组扩展时期(1978—2002 年)

1978 年，我国民用航空业的运输总周转量、旅客运输量和货邮运输量分别为 2.99 亿吨千米、230 万人次和 6.38 万吨，世界排名仅为第 37 名。随着党的十一届三中全会在北京召开，中国进入了改革开放的历史新时期。同年 10 月 9 日，邓小平同志指示民用航空要用经济观点来管理。从 20 世纪 50 年代初期开始，中国民航实行政企合一模式，既是主管民航事务的政府部门，又是以"中国民航"名义直接经营航空运输、通用航空业务的全国性企业。如此一来，我国民航工作无论是在经营方针、管理体制、技术设备，还是服务质量等方面，都存在许多亟待解决的问题。民航是国家的重要运输部门，是企业单位，本应按照办企业的方针经营管理，却采取行政管理方法，沿袭供给制，在经营中不计成本，不讲核算，不看经济效益，造成机构臃肿、人浮于事、工作效率低下的状况。民航要打开新的局面，必须走企业化道路。

1980 年 2 月 14 日，邓小平同志听取民航总局负责人的工作汇报后，指出"民航一定要企业化，这个方针已经定了"。3 月 5 日，国务院、中央军委下达《关于民航总局不再由空军代管的通知》，从 3 月 15 日起，民航总局不再由空军代管，归属国务院直接领导，实行企业化管理。

1980 年年初，中国民航引进美国波音 747SP 客机，这架飞机注册号为 B-2442，生产序列号为 433，是一架宽体飞机，如图 2-35 所示。这是中国民航的第一架波音 747 飞机，也是中国民航首次使用宽体客机。同年 9 月 23 日，中国民航租机小组与美国汉诺威公司签订波音 747SP 型飞机租赁协议书，开始采用投资减税杠杆租赁(融资租赁)方式引进飞机，开了中国民航融资租赁飞机的先河。此后，飞机租赁规模不断扩大，成为解决引进飞机资金问题的主要途径。

图 2-35　波音 747 飞机，注册号为 B-2442

1980 年 5 月 1 日，在民航总局指导下，由民航北京管理局与香港中国航空食品有限公司合资经营的北京航空食品有限公司开业，这是中华人民共和国外国投资管理委员会批准的第一家合资企业，享有"外资审字(1980)第一号"批准文件编号，如图 2-36 所示。合营期为 8 年，后经续签经营至今。中国民航的航空食品从此打开了一扇全新的大门，从大食堂转变成现代化航食企业，走出国门，走向世界，中国民航也结束了没有配餐公司的历史。

1980 年 5 月 1 日，北京航空食品有限公司开业仪式　　　　外资审字第一号文件

图 2-36　北京航空食品有限公司开业

1980 年 9 月 17 日在华盛顿签署《民用航空运输协定》后，中美两国政府随即抓紧筹备通航事宜。1981 年 1 月 7 日，中国民航开辟北京—上海—旧金山—纽约航线，由波音 747SP 型飞机执飞，航程全长为 15937 千米。4 月 4 日，又开辟北京—上海—旧金山航线。1 月 28 日，美国泛美航空公司开辟旧金山—东京—上海—北京和纽约—旧金山—东京—北京航线。

1983 年，民航局和国家计委批准民航上海管理局引进 3 架空客 A310-200 飞机，首架于 1985 年 6 月交付，这是中国民航首次引进空客飞机。同年 10 月 22 日，中国民航通过科威特阿拉伯基金委员会贷款修建的厦门高崎国际机场竣工通航。厦门高崎国际机场在民航史上开创了多个第一：它是我国第一个在机场建设中利用外资的项目，是我国第一个下放地方政府管理的民用机场，也是我国第一个发行股票的机场。

1984 年 7 月 25 日，民航局和福建省政府合资创办的厦门航空有限公司宣告成立，这是新中国第一家按现代企业制度运营的航空公司，如图 2-37 所示。

图 2-37　厦门航空有限公司成立

从 1984 年 9 月 1 日起，经国务院批准，民航局决定中国民航运价实行"统一运价"和"折扣运价"两种价格。对居住在中国境内的中国公民和港澳台同胞及华侨，实行"折扣运价"；对外国旅客实行"统一运价"。同时，对部分国内航线运价予以上调。

1986 年 10 月 8 日，美国联邦航空局向中国民航北京维修基地颁发了 7 个项目的维修许可证。这是中国民航取得的第一个飞机维修国际认证。

1987 年，中国政府决定对民航业进行以政企分开、简政放权、机场与航空公司分设为主要内容的第二轮重大管理体制改革。民航局作为主管民航事务的部门，行使行政管理职能，不再直接经营航空运输。当年 10 月 15 日，原民航成都管理局分立为民航西南管理局、中国西南航空公司和成都双流机场，拉开了民航第二轮管理体制改革的序幕。至 1992

年 12 月 20 日，民航广州管理局召开体制改革实施大会，标志着第二轮重大管理体制改革全面完成，如图 2-38 所示。五年间，中国民航分别成立了 6 个地区管理局、6 家骨干航空公司、6 个机场，实行自主经营、自负盈亏、平等竞争。各类企事业单位从民航局独立出来，有计划地支持地方兴办各类航空企业，逐步形成骨干航空企业、地方航空企业、小型航空企业并存的航空企业群。此次改革，民航系统基本打破了原来政企不分，用行政和军事办法实行高度集中统一管理的单一部门体制，形成了政企初步分开，地区管理局与航空公司、机场分立的管理体制新格局。

左　图：民航第二轮重大管理体制改革
右上图：邓小平同志为中国国际航空公司题写的司名
右下图：1992年民航广州管理局召开体制改革实施大会

图 2-38　第二轮民航改革

1989 年，中国民航成立了两家外商合资飞机维修企业。同年 8 月 1 日，中国国际航空公司与联邦德国汉莎航空公司合资经营的北京飞机维修工程有限公司(AMECO)成立，中方股权为 60%，德方股权为 40%，开启了中德航空维修业合力探索前行的新纪元。同年 10 月 28 日，民航广州管理局与美国洛克希德国际飞机服务公司、香港和记黄埔(中国)有限公司合资经营的广州飞机维修工程有限公司(GAMECO)成立，中方股权为 50%，美方和香港地区两方股权各占 25%。

1989 年，中国民航计算机旅客订座系统正式启用。

1991 年，中国民航实施机场安检和消防管理体制改革。

1992 年 1 月 28 日，民航局、财政部、物价局联合印发《关于征收民航机场管理建设费的通知》，自 3 月 1 日起，对乘坐国内航班的中外旅客征收机场管理建设费。12 月 31 日，财政部印发《关于颁发<民航基础设施建设基金管理暂行办法>的通知》，自 1993 年 1 月 1 日起，对国内航空公司征收民航基础设施建设基金。

1993 年 4 月 19 日，根据国务院《关于国务院机构设置的通知》，中国民用航空局改称中国民用航空总局，为国务院直属机构。1993 年 12 月 20 日，国务院决定民航总局机构规格由副部级调整为正部级。

1994 年 5 月 6 日，经国务院批准，民航总局、外经贸部联合印发《关于外商投资民用航空业有关政策的通知》，有条件地允许外商投资航空公司、机场、飞机维修和民航相关企业。之后，外商投资民航的大门逐渐打开。

1995 年 10 月 30 日，在人民大会堂举行的第八届全国人大常委会第十六次会议上，《中华人民共和国民用航空法》以绝大多数的赞成票顺利通过。自此新中国历史上第一部民用航空法诞生了，成为我国民航法治建设道路上重要的里程碑。《中华人民共和国民用航空法》贯穿了我国领空主权、航空权益等基本原则，对民用航空领域里的各个方面都做出了明确的规定，它的实施对维护国家的领空主权和民用航空权利，保障民用航空活动安全和有秩序地进行，保护民用航空活动当事人各方的合法权益，促进民用航空事业的发展起到了重要的保障作用。随后，以《中华人民共和国民用航空法》为龙头，我国民航初步建立了以其为核心的内容较齐全、层次较分明、比较配套的民航法律、法规、规章体系，制定和修订了一系列的法规规章，覆盖行政规则、航空器、航空人员、空中交通管理、运行规则、运行合格审定、机场、经济与市场管理、航空安全信息与事故调查、航空安全保卫等民航业的所有领域。

1996 年 11 月 5 日，首届中国国际航空航天博览会在珠海开幕。珠海航展每两年举办一次，是国际上最具影响力的航展之一。第十五届中国国际航空航天博览会于 2024 年 11 月 12 日至 17 日举办。

1997 年，中国航空运输企业步入资本市场，直面市场竞争洗礼。得益于上海开放之风气，中国东方航空股份有限公司(简称东航)是第一家步入资本市场的航空公司，1997 年 2 月 4 日、5 日及 11 月 5 日，东航分别在纽约证券交易所、香港联合交易所和上海证券交易所成功挂牌上市，被誉为"中国航空概念股"；1997 年 6 月 26 日，海南航空控股股份有限公司在上海证券交易所上市；1997 年 7 月 30 日，中国南方航空股份有限公司在纽约及香港的证券交易所同步上市。

2000 年 6 月 30 日，国家空管委颁布的《全国军民航管制区域调整方案》和《全国军民航航路移交和航线管制指挥方案》正式实施。调整后，军民航管制区边界基本一致。军航为 7 个飞行管制区和 37 个飞行管制分区，民航为 27 个高空管制区和 28 个中低空管制区。全国 26 条航路由空军移交民航管制指挥，加上 1994 年和 1996 年移交的 3 条航路，共有 29 条航路移交民航，基本实现了"一个空域内由一家管理指挥"。

2000 年 7 月，中信海直(中信海洋直升机股份有限公司)发行股票并在深圳证券交易所挂牌上市，这是第一家上市的通用航空企业，如图 2-39 所示。

2001 年 5 月 30 日，中国东方航空公司试飞上海—芝加哥极地航路。这是中国民航首次穿越北极上空航路的飞行，实现了中国与美国东部城市之间不经停直航。7 月 15 日，中国南方航空公司成功试飞北京—纽约极地航路。2001 年 11 月 3 日，第一批电子客票在深圳航空公司开始使用，纸质客票逐渐被替代。

2002 年，民航行业完成运输总周转量 165 亿吨千米、旅客运输量 8594 万人次、货邮运输量 202 万吨，国际排位进一步上升，成为令人瞩目的民航大国。

中信海直股票在深圳证券交易所挂牌上市　　中信海直直升机在北极执行飞行保障任务

图 2-39　中信海洋直升机股份有限公司

2002 年 3 月，经国务院批准，民航开始实施以政企分开、政资分离、机场属地化管理、改革民航行政和公安管理体制为主要内容的新一轮改革。这是 1980 年、1987 年两次民航体制改革的延续和深化，彻底打破了长期以来高度集中的民航管理体制。民航成为交通行业首家完成政企、政资分离的运输部门，形成了现代化民航管理体制。

① 联合重组航空运输和服务保障企业。2002 年 10 月 11 日，国家计委和民航总局在北京人民大会堂隆重举行民航企业改革重组大会，组建成立中国航空集团公司、中国东方航空集团公司、中国南方航空集团公司(2018 年分别更名为中国航空集团有限公司、中国东方航空集团有限公司、中国南方航空集团有限公司)三大航空集团公司；中国民航信息集团公司、中国航空油料集团公司、中国航空器材进出口集团公司(2008 年更名为中国航空器材集团公司)三大服务保障集团公司，并与民航总局脱钩，划归国资委管理，如图 2-40所示。

中国航空集团公司
中国东方航空集团公司
中国南方航空集团公司
中国民航信息集团公司
中国航空油料集团公司
中国航空器材进出口集团公司

六大集团公司成立颁证领导合影

图 2-40　中国民航六大集团公司

② 机场实行属地化管理。2003 年 3 月至 2004 年 7 月，除首都机场和西藏机场外，由民航总局直接管理的 87 个机场全部移交地方政府，实行属地化管理。

③ 改革行政管理体制。将民航总局—地区管理局—省(区、市)局三级行政管理，改为民航总局—地区管理局两级行政管理。撤销 24 个省(区、市)管理局，组建 26 个民用航空安全监督管理办公室。

④ 改革民航公安体制。按照随机场下放的原则，除首都机场集团公司所属机场、西藏自治区内机场及中国民航飞行学院所属机场的公安机构外，由民航总局、地区管理局、

民航省(区、市)局管理的机场公安机构和民航省(区、市)局公安处随同机场下放，一并移交地方人民政府管理。民航总局公安局作为公安部派驻机构，由民航总局和公安部双重领导。民航空中警察队伍，由民航总局公安局派驻航空公司，实行民航总局公安局和航空公司双重领导。

四、飞速发展时期(2003 年以后)

2003 年 1 月 26 日至 2 月 10 日，我国台湾地区 6 家航空公司执行春节台商包机，实现 54 年来我国台湾地区航空公司班机经正式批准到祖国大陆的首次飞行。图 2-41 所示为我国台湾地区中华航空公司航班飞抵上海浦东国际机场。2003 年 3 月 10 日，中国民航总局与新加坡交通部在北京举行第一届中国民航发展论坛，之后定期举办。民航发展论坛是迄今为止中国民航规模最大、层次最高的盛会。

图 2-41　我国台湾地区中华航空公司班机飞抵上海浦东国际机场

2004 年 9 月 24 日至 10 月 5 日，在加拿大蒙特利尔举行的国际民航组织第 35 届大会上，中国当选一类理事国。中国自 1974 年恢复参加国际民航组织活动以来，连续 10 次当选二类理事国，成为一类理事国之后连任至今。

2005 年 1 月 29 日至 2 月 20 日，大陆、我国台湾地区共有 12 家航空公司在北京、上海、广州至台北、高雄等 5 个地点间执行往返春节包机，实现祖国大陆与我国台湾地区民航飞机首开双向对飞。图 2-42 所示为南航、厦航联合举行台商春节包机首航仪式。至 2008 年，海峡两岸实现包机常态化。2008 年年底，海峡两岸空中双向直达航路正式开通仪式在民航上海区域管制中心举行，两岸实现直航。直航 10 多年来，两岸旅客运输量突破 1 亿人次。

图 2-42　南航、厦航联合举行台商春节包机首航仪式

2005 年，民航"十五"规划确定的目标全面完成，根据国际民航组织公布的统计数据，中国航空运输总周转量跃居世界第二位。至今连续稳居世界第二，成为名副其实的世界民航大国，如图 2-43 所示。

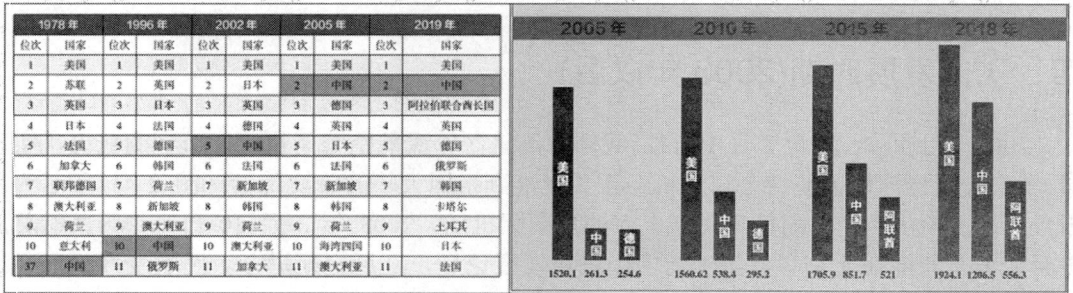

1978 年		1996 年		2002 年		2005 年		2019 年	
位次	国家	位次	国家	位次	国家	位次	国家	位次	国家
1	美国	1	美国	1	美国	1	美国	1	美国
2	苏联	2	英国	2	日本	2	中国	2	中国
3	英国	3	日本	3	德国	3	德国	3	阿拉伯联合酋长国
4	日本	4	法国	4	德国	4	英国	4	英国
5	法国	5	德国	5	中国	5	日本	5	德国
6	加拿大	6	韩国	6	法国	6	法国	6	俄罗斯
7	联邦德国	7	荷兰	7	新加坡	7	新加坡	7	韩国
8	澳大利亚	8	新加坡	8	韩国	8	韩国	8	卡塔尔
9	荷兰	9	澳大利亚	9	荷兰	9	荷兰	9	土耳其
10	意大利	10	中国	10	澳大利亚	10	海湾四国	10	日本
37	中国	11	俄罗斯	11	加拿大	11	澳大利亚	11	法国

图 2-43　中国航空在世界航空运输总周转量排位变化

2007 年 4 月 27 日，民航总局印发《民航空中交通管理体制改革方案》，确定按"政事分开、运行一体化"的原则进行空管一体化改革，并确定基本目标：一是建立健全政府空管监管体制，实现政府管理职能与系统运行职能分离；二是建立垂直管理的空管系统，统一运行指挥，实现运行一体化；三是理顺空管系统管理体制和运行机制，提高空管系统运行效率和保障能力。通过改革，形成"总局空管局—地区空管局—空管分局(站)"三级运行体系。当年 9 月 5 日，民航新疆空管局成立，标志着改革基本完成。

2007 年 8 月 6 日起，北京首都国际机场和上海虹桥国际机场之间开通"京沪空中快线"，由国航、东航、上航、南航、海航 5 家航空公司共同实施。以东航原有空中快线为基础，旅客可以使用固定的值机柜台、安检通道、候机区域、登机口和行李提取区域，在办理乘机手续之前，可在 5 家航空公司之间自由签转。同年 11 月 15 日，中国南方航空股份有限公司宣布加入天合联盟。12 月 12 日，中国国际航空股份有限公司、上海航空股份有限公司加入星空联盟(Star Alliance)。

2008 年 3 月，第十一届全国人民代表大会第一次会议批准国务院机构改革方案，为有利于构建综合交通运输体系，组建交通运输部，推行大部制管理，将原民航总局职责划入交通运输部，设立中国民用航空局，简称民航局，该局是由交通运输部管理的国家局。同年，民航局党组提出了持续安全理念，对促进民航安全、科学发展具有重要指导意义。持续安全理念有着丰富的内涵：其实质是安全发展，核心是以人为本，基本要求是系统、协调、可持续；根本方法是以预防为主、系统管理。持续安全理念的体系框架由理念体系、队伍体系、法规体系和责任体系"四个体系"构成。奥运会、残奥会期间，民航系统圆满完成涉奥专机、公务机、包机共 1604 架次的保障任务，北京等涉奥地区机场总起降量达84886 架次，这是当时中国民航历史上规模最大、时间最长、情况最复杂的重大运输保障任务，受到中央领导充分肯定。

2008 年 11 月 28 日，我国首次按照国际民航规章自行研制的具有自主知识产权的中短程新型涡扇支线飞机 ARJ21-700 在上海成功首飞，如图 2-44 所示。

图 2-44 ARJ21-700 飞机首飞仪式现场

2009 年，根据国务院批准的方案，为了加强安全工作，将各省、区、市航空安全监管办公室改为航空安全监督管理局。4 月 13 日《民用机场管理条例》颁布，《民用机场管理条例》明确了机场的公共基础设施定位，对机场的建设、管理和发展具有重要意义。

2010 年 2 月 25 日，民航局印发《建设民航强国的战略构想》，提出到 2030 年，中国民航用 20 年的时间，全面建成安全、高效、绿色的现代化民用航空系统，实现从民航大国到民航强国的历史性转变，成为引领世界民航发展的国家。

2010 年 12 月，经国务院同意，原民航机场管理建设费与民航基础设施建设基金合并为民航发展基金。

2011 年 10 月 28 日，基于中美两国的能源合作，由中国国际航空股份有限公司、中国石油、波音公司和霍尼韦尔 UOP 公司共同合作，中国首次航空可持续生物燃料验证飞行在北京首都国际机场成功实施。进行验证飞行的生物燃料使用 50%麻风树油与 50%现有燃油相混合的燃油，预计可节省 1.2% 的燃油，并减少 60%～75% 的二氧化碳排放量。2012年 2 月 28 日，民航局正式受理由中国石油化工股份有限公司自主研制的 1 号生物航煤油适航审定申请。1 号生物航煤具有我国自主知识产权，由中国自主生产、自主验证、自主审定，具有绿色低碳、节能减排的特性。2013 年 4 月 24 日，东方航空股份有限公司成功使用生物航煤进行了技术试飞。2014 年 2 月 12 日，民航局向国产 1 号生物航煤颁发适航许可证，标志着国产 1 号生物航煤获得适航批准，并可投入商业使用。2015 年 3 月 21日，海南航空股份有限公司客机首次使用生物航煤实现国内航班飞行。2017 年 11 月 21日，海南航空股份有限公司使用国产 1 号生物航煤成功完成首次跨洋载客飞行。

2012 年 7 月 8 日，《国务院关于促进民航业发展的若干意见》发布。《国务院关于促进民航业发展的若干意见》明确提出促进民航业发展的总体要求、主要任务和政策措施。这是新中国成立以来第一部全面指导民航业发展的纲领性文件，标志着发展民航业上升为国家战略。

2014 年 12 月 12 日，民航局印发《关于推进京津冀民航协同发展的意见》。12 月 22日，《京津冀三地机场协同发展战略合作框架协议》在北京签署，标志着民航局落实新常态下京津冀协同发展战略，率先在机场领域实现协同发展。

2015 年 7 月，民航局与空军联合印发《关于加强空军军民合用机场保障工作的管理意见》，从建立多层次工作协调机制，开展机场保障设施联合维修，实施军民航飞行联合保障，加强机场运行联合管理等方面进行了规范，为推进军民合用机场保障管理深度融合提供了制度保证。

2015 年 11 月，中国商飞向成都航空交付首架 ARJ21-700 喷气式支线客机，投入上海—成都航线运营，这是国产喷气式支线客机首次投入中国民航服役，如图 2-45 所示。

图 2-45　ARJ21-700 飞机从成都双流机场起飞

2016 年 1 月 6 日，中国政府征用的两架民航客机先后从海口美兰机场起飞，于 10 时 21 分、10 时 46 分平稳降落南沙永暑礁新建机场，并于当日下午返回海口，试飞成功。 同年 7 月 13 日 8 时 30 分、8 时 40 分，中国政府征用的南方航空公司、海南航空公司两架民航客机先后从海口美兰国际机场起飞，分别于 10 时 29 分、10 时 28 分在美济礁新建机场和渚碧礁新建机场平稳着陆并于当日下午返回海口，试飞成功，如图 2-46 所示。

图 2-46　民航客机在南海岛礁成功试飞

2017 年 5 月 5 日，C919 大型客机成功首飞，这是我国首款按照最新国际适航标准研制的、具有完全自主知识产权的干线民用飞机。2017 年 7 月 9 日，国产 ARJ21 新支线飞机获得中国民航局颁发的生产许可证，进入批量生产阶段，这是我国喷气式客机首张生产许可证。2017 年 12 月 24 日，大型灭火/水上救援水陆两栖飞机 AG600 首飞成功，这是我国首架按照中国民航适航规章要求研制的大型特种用途飞机，是国家应急救援体系建设急需的重大航空装备。它的成功首飞，标志着我国航空工业特种用途飞机研制能力取得重大突破，是继 C919 大型客机首飞成功后，我国民用航空工业发展的又一个重要里程碑。AG600 飞机和 C919 飞机如图 2-47 所示。

水陆两栖飞机AG600　　　　　　C919 成功首飞

图 2-47　AG600 飞机和 C919 飞机

2018 年 12 月，民航局出台《新时代民航强国建设行动纲要》，明确了民航强国建设的总体目标和"一加快，两实现"的民航强国战略进程，提出了民航强国建设的八大主要任务和 33 项举措，对实现民航强国的奋斗目标做出详细的路径规划，为未来民航发展指明了方向，是指导民航强国建设的纲领性文件。

2020 年暴发了全球百年来最严重的传染病——新型冠状病毒感染，民航作为人口流动和对外交往的重要通道，是外防输入、内防扩散的前沿阵地，是全国疫情防控总体战的重要战场。新冠疫情暴发后，民航局果断采取了一系列防控措施。第一时间发布运输航空公司、机场疫情防控技术指南，实施严格的体温检测、信息登记、清洁消毒、通风等防控措施，并根据疫情形势变化，对防控指南进行修订，至 2021 年 5 月已更新至第七版。

2021 年，中国民航完成运输总周转量 857 亿吨千米、旅客运输量 4.4 亿人次和货邮运输量 732 万吨，分别恢复至 2019 年的 66.3%、66.8%、97.2%。面对疫情，中国民航展现出发展韧性，客货运输市场逐渐复苏。

民航"十四五"发展规划分为两个阶段：2021—2022 年为恢复期和积蓄期，重在强基固本，要在积极促进行业运输生产恢复的同时，加快重大项目实施，抓紧推进改革，积蓄发展动能；2023—2025 年为增长期和释放期，重在提质增效，要在巩固拓展国内市场的基础上，逐步恢复国际市场，释放改革成效，增强创新动能，全方位推进民航高质量发展。"十四五"规划末行业发展主要目标，如图 2-48 所示。

图 2-48　"十四五"规划末行业发展主要目标

【思考题】

1. 中国民航发展经历了哪些重要历史时期？
2. 中国民航的起源可以追溯到什么时期？
3. 中国的第一架飞机是由谁制造成功的？
4. 中国第一所航空学校是哪所？
5. 中国第一条民用航线是什么时候开通的？
6. "沪蓉航线管理处"是什么时候成立的？
7. 民国时期的民航管理机构最初称作什么？
8. 简述驼峰航线的历史意义。
9. "两航起义"指的是什么事件？
10. 简述中苏民航公司组建的作用及意义。
11. 中华人民共和国成立后，中国民航的管理体制经历了哪些重要变革？
12. 中国民航首次开通的国际航线是什么？

第二篇

民用航空管理

第三章

民用航空组织概述

【本章导读】

　　民航产业作为全球经济的重要组成部分，其高效、安全的运营依赖复杂而精细的组织体系。这个体系涵盖了政府管理、国际合作、基础设施运营、企业服务、技术支持、行业自律及安全监管等多个层面。本章从国际和国内两个角度，对民用航空的组织体系进行全面的概述。

【学习目标】

- 熟悉国际民航组织和各国民航管理机构的职责与作用；
- 掌握各类民用航空组织的运作模式和管理方法；
- 学习各类民用航空组织提供的业务范围和服务内容；
- 了解国际民用航空组织的成立背景、目标和职责；
- 了解 Skytrax 的背景和业务范围；
- 了解 Skytrax 如何评估航空公司和机场；
- 掌握航空公司战略联盟的类型；
- 了解中国民航局的发展历程；
- 掌握中国民航局的组织结构；
- 培养分析和解决民用航空领域问题的能力。

第一节　国际性民用航空组织

一、国际民用航空组织

　　国际民用航空组织(International Civil Aviation Organization，ICAO)简称国际民航组织，它是联合国的一个专门机构，总部设在加拿大蒙特利尔，其徽标如图 3-1 所示。

图 3-1　ICAO 徽标

(一)成立背景

国际民用航空组织的前身是根据 1919 年《巴黎公约》成立的空中航行国际委员会。第二次世界大战对航空器的技术发展起到了巨大的推动作用，世界上形成了一个包括客货运输在内的航线网络，也引起了一系列急需国际社会协商解决的政治和技术上的问题。

1944 年 11 月 1 日至 12 月 7 日，52 个国家受美国政府邀请，在美国芝加哥举行国际民用航空会议。会议期间，与会国签订了《国际民用航空公约》(习称《芝加哥公约》)，如图 3-2 所示。同时成立了过渡性的临时国际民用航空组织(Provisional International Civil Aviation Organization，PICAO)。

图 3-2　《芝加哥公约》签字仪式

1947 年 4 月 4 日，《芝加哥公约》正式生效，国际民用航空组织也正式成立。同年 5 月 6 日召开了第一次大会。

1947 年 5 月 13 日，国际民用航空组织正式成为联合国的一个专门机构，并设立 1944 年 12 月 7 日为国际民用航空组织成立纪念日。

1947 年 12 月 31 日，空中航行委员会解散，并将其资产转移给国际民用航空组织。

(二)愿景、使命与宗旨

- 愿景：实现可持续增长的全球民用航空体系。
- 使命：国际民用航空组织是国际民用航空的全球论坛。通过成员国的合作，制定政策和标准，开展循规审计，进行研究和分析，提供援助和建设航空能力。

- 宗旨：制定国际航行的原则和技术，促进国际航空运输的规划和发展，确保国际民航安全有序发展。

(三)组织结构

国际民用航空组织由国际民用航空组织大会、国际民用航空组织理事会和国际民用航空组织秘书处三级框架组成，如图 3-3 所示。

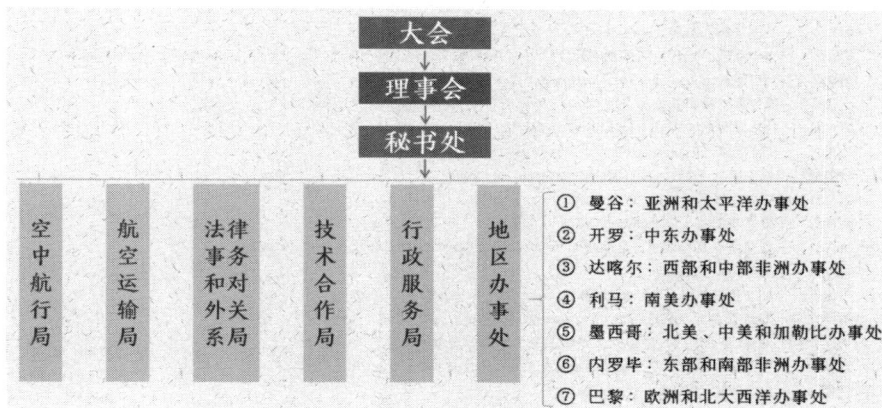

① 曼谷：亚洲和太平洋办事处
② 开罗：中东办事处
③ 达喀尔：西部和中部非洲办事处
④ 利马：南美办事处
⑤ 墨西哥：北美、中美和加勒比办事处
⑥ 内罗毕：东部和南部非洲办事处
⑦ 巴黎：欧洲和北大西洋办事处

图 3-3　国际民用航空组织结构

大会是最高权力机构，由全体成员国组成，截至 2024 年 4 月，共有 193 个成员国。大会由理事会召集，通常每三年举行一次，若有特别情况或经 1/5 以上成员国向秘书长提出要求，可以召开特别会议。大会决议一般以票数超过半数通过。

理事会是常设机构，每年召开三次会议，每次会议会期约为两个月。在 2022 年第 41 届国际民用航空组织大会期间，从 193 个成员国中选出了 36 个理事会成员国，即理事国。理事国分为三类：一类理事国是在航空运输方面占主要地位的国家，有 10 个国家(澳大利亚、巴西、加拿大、中国、法国、德国、意大利、日本、英国和美国)；二类理事国是对提供国际民用空中航行设施作出比较大贡献的国家，有 12 个国家(阿根廷、奥地利、埃及、冰岛、印度、墨西哥、尼日利亚、沙特阿拉伯、新加坡、南非、西班牙和委内瑞拉)；三类理事国是世界各主要地理区域的理事会中均有代表的国家，有 14 个国家(玻利维亚、智利、萨尔瓦多、赤道几内亚、埃塞俄比亚、加纳、牙买加、马来西亚、毛里塔尼亚、卡塔尔、韩国、罗马尼亚、阿拉伯联合酋长国和津巴布韦)。

秘书处是常设行政机构，下设空中航行局、航空运输局、法律事务和对外关系局、技术合作局和行政服务局。此外，秘书处还设有七个地区办事处，直接由秘书长领导，主要任务是建立和帮助成员国实行国际民用航空组织制定的国际标准和建设措施，以及地区规划。

(四)主要活动

1. 统一国际民航技术标准和国际航行规则

1984 年年底，国际民用航空组织制定了 18 项国际标准和建议措施文件作为《国际民用航空公约》的附件，以及若干航行服务程序。2001 年，国际民用航空组织建议各国建立安全管理体系(Safety Management System，SMS)，将航空安全作为各国航空领域的首要战略目标。随着安全管理体系及国家安全方案等安全理念的引入，国际民航界提出将各个附件中有关安全管理的条款整合完善后，形成一个新的附件的要求。2013 年 2 月 25 日，理事会通过了附件 19——安全管理，其于 2013 年 11 月 14 日起适用，如图 3-4 所示。

```
附件1——人员执照的颁发（Personnel Licensing）
附件2——空中规则（Rules of the Air）
附件3——国际空中航行气象服务（Meteorological Services for International Air Navigation）
附件4——航图（Aeronautical Charts）
附件5——空中和地面运行中所使用的计量单位（Units of Measurement to be Used in Air and Ground Operations）
附件6——航空器的运行（Operation of Aircraft）
附件7——航空器国籍和登记标志（Aircraft Nationality and Registration Marks）
附件8——航空器适航性（Airworthiness of Aircraft）
附件9——简化手续（Facilitation）
附件10——航空电信（Aeronautical Telecommunications）
附件11——空中交通服务（Air Traffic Services）
附件12——搜寻与援救（Search and Rescue）
附件13——航空器事故和事故征候调查（Aircraft Accident and Incident Investigation）
附件14——机场（Aerodromes）
附件15——航空情报服务（Aeronautical Information Services）
附件16——环境保护（Environment Protection）
附件17——安保: 保护国际民用航空免遭非法干扰行为（Security）
附件18——危险品的安全航空运输（The Safe Transport of Dangerous Goods by Air）
附件19——安全管理（Safety Management）
```

图 3-4　《国际民用航空公约》的 19 个附件名称

2. 协调各国国际航空运输的方针政策，推动多边航空运输协定的制定

国际民用航空组织通过促进国际航空的合作，简化联运手续，汇编各种民航业务统计，制定航路导航设施和机场设施服务收费的原则；编印关于国际航空运输发展情况、运价、航空邮运、货运、联营、旅游等方面的研究文献。

3. 研究与国际航空运输有关的国际航空公法和影响国际民航的私法中的问题

国际民用航空组织制定包括航空客货赔偿、防止危及航空器安全的非法行为、对地(水)面上第三者造成损害的赔偿、承认航空器所有权等 13 项公约或议定书。

4. 技术合作

国际民用航空组织利用联合国发展规划署的技术援助资金向发展中国家提供民航技术援助，派遣专家、顾问、教员，以及提供助学金和设备等。

5. 法规

国际民用航空组织修订现行国际民航法规条款并制定新的法律文书。

6. 航行

制定并刷新关于航行的国际技术标准和建议措施是国际民用航空组织主要的工作，《国际民用航空公约》附件中有 17 个都是涉及航行技术的，战略工作计划要求保持这些标准和建议措施的适用性。

规划各地区的国际航路网络，授权有关国家对国际航行提供助航设施和空中交通与气

象服务、对各国在其本国领土之内的航行设施和服务提出建议，是国际民航组织"地区规划(Regional Air Navigation Planning)"的职责，由 7 个地区办事处负责运作。由于各国越来越追求自己在国际航行中的利益，冲突和纠纷日益增多，致使国际民用航空组织的统一航行规划难以得到完全实施。战略工作计划要求加强地区规划机制的有效性，更好地协调各国的不同要求。

7. 安全监察

全球民航重大事故率平均为 1.44 架次/百万架次。随着航空运输量的增长，若这一比例不降，事故的绝对次数将上升到不可接受的程度。为此，国际民用航空组织从 20 世纪 90 年代初开始实施安全监察规划，对航空当局安全规章的完善程度及航空公司的运行安全水平进行评估。这一规划已在第 32 届国际民用航空组织大会上发展成为强制性的"航空安全审计计划(Safety Audit Program)"，要求所有成员国必须接受国际民用航空组织的安全评估。

8. 制止非法干扰

重点敦促各成员国按照《国际民用航空公约》附件 17 的标准和建议措施，重点加强机场的安全保卫工作，同时大力开展国际民用航空组织的安全保卫培训规划。

二、国际航空运输协会

国际航空运输协会(International Air Transport Association，IATA)，是各国航空运输企业之间的联合组织，也是全世界最具影响力的航空运输组织，它属于非官方、非营利性协会，该协会徽标如图 3-5 所示。

图 3-5 国际航空运输协会徽标

(一)成立背景

国际航空运输协会的前身是 1919 年在海牙成立并在第二次世界大战时期解体的国际航空业务协会。1944 年 12 月，出席芝加哥国际民航会议的航空运输企业代表们商定成立一个新的组织，并起草章程；1945 年 4 月，与会的航空公司在哈瓦那会议上修改并通过了草案章程，标志着国际航空运输协会成立，来自 31 个国家的 57 家航空公司签署了文件，其中大部分是欧洲和北美的航空公司；1945 年 12 月，加拿大议会通过特别法令，同意给予协会法人地位，协会总部设在加拿大蒙特利尔，执行机构和清算所则设在瑞士日内瓦。

(二)愿景与宗旨

- 愿景：通过共同努力缔造安全、可靠和可持续的航空运输业的未来发展，使其连接并丰富我们的世界。
- 宗旨：为了世界人民的利益，促进安全、正常和经济的航空运输，对于直接或间接从事国际航空运输工作的各空运企业提供合作的途径，与国际民航组织及其他国际组织协力合作。

(三)组织机构

国际航空运输协会由全体会员大会、理事会和行业咨询委员会组成。其中，全体会员大会是协会最高权力机构，每年召开一次；理事会是协会最高管理执行机构；下设 9 个行业咨询委员会，分别是行业事务、金融分销、行业财务、货运、数字转型、法务、安全飞行及地面运行、安保、可持续性及环境委员会。

国际航空运输协会在全球设有 5 个地区办事处，分别是北亚地区(北京)、亚洲太平洋地区(新加坡)、非洲中东地区(安曼)、欧洲地区(马德里)和美洲地区(迈阿密)办事处。该协会还在 53 多个国家设有约 56 个办公室，分别接受相应地区办事处的领导。

(四)协会成员

国际航空运输协会成员必须是持有国际民航组织成员国颁发的定期航班运输许可证的航空公司。协会成员分为正式会员和准会员两类，经营国际航班的航空运输企业为正式会员，经营国内航班的航空运输企业为准会员。申请加入须符合以下条件。

① 批准它的申请的政府是有资格成为国际民航组织成员的国家政府。
② 在两个或两个以上国家间从事航空服务。
③ 其他航空公司可以申请成为准会员。

截至 2024 年，国际航空运输协会共有来自 120 个国家的 330 家会员航空公司。

(五)协会目标与任务

目标：调解有关商业飞行上的一些法律问题，简化和加速国际航线的客货运输，促进国际航空运输的安全和世界范围内航空运输事业的发展。

任务：
① 设定实施分级联运，使一张票据可通行全世界；
② 协议议定客货运段，防止彼此间的恶性竞争；
③ 协议制定各文书的标准格式，以节省人力及物力；
④ 协议规定运送人承运时在法律上应负的责任及应履行的义务；
⑤ 协议建立各种业务议定的作业程序；
⑥ 协议会员间相互利用装备，并提供新的技术知识；
⑦ 设置督查人员，以确保决议的切实执行；
⑧ 允许授权竞争，以保护会员公司的利益。

(六)主要活动

国际航空运输协会的主要活动包括协商制定国际航空客货运价，统一国际航空运输规章制度，通过清算所统一结算各会员、非会员间联运业务账目，开展业务代理，进行技术合作，协助各会员公司改善机场布局和程序标准，以提高机场营运效率。

①　协商制定国际航空客货运价：通过协商和制定国际航空客货运价，确保价格的公平性和合理性，促进国际航空运输的健康发展。

②　统一国际航空运输规章制度：制定和推广统一的国际航空运输规章制度，提高航空安全标准，保障旅客和货物的安全。

③　通过清算所统一结算各会员、非会员间联运业务账目：通过清算所统一结算各会员与非会员之间的联运业务账目，简化财务结算流程，促进空运企业间的财务合作。

④　开展业务代理：提供业务代理服务，帮助航空公司拓展业务，提高市场竞争力。

⑤　进行技术合作：促进技术合作，推动航空技术的创新和发展，提高航空运输的效率和安全性。

⑥　协助各会员公司改善机场布局和程序标准：通过协助各会员公司改善机场布局和程序标准，提高机场营运效率，促进旅客和货物的流通。

三、国际机场理事会

国际机场理事会(Airports Council International，ACI)是全世界所有机场的行业协会，它是一个非营利性组织，其徽标如图 3-6 所示。国际机场理事会是国际最具权威性和影响力的民航专业组织之一，与国际民航组织、国际航空运输协会并称为世界三大民航行业组织。

(一)成立背景

在国际机场理事会成立之前，机场行业有三个国际性组织：国际机场经营者协会(AOCI)、国际民航机场协会(ICAA)和西欧机场协会(WEAA)。为协调这三个机场协会之间的关系，建立与各政府机构、航空公司、生产商和其他有关方面的正式联系，1970 年，机场协会协调委员会(AACC)成立。1985 年，西欧机场协会解散。1991 年 1 月，机场协会协调委员会、国际机场经营者协会和国际民航机场协会合并为国际机场联合协会，1993 年 1 月正式更名为国际机场理事会(ACI)。国际机场理事会总部原设在瑞士的日内瓦，于 2011 年夏天搬至加拿大蒙特利尔。

图 3-6　国际机场理事会徽标

(二)组织机构

国际机场理事会以联邦形式组织、构建和管理，包括国际机场理事会国际部(ACI World)和 5 个国际机场理事会区域：非洲区(ACI Africa)、亚太和中东区(ACI Asia-Pacific and Middle East)、欧洲区(ACI Europe)、拉丁美洲和加勒比区(ACI Latin America-Caribbean)

以及北美区(ACI North America)。

ACI World 下设 5 个常务委员会，它们分别负责不同的专业领域，并为全球事务、全球监管机构和其他国际协会提供政策指导和建议。

1. 技术和安全委员会

主要涉及缓解空域和机场拥挤状况，未来航空航行系统，跑道物理特征，滑行道和停机坪，目视助航设备，机场设备，站坪安全和场内车辆运行，机场应急计划，消防救援，破损飞机拖移等。

2. 环境委员会

主要涉及喷气式飞机、螺旋桨飞机和直升机的噪声检测，与噪声有关的运行限制，发动机排放物及空气污染，机场附近土地使用规划，发动机地面测试，跑道化学物质除冰，燃油储存及泼溅，除雾，鸟类控制等。

3. 经济委员会

主要涉及机场收费系统，安全、噪声和旅客服务收费，用户咨询，商业用地收入及发展，高峰小时收费，硬软货币，财务统计，机场融资及所有权，纳税，各种影响经济的因素(如航空公司政策变动、合并事项，航空运输协议的签署，航空业与其他高速交通方式的竞争)，计算机订座系统。

4. 安全委员会

主要涉及空陆侧安全、隔离区管理措施、航空安全技术、安全与设备之间的内在关系。

5. 简化手续和便利旅客流程委员会

主要涉及客、货、邮处理设备，旅客及货物的自动化设备，对付危险物品、走私毒品的措施，设备与安全之间的内在关系等。

每个 ACI 区域的办事处各有一个理事会，负责处理该区域特有的问题和监管机构。

(三)协会成员

截至 2024 年 5 月，国际机场理事会拥有来自 169 个国家和地区的 814 名正式会员，运行 2110 个机场。

(四)协会宗旨

国际机场理事会的宗旨是提升机场及其服务社区的集体利益，促进机场管理和运营的卓越性，为全球航空业的安全、安保和可持续发展作出贡献。

(五)发展目标

① 保持和发展世界各地民用机场之间的合作，相互帮助。

② 就各成员机场所关心的问题，明确立场，形成惯例，以"机场之声"的名义集中发布和推广这些立场和惯例。

③ 制定加强民航业各方面合作的政策和惯例，形成一个安全、稳定、与自然环境相

适应的高效的航空运输体系，推动旅游业和货运业乃至各国和世界经济的发展。

④ 在信息系统、通信、基础建设、环境、金融、市场、公共关系、经营和维修等领域内交流有关提高机场管理水平的信息。

⑤ 向国际机场理事会的各地区机构提供援助，协助其实现上述目标。

(六)统计报告

国际机场理事会每年都会通过机场运营人成员、投资者、航空利益相关方全球网络来收集机场吞吐量数据。

2023 年 7 月 19 日，国际机场理事会公布了 2022 年度世界机场吞吐量数据，揭晓了来自 180 多个国家和地区的 2600 多个机场在客运、货运、起降架次方面的排名。据统计，2022 年全球机场吞吐量超过 66 亿人次。

数据显示，2023 年全球旅客总数接近 87 亿人次，较 2022 年增长 30.6%。2024 年 4 月 15 日公布了 2023 年全球 10 大繁忙机场排行榜，如图 3-7 所示。排名前 10 的机场占全球客流量(5.06 亿人次)的 10%左右，较 2022 年增长了 19.8%。

PASSENGERS*						
2023	2022	2019	AIRPORT	2023	% CHANGE VS 2022	% CHANGE VS 2019
1	1	1	美国亚特兰大机场	104 653 451	11.7	-5.3
2	5	4	阿联酋迪拜机场	86 994 365	31.7	0.7
3	2	10	美国达拉斯机场	81 755 538	11.4	8.9
4	8	7	英国伦敦机场	79 183 364	28.5	-2.1
5	16	5	日本东京羽田机场	78 719 302	55.1	-7.9
6	3	16	美国丹佛机场	77 837 917	12.3	12.8
7	7	28	土耳其伊斯坦布尔机场	76 027 321	18.3	45.7
8	6	3	美国洛杉矶机场	75 050 875	13.8	-14.8
9	4	6	美国芝加哥机场	73 894 226	8.1	-12.7
10	9	17	印度新德里机场	72 214 841	21.4	5.4
* Total passengers enplaned and deplaned, passengers in transit counted once						

图 3-7 2023 年全球 10 大繁忙机场排行榜

(七)可持续发展

国际机场碳排放认证(Airport Carbon Accreditation，ACA)是国际民用航空业中影响力较大且获 ACI 认可的机场碳管理认证标准，由 ACI EUROPE 代表全球机场于 2009 年创立并开始管理。其目标是减少机场运营过程中的碳排放，最终实现碳中和，如图 3-8 所示。

近几年，国际机场碳排放认证从原有 4 个级别增加到 6 个级别，即在 1 级[量化(Mapping)]、2 级[减排(Reduction)]、3 级[优化(Optimization)]、3 级+[中和(Neutrality)]的基础上，新增 4 级[转换(Transformation)]、4 级+[过渡(Transition)]，提出绝对减排和更大范围的碳减排的要求，如图 3-9 所示。

图 3-8　国际机场碳排放认证条例

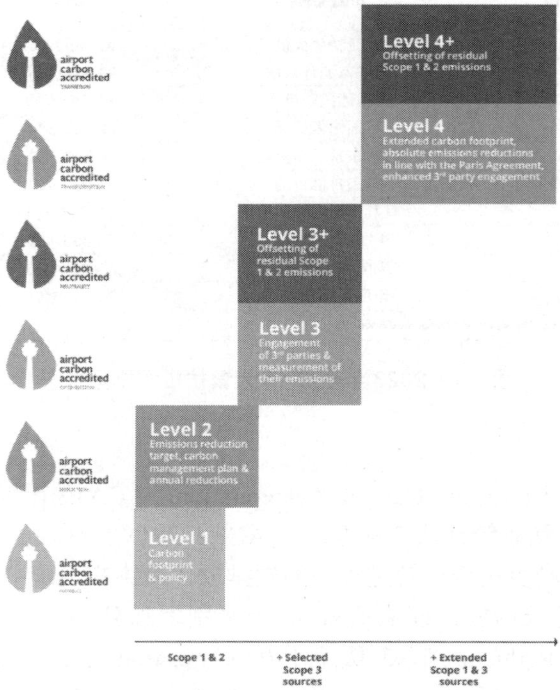

图 3-9　国际机场碳排放认证主要要求

2024 年 3 月，国际机场理事会发布了国际机场碳排放认证 2022—2023 年报。从 2022 年 5 月至 2023 年 5 月，ACA 新增 103 个认证机场，共有来自 88 个国家和地区的 498 个机场进行了国际机场碳排放认证。其中，有 130 个机场的碳管理水平提高了，66 个机场已经达到先进的碳管理水平，如图 3-10 所示。

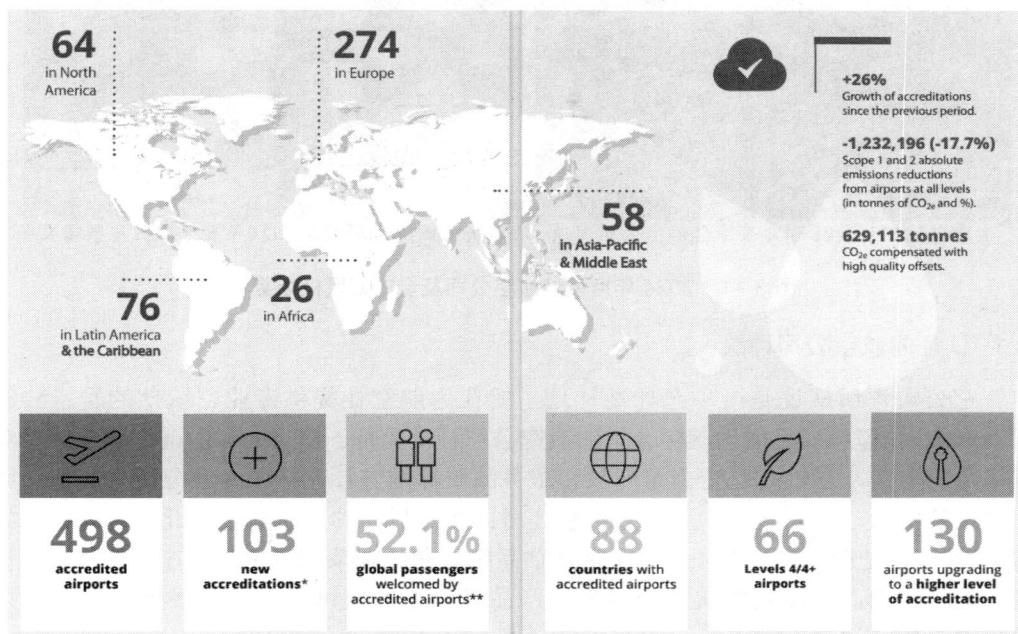

图 3-10　ACA 2022—2023 年报

2024 年 3 月，ACI 正式公布 2023 年全球机场服务质量满意度评价结果，广州白云国际机场荣获 2023 年"亚太地区 4000 万以上量级最佳机场奖"，并首次获得"ACI 亚太地区最洁净机场奖"。

四、Skytrax

(一)公司概况

Skytrax 是一家总部位于英国伦敦的国际航空运输评级组织，成立于 1989 年。Skytrax 致力于为全球的航空公司和机场改善客户体验品质。Skytrax 的评级是全球航空公司和机场标准、专业、统一的品质分类体系。Skytrax 具备影响航空运输企业品质问题的独特知识库和专业技术，可提供创新思维，从而推动品质变革。

(二)主要业务

Skytrax 的主要业务是对全球 150 多家航空公司和 100 多家机场的服务进行意见调查。它通过问卷调查进行统计分析，评选出最佳空中服务员、最佳航空公司、最佳航空公司酒廊、最佳机上娱乐、最佳膳食及其他与航空公司服务质量相关的奖项；年度最佳机场、最佳机场进步奖、最佳廉价航空机场、全球最佳区域机场，以及其他与机场服务相关的奖项。最广为人知的是每年一度举办的年度全球最佳航空公司奖及年度全球最佳机场奖。如图 3-11 所示。

卡塔尔航空荣获2024年度最佳航空公司奖项 海口美兰国际机场荣获2024年度全球五星机场奖项

图 3-11 2024 年度最佳航空公司及全球五星机场奖项

1. 认证的航空公司评级

航空公司评级认证是一项全球性计划，旨在为航空业提供专业、统一的质量分级体系，Skytrax 评级认证已成为国际公认的航空公司标准象征。Skytrax 用 600 多条评价项目进行多角度审定，通过对航空公司产品和服务品质标准进行直接的专业分析来实施。航空公司评级范围从一星到五星，五星级航空公司评级是最高的品质评定。此星级评定计划于 1999 年推出，是世界航空业领先的质量评估系统。获此殊荣的航空公司在整体品质表现上达到了最高级别，这既是对航空公司机上产品高标准的认可，也是对于提供服务的乘务员卓越表现的认可。

2. 航空公司审计

航空公司审计是针对全球航空公司的领先产品和服务品质的一项改进计划，此业务已经开展了 26 年。Skytrax 通过审计评估航空公司客户一线产品和服务的交付品质表现，并以专业技术和经验为每个航司客户确定可能或必须提高品质的领域，同时提出相关建议，协助客户确定变革流程的实施方案，确保实现变革，它通过创造转型式改进提高客户服务品质。审计形式是依据产品和服务标准提供端到端品质分析流程和改进建议服务。

3. 全球航空公司奖

Skytrax 全球航空公司奖被誉为航空业的"奥斯卡"，是针对航空公司的最具分量的品质荣誉，代表了衡量卓越性的全球标杆。全球航空公司奖是 Skytrax 业务的非营利部分，这一非营利性质确保了评奖流程的公正和独立。每年全球航空公司奖的获奖者均通过世界上最大的航空公司乘客满意度调查来确定。

4. 认证的机场评级

机场评级认证是一项全球性计划，旨在为机场行业提供专业、统一、领先的质量评估分类体系，是国际公认的机场标准象征。世界机场星级评定计划于 2000 年推出，它通过对产品和服务质量标准进行详细、严格、专业的评估得出评级结论。机场评级范围从一星到五星。五星级机场评级是在对机场产品和一线服务标准进行详细审计分析和评估后授予的，它既是质量成就的独特标志，也是卓越机场的全球基准。

2017 年，Skytrax 扩展了认证机场评级计划，推出了针对区域性机场的排名类别，旨在对主要关注区域航线和/或国内运营的机场给予恰当的品质认可。

5. 机场审计

机场审计是针对全球机场领先的产品和服务品质改进计划，已经开展了 18 年。此审计对乘客在机场环境中体验的产品和服务等各方面进行综合品质分析，并提出变革和改进的详细咨询建议。无论是枢纽机场还是小型机场，通过专业的审计可以清楚地向每个机场提供实现变革的专业技术。对于新机场和航站楼设计和施工阶段，针对所有一线产品和服务的问题向机场运营方提出建议，避免产生整改成本。机场审计的最终目的是确保每个机场都可以将其品质做到极致。

6. 全球机场奖

Skytrax 全球机场奖(Skytrax World Airport Awards)作为全球卓越标杆的标志，是全球各个机场都梦寐以求的质量认可荣誉。该奖始于 1999 年。当时 Skytrax 推出了第一个全球机场客户满意度调查，调查的核心是让客户自行选择他们认为最好的机场，强调独立、公正和全球性的客户调查和机场奖励流程，这种精神对于调查和奖励流程的各个方面至今仍然至关重要。现在，全球机场奖依旧是 Skytrax 业务的非营利部分，旨在提供符合道德的独立评奖过程。

(三)星级评定体系

Skytrax 评级旨在通过系统化的评估方法，为全球旅客提供关于航空公司及机场服务质量的直观信息，帮助旅客做出更明智的旅行选择。同时，评级结果也为航空公司及机场提供了改进服务质量的参考依据，有助于提升整个行业的服务水平。

1. 级别划分

Skytrax 星级评定体系是该组织面向全球航空公司和机场的一个重要项目，评定从"一星"到"五星"分为五个等级，具体含义如表 3-1 所示。

表 3-1　星级评定标准含义

星　级	标准含义
五星	非常好(very good)
四星	好(good)
三星	一般(fair)
二星	差(poor)
一星	非常差(very poor)

2. 评级标准

Skytrax 评级标准是一个综合考量航空公司和机场各个方面表现的评价体系，它为消费者提供了选择优质航空服务和机场设施的参考依据。对于航空公司和机场来说，获得Skytrax 的高评级意味着它们在各个方面都取得了良好的表现，能够为乘客提供优质的服务和体验。

1) 服务质量

Skytrax 评级标准首要考量要素是航空公司和机场的服务质量。这包括航班准点率、乘务人员的服务态度、客舱设施的舒适度、餐饮品质等方面。航空公司和机场如果能够在这些方面提供高质量的服务，就会得到更高的评级。

2) 安全性

航空公司和机场的安全性是 Skytrax 评级的重要考量因素之一。这包括飞行安全记录、飞行员和机组人员的专业水平、飞机和设施的维护情况等。只有在这些方面表现优秀的航空公司和机场，才能获得较高的评级。

3) 设施设备

航空公司和机场的设施设备也是 Skytrax 评级的重要考量因素之一。这包括航站楼的设计和布局、登机口的便利性、候机室的舒适度、行李处理系统的效率等方面。航空公司和机场如果能够提供先进、便利、舒适的设施设备，就会得到更高的评级。

4) 航班网络

航空公司的航班网络和机场的航线覆盖范围也是 Skytrax 评级的重要考量因素之一。航空公司和机场如果能够提供广泛的航班网络和丰富的航线选择，就会得到更高的评级。

5) 乘客体验

Skytrax 评级还会考虑乘客的整体体验。这包括购票流程的便利性、登机手续的顺畅程度、航班信息的及时性、乘客投诉处理的效率等方面。航空公司和机场如果能够让乘客获得良好的旅行体验，就会得到更高的评级。

3. 测评对象与范围

Skytrax 评级的对象主要包括全球范围内的航空公司及机场。评级范围涵盖了从旅客购票、值机、候机、登机、飞行过程到抵达目的地的全流程服务体验。

4. 测评方式

在 Skytrax 评级过程中遵循严格标准化流程。首先，会通过问卷调查、实地考察等多种方式收集数据；其次，利用专业的数据分析工具对收集到的数据进行处理和分析；最后，基于分析结果，结合各指标的权重，得出最终的评级结果。

在数据收集方面，Skytrax 采用了多元化的手段，包括线上问卷调查、电话访谈、神秘顾客实地体验等。在数据分析方面，则运用了先进的统计分析软件，对收集到的数据进行深入挖掘，以确保评级结果的准确性和客观性。

5. 权重分配

Skytrax 评级体系由多个评价指标构成，包括但不限于航班准时性、客舱设施、机上餐饮、机组服务态度、地面服务等。每个指标都根据其在旅客整体体验中的重要性，被赋予了相应的权重。

6. 行业影响

Skytrax 评级对航空运输业的发展具有深远影响。首先，它提高了旅客对航空公司及机场服务质量的关注度，促使相关企业不断提升服务水平；其次，评级结果为航空公司及机场提供了改进服务的方向，有助于整个行业的持续改进和发展；最后，Skytrax 评级还促进了航空运输业内部的竞争与合作，推动了行业的整体进步。

(四)统计报告

2024 年 6 月 24 日，Skytrax 在英国伦敦揭晓了全球机场奖、全球航空公司奖、Skytrax 五星航空奖等奖项排名。2024 年 Skytrax 全球航空公司奖和全球机场奖排名 top10 如表 3-2 所示。

表 3-2　2024 年 Skytrax 全球航空公司和全球机场奖排名 top10

全球航空公司奖		全球机场奖	
排　名	航空公司名称	排　名	机场名称
1	卡塔尔航空(Qatar Airways)	1	卡塔尔—哈马德机场
2	新加坡航空(Singapore Airlines)	2	新加坡—樟宜机场
3	阿联酋航空(Emirates Airlines)	3	韩国—仁川国际机场
4	全日空航空(All Nippon Airways)	4	日本—东京羽田国际机场
5	国泰航空(Cathay Pacific Airways)	5	日本—东京成田机场
6	日本航空(Japan Airlines)	6	法国—巴黎戴高乐机场
7	土耳其航空(Turkish Airlines)	7	阿联酋—迪拜机场
8	长荣航空(EVA Airlines)	8	德国—慕尼黑机场
9	法国航空(Air France)	9	瑞士—苏黎世机场
10	瑞士国际航空(Swiss International Airlines)	10	土耳其—伊斯坦布尔机场

五、航空公司战略联盟

随着全球航空公司战略联盟在国际民航中逐渐成为趋势，1997 年首个国际性航空公司联盟——星空联盟(Star Alliance)成立。其他大型航空公司为了与之抗衡，竞相成立联盟团队。1999 年成立了寰宇一家(One World)国际性航空公司联盟，2000 年成立了天合联盟(SKYTEAM)国际航空服务网络。

(一)星空联盟

1. 联盟概况

星空联盟成立于 1997 年，总部位于德国法兰克福，是世界上第一家全球性航空公司联盟。联盟的标识是一个由五个三角形图样组合而成的五角星(见图 3-12)，象征着创立联盟的五个初始会员：北欧航空(Scandinavian Airlines)、泰国国际航空(Thai Airways International)、加拿大航空(Air Canada)、汉莎航空(Lufthansa)和美国联合航空(United Airlines)。

为了推广星空联盟的合作与统一形象，星空联盟也在成员航司飞机机身涂装方面做一些变化。所有成员所属的飞机机身上皆绘有代表联盟的标识，如图 3-12 所示。此外，所有成员都必须将旗下至少一架飞机改为星空联盟的统一特殊涂装，以提升星空联盟的统一形象。星空联盟的标语是：The way the Earth connects(地球联结的方式)。如图 3-13 所示。

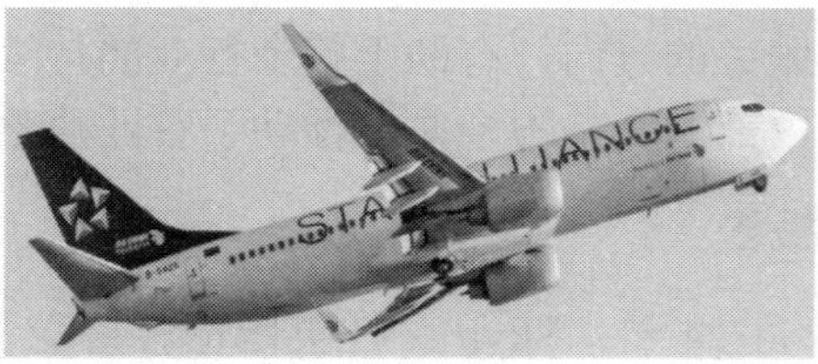

图 3-12　星空联盟标识

图 3-13　星空联盟标语

2. 联盟成员

星空联盟自成立以来迅速发展，目前已拥有 26 家正式成员，如图 3-14 所示。星空联盟航线涵盖了 192 个国家和地区及 1330 个机场。

图 3-14　星空联盟成员

3. 乘客权益

星空联盟的乘客权益包括以下几个方面。

① 享受超值通票和特惠机票，如环球通票、环亚洲通票。

② 享受通程登机一站式服务。航班不正常时，乘客可以享受最快的签转。

③ 乘客行李发生错运、漏运后，可在第一时间找回。

④ 乘客搭乘联盟内任何一家航空公司的航班，都可积攒和兑换里程积分。

⑤ 星空联盟金卡会员享有优先办理登机手续权、优先机场候补权、优先候补座位权，以及优先提取行李、增加托运行李额度、航班时刻协调等特权。

⑥ 享受全球超过 990 个机场贵宾休息室。

(二)寰宇一家

1. 联盟概况

寰宇一家是一个国际性的航空公司联盟。1998 年 9 月，美国航空、英国航空、国泰航空、澳大利亚航空、加拿大航空 5 家分属不同国家的大型航空公司发起结盟意向，1999 年 2 月 1 日寰宇一家正式成立运作，初时总部设在加拿大温哥华，后于 2011 年 5 月迁往美国纽约。其成员航空公司及其附属航空公司在航班时间、票务、代码共享、乘客转机、飞行常客计划、机场贵宾室及降低支出等多方面进行合作。

2. 品牌口号

2019 年 2 月，寰宇一家在伦敦举行了 20 周年庆典，活动期间公布了新的品牌口号：travel bright，以及品牌标识，如图 3-15 所示。travel bright 具有"新鲜、现代、包容"的特性，反映了联盟成员航空公司及其客户具有多样性的特点。它旨在基于以下三个核心主题来传达联盟的特点及其带来的好处：

① 指南：寰宇一家与其成员航空公司通力合作，让乘客在任何时候都能够享受旅行的美好——顶级航空联盟，为乘客无缝连接行程。

② 理解：无论旅客身在何处，寰宇一家都会提供量身定制的旅行服务。

③ 无处不在：作为常旅客，横跨六大洲所获得的里程数可以让旅客飞得更远，并在舒适的环境享受优惠旅行。

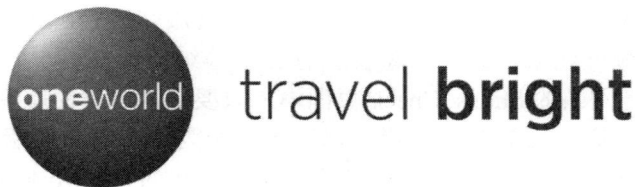

图 3-15 寰宇一家标识

图 3-16 所示为寰宇一家的海报之一，该海报色彩缤纷、亮丽，塑造了寰宇一家新的视觉形象，传递了温暖和人性、清晰和简单、活力和创新的品牌特点。

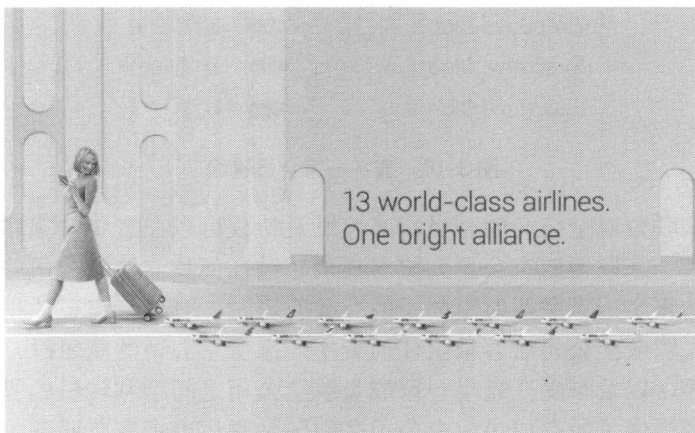

图 3-16 寰宇一家海报

3. 联盟成员

寰宇一家目前拥有 13 家正式成员，如图 3-17 所示。联盟网络覆盖了 170 个地区的 900 个目的地，提供数百个机场贵宾休息室。

图 3-17　寰宇一家成员

2018 年，寰宇一家推出了 oneworld connect(寰宇一家通)计划，以使更多航空公司加入该联盟。oneworld connect 可以称为简版会员，与正式成员相比，其对航空公司的要求不那么严格。oneworld connect 体系下的航空公司无须成为寰宇一家的正式会员。目前，斐济航空已是 oneworld connect 会员。

4. 联盟权益

寰宇一家联盟的每个航空公司都有独立的常旅客计划。因为寰宇一家无单独常旅客计划，所以只要加入联盟内任意一个或多个航空公司的常旅客计划，就可以加入整个寰宇一家联盟网络，无须额外注册。寰宇一家会员有三个等级：红宝石卡、蓝宝石卡、绿宝石卡。在寰宇一家官方网站的 Status Check 页面中，只要输入自己的航空常旅客计划会员等级，就能查询寰宇一家认同的会员等级。以英国航空为例，会员等级包括 Blue(蓝卡)、Bronze(铜卡)、Silver(银卡)和 Gold(金卡)四个等级，对应的 oneworld 会员等级如图 3-18 所示。

图 3-18　寰宇一家会员等级

作为寰宇一家联盟航空公司的会员，其奖励及特权可以在寰宇一家联盟内的所有航空公司中享用。寰宇一家联盟航空公司为旅客提供超过任何独立航空公司的优惠。当旅客以有效票价乘坐任何寰宇一家联盟航空公司的有效航班时，可以为自己的积分计划赢取里程奖励。寰宇一家联盟航空公司旅客乘坐任何寰宇一家航空公司的航班时，可使用任意成员航司的贵宾候机厅，以及享受在寰宇一家成员航空公司之间顺利转机的服务。寰宇一家成员航空公司为旅客提供了所有成员航空公司之间国际联运电子客票服务，有助于旅客通过航线网络任意组合承运航空公司。

简单地讲，从值机到抵达目的地，寰宇一家的会员可享受各种联盟礼遇，具体内容如图 3-19 所示。

	绿宝石	蓝宝石	红宝石
头等舱贵宾室使用权	√		
商务舱贵宾室使用权	√	√	
头等舱旅客登机手续优先办理服务	√	√	
全球特定机场"快速通道"或"优先通道"的使用权限	√		
优先处理行李	√	√	
更高行李限额	√	√	
优先登机	√	√	
优先获得临时票及候补票	√	√	√
使用首选座位或预订座位	√	√	√

图 3-19 寰宇一家会员权益

(三)天合联盟

1. 联盟概况

天合联盟是第一个围绕客户创立的全球航空公司联盟，致力于通过提供最负责任和最一体化的客户旅程，改变旅行的未来。自成立以来，天合联盟经历了多次成员变动与扩展，逐渐成为全球民航业第二大联盟，总部设于荷兰阿姆斯特丹。

2000 年 6 月，法国航空、达美航空、墨西哥航空和大韩航空联合成立天合联盟。同年 9 月，天合联盟将其重点扩展到货运领域，宣布成立全球第一个航空公司货运联盟——天合联盟货运。2004 年 9 月，飞翼联盟(Wings Alliance)解体后，其成员航空公司加入其中。飞翼联盟是 1989 年由美国西北航空公司(现已解散并入达美航空)、美国大陆航空公司(现与美联航合并)、荷兰皇家航空公司及意大利航空公司所组成的一个准航空联盟，这是因为四家航空公司虽然在代码共享及常旅客计划上有相当紧密的合作，却从没有真正对外宣布结盟。2012 年 3 月，天合联盟推出天合优享(Sky Priority)专属服务，成为第一个为头等舱和商务舱客户等提供一系列品牌优先机场服务的航空公司联盟。

2. 联盟口号、使命及承诺

① 联盟口号：Caring more about you(我们更关注您)！
② 联盟使命：通过提高天合联盟的知名度和美誉度，开阔成员航空公司的视野，协同发展，互惠互利，使成员航空公司取得丰厚财务利润，使旅客获得增值旅行体验。
③ 联盟承诺：尊崇、客观、分享、高效。

3. 联盟标识

天合联盟标识如图 3-20 所示。该标识采用了圆形设计，象征着全球性和完整性。字母"S"位于标识中央，代表天合联盟的首字母；字母"K"和"Y"也包含在标识中，象征着天合联盟非常注重团队合作；波浪线位于"S"字母下方，代表着机场和飞机起降的跑道；弧形紧接波浪线之后，代表天空和飞行的概念。整个标识设计融合了天空、飞行、机场等元素，体现了天合联盟作为国际航空服务网络的核心价值和业务特点，同时传达了天合联盟注重团队合作和共同发展的理念。

图 3-20　天合联盟标识

4. 联盟成员

天合联盟目前拥有 19 家正式成员，如图 3-21 所示。天合联盟航线覆盖了 175 个国家和地区的 1150 个目的地。

图 3-21　天合联盟成员

5. 联盟优享

天合联盟优享服务包括从优先办理登机手续、行李托运，到优先安检、登机、转机柜台服务及行李提取等的优先服务。

① 优先办理登机手续：使用天合优享专属柜台，可快速办理登机手续，避免排队等待。

② 优先行李托运：在专用的天合优享行李托运地点，可立即办理行李托运，节省时间。

③ 优先安检通道：借助天合优享通道，旅客可以更快地通过安检，节省安检时间。

④ 优先登机：通过天合优享通道，旅客无须排队，可以在规定时间内优先登机。

⑤ 优先转机柜台服务：在票务柜台和转机柜台旁，设有天合优享通道，帮助旅客避免转机时的时间损失。

⑥ 优先提取行李：借助行李优先送达传送带服务，可以优先领取行李，节省等待时间。

⑦ 优先出入境：提供快捷通道，减少在海关的等待时间。

⑧ 优先购票：旅客享有优先购票权，可在紧要时刻购得机票，确保行程不受影响。

▌第二节▌ 中国民航社团组织

一、中国航空运输协会

(一)基本概况

中国航空运输协会(中国航协)，英文名称为 China Air Transport Association(CATA)，成立于 2005 年 9 月 26 日，是依据我国有关法律规定，经中华人民共和国民政部核准登记注册(注册资金贰佰万元整)，以民用航空公司为主体，由企事业法人和社团法人自愿参加组成的、行业性的、不以营利为目的的全国性社团法人。党建领导机关是中央社会工作部，接受行业管理部门中国民用航空局的业务指导和监督管理。2009 年、2015 年和 2022 年三次被民政部评为全国 5A 级社团组织(每次有效期为 5 年)。

中国航空运输协会会徽是以象征"蓝天""白云"的"蓝"和"白"标准色为主色调，由麦穗、飞机、协会中英文名组成的图案，如图 3-22 所示。

图 3-22 中国航空运输协会会徽

(二)组织机构

中国航协的组织机构如图 3-23 所示。

会员代表大会是中国航协的最高权力机构。会员代表大会须有三分之二以上的会员出席方能召开，其决议须经到会会员半数以上表决通过方能生效。

理事会是会员代表大会的执行机构，在闭会期间领导协会工作，对会员代表大会负责。

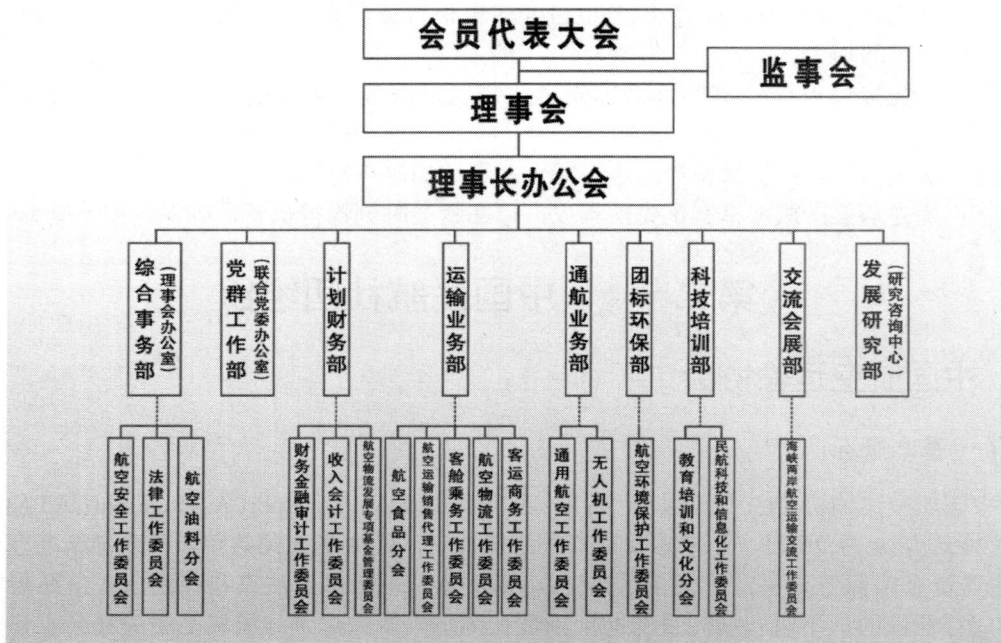

图 3-23　中国航协的组织机构

理事长办公会下设综合事务部(理事会办公室)、党群工作部(联合党委办公室)、计划财务部、运输业务部、通航业务部、团标环保部、科技培训部、交流会展部、发展研究部(研究咨询中心)9 个部门。

分支机构有航空安全工作委员会、通用航空工作委员会、无人机工作委员会、航空运输销售代理工作委员会、航空食品分会、航空油料分会、教育培训和文化分会、客舱乘务工作委员会、法律工作委员会、财务金融审计工作委员会、收入会计工作委员会、航空环境保护工作委员会、民航科技和信息化工作委员会、航空物流工作委员会、客运商务工作委员会、海峡两岸航空运输交流工作委员会、航空物流发展专项基金管理委员会。

(三)会员单位

截至 2024 年 1 月，中国航协共有会员单位 966 家，其中本级会员 128 家，分支机构会员 838 家。

1. 入会程序

根据《中国航空运输协会章程》以及《中国航空运输协会会员管理办法》，中国航协实行单位会员制，在中国境内注册的航空运输及相关的企事业法人和社团法人均可申请成为航协会员。

①　拟入会单位向航协或经授权分支机构提出书面申请，附法人证书复印件或组织机构代码证复印件、单位简介、经营许可证等其他相关资质证明材料复印件，上述材料需加盖公章。

②　经航协理事长办公会审议通过，成为会员单位。

③ 会员单位填写《中国航空运输协会会员单位登记表》，指定工作联系人。

④ 航协对提交的《中国航空运输协会会员单位登记表》盖公章备案，建立会员会籍档案。

⑤ 航协颁发会员证书，并予以公告。

2. 退会程序

会员退会应事先书面通知协会，并交回会员证。协会按规定予以公告。欠缴会费的，应在退会前清缴所欠会费。会员拖欠会费超过 6 个月，将丧失会员权利；补缴会费后，恢复其会员权利。会员 2 年不缴纳会费或不参加协会活动的，经理事长办公会决定可以劝其退会，退会前应缴清直到退会当年的所有应缴会费。会员如有严重违反协会章程的行为，经理事会决定予以除名。

(四)发展思路

"十四五"时期协会发展基本思路：坚持以习近平新时代中国特色社会主义思想为指导，深入学习贯彻习近平总书记对民航工作的重要指示批示精神，认真落实民航总体工作部署，坚持"打基础、上台阶、创一流"的工作方针，以推动协会高质量发展为主题，以加强参与行业治理能力建设为抓手，以服务会员、服务行业、服务社会为导向，促进高质量发展、促进持续安全，维护会员权益、维护市场秩序，强化科教文化、强化合作交流，充分发挥助力支撑、引导协调、支持保障和桥梁纽带作用，积极打造引领型、创新型、服务型、协同型社会组织，朝着法治化、数字化、国际化方向，扎实推进能力建设、制度建设、队伍建设、品牌建设和文化建设，弘扬"讲政治、讲学习、讲团结、讲奉献、讲廉洁"作风，基本建设成为"政府信得过、企业离不开、社会反响好、自身过得硬"的一流社会组织，为实现建成民航强国目标贡献力量。

(五)精神文化

① 协会性质界定：中国航空运输协会是依据中国有关法律规定，以民用航空公司为主体，由企事业法人和社团法人自愿参加结成的，行业性的，不以营利为目的，经中华人民共和国民政部核准登记注册的全中国性社团法人。

② 协会基本宗旨：遵守宪法、法律法规和中国国家方针政策，按照社会主义市场经济体制要求，努力为航空运输企业服务，为会员单位服务，为旅客和货主服务，维护行业和航空运输企业的合法权益，促进中国民航事业健康、快速、持续地发展。

③ 协会工作方针：以中国共产党和中国国家民航政策为指导，以服务为主线，以会员单位为工作重点，积极、主动、扎实、有效地为会员单位服务，促进提高经济效益，努力创造公平竞争、互利互惠、共同发展的健康和谐的航空运输环境。

④ 协会倡导精神：诚信、敬业、创新、进取。

⑤ 协会目标任务：围绕中国国家改革发展大局，围绕企业经营的热点、难点，围绕维护会员单位合法权益，积极推进各项工作，坚定地走自立、自主、自律、自我发展的道路，以服务为本，把协会建设成中国航空运输企业之家、会员之家，以创新为源，把协会办成高效率、有信誉、具有国际影响的先进社团组织。

二、中国民用机场协会

(一)基本概况

随着中国经济的快速发展，民用机场建设日益受到重视。为了加强民用机场行业的自律与管理，提高行业整体水平，中国民用机场协会应运而生。

中国民用机场协会(机场协会)，英文名称为 China Civil Airports Association(CCAA)，是民用机场及相关企事业单位、社会团体自愿结成的全国性、行业性社会团体。登记管理机关是中华人民共和国民政部，党建工作机构是中央和国家机关工作委员会，行业管理部门是中国民用航空局。

2006 年经民政部核准登记注册成立。

2008 年，中国民用机场协会启动"民用机场平安机场"创建活动，提高机场安全水平。

2015 年，中国民用机场协会与航空公司签署《航空枢纽合作框架协议》，促进机场与航空公司的协同发展。

2021 年 5 月完成脱钩改革。同年，被民航局机关党委评为"先进基层党组织"，被民政部评为"全国先进社会组织"。

2022 年被民政部评为"5A 级全国性社会团体"。

(二)组织机构

中国民用机场协会组织机构如图 3-24 所示。

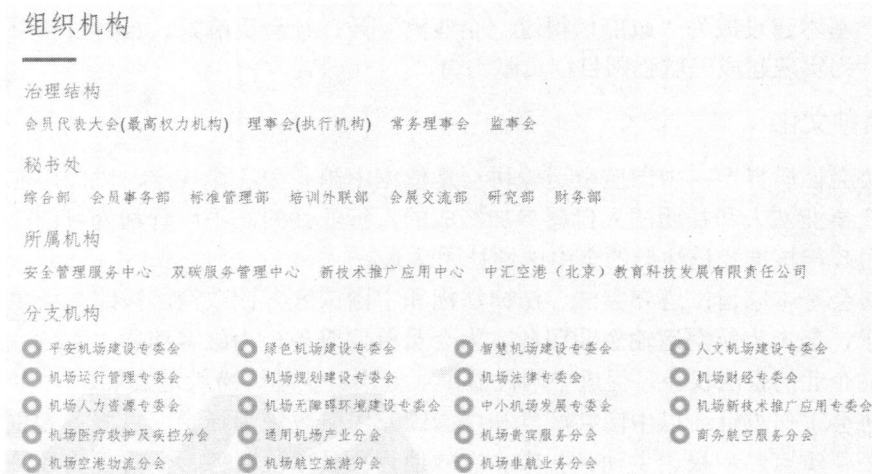

组织机构

治理结构

会员代表大会(最高权力机构) 理事会(执行机构) 常务理事会 监事会

秘书处

综合部 会员事务部 标准管理部 培训外联部 会展交流部 研究部 财务部

所属机构

安全管理服务中心 双碳服务管理中心 新技术推广应用中心 中汇空港（北京）教育科技发展有限责任公司

分支机构

○ 平安机场建设专委会　○ 绿色机场建设专委会　○ 智慧机场建设专委会　○ 人文机场建设专委会
○ 机场运行管理专委会　○ 机场规划建设专委会　○ 机场法律专委会　○ 机场财经专委会
○ 机场人力资源专委会　○ 机场无障碍环境建设专委会　○ 中小机场发展专委会　○ 机场新技术推广应用专委会
○ 机场医疗救护及疾控分会　○ 通用机场产业分会　○ 机场贵宾服务分会　○ 商务航空服务分会
○ 机场空港物流分会　○ 机场航空旅游分会　○ 机场非航业务分会

图 3-24　中国民用机场协会组织机构

会员代表大会是中国民用机场协会最高权力机构。理事会是会员代表大会的执行机构，在会员代表大会闭会期间领导本会开展工作，对会员代表大会负责。理事会下设 19 个分支机构、3 个中心及 1 家公司。常务理事会在理事会闭会期间行使部分理事会职权，对理事会负责。秘书处下设 7 个部门，分别为综合部、会员事务部、标准管理部、培训外联部、会展交流部、研究部、财务部。

(三)会员单位

截至 2023 年 12 月 31 日，中国民用机场协会现有会员 574 家，其中机场集团公司 30 家，运输机场公司 228 家，通用机场企业 133 家，社会组织 4 家，企事业单位 179 家。

民用运输机场企业、通用航空机场企业及服务于机场相关业务的企事业单位、科研机构、院校，拥护和遵守《中国民用机场协会章程》者，均可申请加入本协会。

(四)协会宗旨

协会按照"共同参与、共同分享、共同成就"的指导思想和办会方针，以维护会员合法权益为宗旨，加强党的领导，落实国家战略，促进行业发展，担当社会责任，努力建设党和政府满意、广大会员认可、社会影响突出的先进社会组织。

① 促进中国民用机场行业的发展，提高机场管理水平；
② 加强行业自律，维护机场会员单位的合法权益；
③ 为政府、会员和国际组织提供咨询与服务，推动国际交流与合作。

(五)主要工作

1. 政策建议与行业规范制定

① 中国民用机场协会积极向政府部门提供政策建议，推动行业发展和法规完善。
② 针对行业发展中的瓶颈问题，协会组织专家进行研究，为政府决策提供参考。
③ 中国民用机场协会制定了《中国民用机场发展纲要》等一系列行业规范，为行业发展提供指导。
④ 协会还参与制定了国际民航组织的相关标准，提高了中国民用机场的国际地位。

2. 专业培训与技术支持

① 中国民用机场协会定期组织会员单位的培训和交流活动，提高行业整体素质。
② 协会还与国际民用机场组织合作，开展国际培训项目，培养国际人才。
③ 中国民用机场协会提供技术咨询服务，帮助会员单位解决机场建设、运营和管理中的技术难题。
④ 协会还推动行业技术创新，引进国际先进技术，提高中国民用机场的技术水平。

3. 行业自律与维权工作

① 中国民用机场协会加强行业自律，规范会员单位的行为，维护行业秩序。
② 协会还开展了"民用机场平安机场"创建活动，提高机场安全水平。
③ 中国民用机场协会维护会员的合法权益，为会员提供法律援助和支持。
④ 协会还积极与政府部门沟通，反映行业诉求，争取政策支持。

(六)发展目标

① 中国民用机场协会将继续加强行业自律，提高行业整体水平。
② 协会还将加强与政府、国际组织和会员单位的沟通与合作，推动行业发展。
③ 中国民用机场协会将努力成为全球领先的民用机场行业组织，为中国民用机场的

发展作出贡献。

④　协会还将积极参与国际民航事务，提高中国民用机场的国际地位和影响力。

三、中国民用航空维修协会

(一)基本概况

中国民用航空维修协会(Civil Aviation Maintenance Association of China)成立于 2006 年 12 月，是由中国境内涉及民用航空维修的企事业单位和个人，依据我国有关法律规定自愿结成的全国性、行业性社会团体，是非营利性社会组织。

本会的登记管理机关是中华人民共和国民政部，党建工作机构是中央和国家机关工作委员会。本会接受登记管理机关、党建工作机构、行业管理部门的业务指导和监督管理。

维修协会的业务主管单位是中国民用航空局，接受中国民用航空局业务指导和国家社团登记管理机关的监督管理。

(二)协会宗旨

贯彻执行行业规章和有关政令，在政府主管部门与企业之间发挥桥梁与纽带的作用；制定行业自律规定，规范行业行为，促进行业发展，协调同业关系，提升行业竞争力，为航空公司和其他用户提供优质服务；维护会员单位的利益和业内工作者的权益；促进与国际维修业同行的交流及合作。

(三)组织机构

协会的最高权力机构是全体会员大会。协会理事会是全体会员大会的执行机构，在全体会员大会闭会期间领导本会开展工作，对全体会员大会负责。协会秘书处是协会常设机构。

(四)主要工作

①　组织宣传贯彻本行业有关的法律、法规、规章和方针政策，代表会员表达意见和建议，维护会员的正当权益。

②　推进诚信体系建设，为会员提供业务评审工作，维护市场秩序；开展团体标准工作，组织协调相关团体标准的制定、推广，参与相关行业标准的制定、修订工作。

③　制定行业自律规定，规范和协调会员行为，维护市场正常秩序，提倡公平竞争，为航空公司和其他用户提供优质服务。

④　经政府有关部门授权组织行业培训和人力资源开发工作，跟踪和推广新技术、新工艺，提供技术支持和咨询服务，提高行业整体竞争力。

⑤　开展对外交流合作，与国外同行建立工作联系，接受会员委托，代表会员就外国制造、维修厂商及其他有关机构违反 WTO 等事宜，与对方交涉和谈判，保护会员利益。

⑥　研究和吸收国际先进的管理模式和理念，树立先进典型，推广先进经验。

⑦　经政府有关部门授权后负责国内外行业相关信息收集、分析和评估，研究行业发展中的重大问题和共性问题，提供行业发展的指导性建议和意见。

⑧　开展海峡两岸本行业间的联系与交流，依据有关行业管理部门的授权和委托，承办对台湾地区各航空维修机构的维修许可审定工作。

⑨　根据行业发展需要，举办行业展览，开展学术交流，依照有关规定，出版刊物，建立网站，为会员提供多种信息交流平台。

⑩　承办政府行业管理部门及会员委托的其他工作。

四、中国航空器拥有者及驾驶员协会

(一)基本概况

中国航空器拥有者及驾驶员协会(简称中国航驾协或中国 AOPA)，英文名称为 Aircraft Owners and Pilots Association of China(AOPA-China)。

协会成立于 2004 年 8 月 17 日，是以全国航空器拥有者、驾驶员为主体，与航空业相关企事业单位、社会团体及个人自愿结成的全国性、行业性社会团体，是非营利性社会组织；是中国在国际航空器拥有者及驾驶员协会(IAOPA)的唯一合法代表。

本会的登记管理机关是中华人民共和国民政部、党建领导机关是中央和国家机关工作委员会、业务指导单位是中国民用航空局。本会接受登记管理机关、党建领导机关、有关行业管理部门的业务指导和监督管理。

(二)协会文化建设

①　宗旨：促进、维护会员在民用航空领域的权益，积极发挥反映行业诉求、加强行业自律、优化行业服务、推进行业发展的合作平台和桥梁与纽带作用，为新时代"两翼齐飞、民航强国"多作贡献。

②　使命：两翼齐飞、民航强国。

③　愿景：让中国人飞起来。

④　发展方向：专业化、国际化、服务化。

⑤　理念：安全、规范、优秀、创新。

⑥　团队：有组织、有纪律，释放天性。

(三)组织机构

中国航空器拥有者及驾驶员协会组织机构包括会员代表大会、理事会、监事会、秘书处和分支机构，如图 3-25 所示。

会员代表大会是本会最高权力机构，大会每届 5 年，每 5 年召开 1 次。

理事会是会员代表大会的执行机构，在会员代表大会闭会期间领导本会开展工作，对会员代表大会负责。理事人数最多不得超过 150 人，且不超过会员代表的 1/3，不能来自同一会员单位。

常务理事从理事中选举产生，人数为 11～50 人，且不超过理事人数的 1/3。在理事会闭会期间，常务理事会行使部分理事会职权，对理事会负责。常务理事会与理事会任期相同，与理事会同时换届。

协会设立监事会，监事任期与理事任期相同，期满可以连任。

协会在《中国航空器拥有者及驾驶员协会章程》规定的宗旨和业务范围内，根据工作需要设立分支机构、代表机构。分支机构、代表机构开展活动，应当使用冠有本会名称的规范全称，并不得超出本会的业务范围。

图 3-25　中国航空器拥有者及驾驶员协会组织机构

(四)业务范围

①　组织开展与民用航空相关的调查和研究，与主管部门建立工作联系制度，协助政府部门制定、贯彻、宣传相关法律法规和政策，共同推动民用航空健康有序地发展。

②　代表会员权益，反映会员诉求，维护会员权益。

③　经政府有关部门批准开展国际交流与合作，参加国际航空器拥有者及驾驶员协会的例行会议，协助会员开展跨境、跨域飞行活动。

④　制定、发布并实施团体标准，推动科技进步和行业自律持续发展，推进诚信体系建设，维护市场秩序。

⑤　开展航空科技、民航安全、标准质量、人力资源、职业技能相关业务咨询、培训工作。

⑥　根据授权，充分利用互联网开展行业调查，进行信息、数据的分析、研究，普及航空文化，编辑出版行业书刊、影像资料，促进行业科技创新、进步。

⑦　受政府委托承办或根据市场和行业发展需要举办国际、国内行业展会、论坛及技术交流活动，搭建交流平台，推广行业先进技术及应用成果。

⑧　组织有资质的会员单位开展与航空器相关的研发、试飞、适航、交易、储存、改装、航材共享等专业服务。

⑨　组织开展社会公益事业活动，承担政府相关部门及其他社会组织委托办理的事项。

⑩　业务范围中属于法律、法规、规章规定须经批准的事项，依法经批准后方可开展。

(五)会员构成

本协会会员分为个人会员和单位会员，具体内容如图 3-26 所示。

会员构成				
个人会员		单位会员		
奥帕星级会员	奥帕会员	非理事单位会员	理事单位会员	常务理事单位会员
●航空器拥有者（个人） ●驾驶员、操控员 ●民航管理、机务、适航、空管、机场、制造等专家和从业人员 ●高等院校航空专业教师、学生 ●热爱航空的跨界企业家、高管 ●航空科研机构专家、退役飞行员 ●社会各界广大航空爱好者		●航空器拥有者（法人、俱乐部等） ●通航公司、运输航空公司 ●民航企事业单位 ●航空销售、制造、维修、拆解单位 ●无人机训练机构、无人机系统研发制造单位 ●民航 141 航校、高等院校、职业院校 ●通航机场 ●应急救援、航空保险、航空投资、跨界公司等 ●其他产业链相关单位		

图 3-26　中国航空器拥有者及驾驶员协会会员构成

五、中国民航飞行员协会

(一)基本概况

中国民航飞行员协会，简称中国飞协，英文名称为 China Airline Pilots Association (CHALPA)；是由中国民用航空飞行员自愿结成并广泛吸纳航空业相关企事业单位、高等院校、科研院所、社会组织参与的全国性、行业性社会团体，是非营利性社会组织；是中国在航空公司驾驶员协会国际联合会的唯一合法代表。中国飞协依法经中华人民共和国民政部核准登记注册。

协会于 2004 年由中国民用航空总局牵线搭桥，由中国航空学会飞行技术专业分会及中国国际航空公司、中国东方航空公司、中国南方航空公司、四川航空公司、深圳航空公司、海南航空公司、厦门航空公司、上海航空公司、山东航空公司、邮政货运航空公司和中国民航飞行学院等联合发起成立。

(二)协会宗旨

遵守国家宪法和法律、法规及政策，遵守社会职业道德；坚持科技兴国与科学发展观，坚持民主办会原则；开展学术技术交流，为广大会员提供信息交流平台；维护飞行员的合法权益，反映飞行员的意愿和要求；为广大飞行人员服务，为政府、企事业与会员之间的沟通发挥桥梁与纽带作用。

(三)组织机构

中国民航飞行员协会组织机构包括会员代表大会、理事会、监事会、秘书处等，如图 3-27 所示。

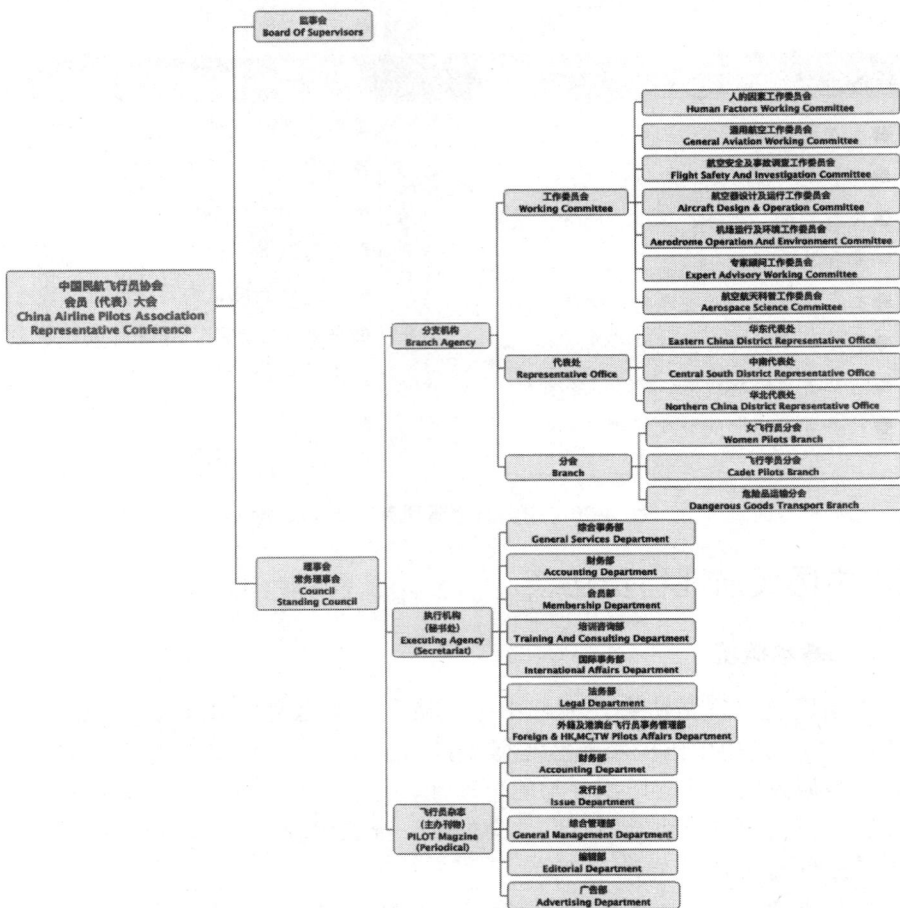

图 3-27 中国民航飞行员协会组织机构

会员代表大会是协会的权力机构，大会每届 3 年，每 3 年召开 1 次。理事会是会员代表大会的执行机构，在会员代表大会闭会期间领导本会开展工作，对会员代表大会负责。理事会每年至少召开 1 次会议。理事人数最多不得超过 150 人，且不超过会员代表的1/3。理事不能来自同一会员单位，且不在本会领取薪酬。协会设立监事会，监事任期与理事任期相同，期满可以连任。协会按照国家有关规定在本会宗旨和业务范围内，按照确有工作需要且与本会管理能力相适应的原则设立分支机构。

(四)主要职责

充分发挥飞行员的聪明才智，提高飞行员的综合素质，维护飞行员的合法权益，为创建一支素质高、技术精的民航飞行员队伍而努力。

① 举办与航空安全和飞行技术有关的研讨会、培训班；

② 开展国内外与地区学术技术交流；

③　开展相关技术与决策论证、评估、审核、鉴定及各种与飞行有关的咨询服务；

④　推荐奖励优秀科技成果及学术著作；

⑤　编辑出版《飞行员》杂志及相关技术资料；

⑥　组织会员参加航空公司驾驶员协会国际联盟的学术会议及活动；

⑦　参与政府组织的与航空安全与飞行技术有关的会议及活动。

(五)会员权益

1. 信息支援

中国飞协设有航空安全及事故调查、航空器设计及运行、空中交通服务、人的因素、机场运行及环境、直升机、航空航天科普等七个专业技术委员会，可以为会员提供专业、前沿、及时的信息支持和共享服务。

2. 学术交流

中国飞协定期举办国内外专门的学术研讨活动，会员能获得优先参会资格，并享受减免会务费用的福利。

3. 会刊专享

中国飞协会员可获得主办刊物《飞行员》杂志的赠阅；享受同等条件下在该杂志投稿的优先发表权。

4. 国际援助

中国飞协会员拥有单独的会员编号，并自动成为国际驾联(IFALPA)的会员，享有全球范围内的航空法律援助。

5. 标准参与

中国飞协会员代表能够参与官方组织的，有关安全与技术的会议和活动，可以参与相关政策、标准成文前的论证、评估、审核与鉴定等各环节，为政策与标准的出台提供第一手资料。

6. 会员关爱

飞行员职业的特殊性，决定了其对家庭的照顾往往不够，中国飞协将为会员家属提供各类关怀服务，如"会员子女未来机长夏令营活动"等。

第三节　中国民用航空局

中国民用航空局(简称中国民航局或民航局)，英文名称为 Civil Aviation Administration of China(CAAC)，是中华人民共和国国务院主管民用航空事业的由部委管理的国家局，隶属交通运输部。

在中国航空事业波澜壮阔的发展历程中，中国民航局扮演着至关重要的角色。自中国民航局成立以来，始终秉持着"安全第一、预防为主、综合治理"的方针，致力于推动我国民用航空事业的持续、健康、快速发展。

一、历史沿革

自新中国成立以来,中国民航业经历了从无到有、从小到大的辉煌历程。中国民航局作为行业主管部门,不仅见证了这一历史变迁,更是其中的重要推动者。从初期的几条航线、几架飞机,到如今拥有庞大机队、遍布全球的航线网络,中国民航业在国际舞台上的地位日益提升,这离不开中国民航局的精心规划和有力指导。

中国民航局的发展经历了以下五个阶段。

(一)始于 1949 年的新中国民航

1949 年 9 月,《中国人民政治协商会议共同纲领》提出"创办民用航空"。

1949 年 11 月 2 日,中共中央政治局会议决定,在人民革命军事委员会下设民用航空局,受空军指导。

1950 年,新中国民航初创时,仅有 30 多架小型飞机,年旅客运输量仅 1 万人,运输总周转量仅 157 万吨千米。

1956 年 4 月 2 日,民航局首届先进生产者代表大会在北京召开,出席会议的有从全国各民航单位推选出的 126 名先进生产者。

1958 年 2 月 27 日,国务院通知中国民用航空局划归交通部领导。1958 年 3 月 19 日,国务院通知:全国人民代表大会常务委员会第 95 次会议批准国务院将中国民用航空局改为交通部的部属局。

1960 年 11 月 17 日,经国务院编制委员会讨论原则通过,决定将中国民用航空局改称"交通部民用航空总局",为部属一级管理全国民用航空事业的综合性总局,负责经营管理运输航空和专业航空,直接领导地区民用航空管理局的工作。

1962 年 4 月 13 日,第二届全国人民代表大会常务委员会第五十三次会议决定将民航局名称改为"中国民用航空总局"。

1962 年 4 月 15 日,中央决定将民用航空总局由交通部的部属局改为国务院直属局,其业务工作、党政工作、干部人事工作等均直接归空军负责管理。

1978 年,这一时期的中国民航由于领导体制几经改变,航空运输发展受政治、经济影响较大,航空旅客运输量仅为 231 万人,运输总周转量仅为 3 亿吨千米。

1949—1979 年,我国民航行政管理体制变动频繁:建国伊始,民航局设在中央人民政府人民革命军事委员会之下;1952 年,建制改属空军;1954 年,改为国务院直属局;1958 年,改为交通部部属局;1962 年,改回国务院直属局;1962 年,划归解放军建制,成为空军的组成部分,普遍实行义务兵役制。民航总体上是一个以军队领导为主、政企合一、半军事化的行业,基本实行军事供给制,管理粗放。

(二)始于 1980 年的军政分管企业化

1980 年 2 月 14 日,邓小平同志提出"民航一定要企业化",拉开了民航行政管理体制以"军转民和企业化"为核心的改革序幕。1980 年 3 月 5 日，中央决定让民航总局脱离军队建制，把民航总局从隶属于空军改为国务院直属机构，主管民航事务，实行企业化管理。同时，民航总局以中国民航名义直接从事航空业务，在各省(区、市)局逐步建立了独立经济核算制度，走上了企业化发展道路。改革为民航发展注入了生机与活力，释放了民航生产力。1986 年，航空运输总周转量、旅客运输量和货邮运输量较 1980 年分别增长了 2.61 倍、1.9 倍和 1.52 倍，较改革前的 1978 年分别增长了 4.18 倍、3.31 倍和 2.52 倍。同时，航空运输安全监管并未受到较大影响，航空运输安全水平较为平稳。

(三)始于 1987 年的政企分开增活力

1980—1986 年间，民航实行"政企高度合一"的管理体制，企业缺乏应有的活力，必须继续改革，实行政企分开。在这种形势下，1987 年开启了以"政企分开""机场与航空公司分设"为主题的第二轮民航行政管理体制改革。分别成立六个地区管理局、六家骨干航空公司和六大机场，如图 3-28 所示。同时，民航各类企事业单位从民航局独立出来。

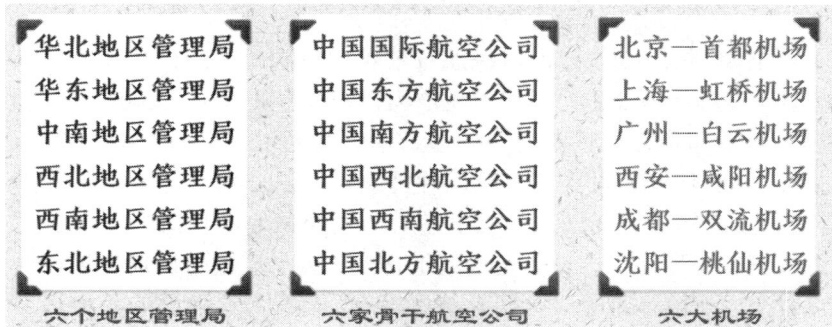

华北地区管理局	中国国际航空公司	北京—首都机场
华东地区管理局	中国东方航空公司	上海—虹桥机场
中南地区管理局	中国南方航空公司	广州—白云机场
西北地区管理局	中国西北航空公司	西安—咸阳机场
西南地区管理局	中国西南航空公司	成都—双流机场
东北地区管理局	中国北方航空公司	沈阳—桃仙机场
六个地区管理局	六家骨干航空公司	六大机场

图 3-28 民航行政管理改革示意图

政企分开的市场化改革极大地促进了民航事业的发展，但基础设施、人员素质和管理水平跟不上行业发展速度，导致严重飞行事故和空防事件频发。国务院在 1993 年将中国民用航空局改称中国民用航空总局，属国务院直属机构，机构规格由副部级调整为正部级。

本次改革成效明显，一是进一步释放了民航生产力，各类市场竞争主体和竞争机制促使市场活力不断增强。1988—2002 年，我国航空运输周转量、旅客运输量和货邮运输量的年均增长率分别为 17.8%、13.9%和 15.4%。二是安全监管职能得到强化。1994 年以后，民航运输万时事故率下降明显，1994—2000 年的均值为 0.037 次/万时，约为 1980—1993 年平均值 0.15 次/万时的 1/4。三是行业管理体制框架基本形成，民航局作为行业监管者的角色定位逐步明晰，监管职能逐步明确，初步形成了较为完善的民航管理体制。

(四)始于 2002 年的重组开辟新天地

随着市场供求关系变化，民航业竞争日趋激烈，我国民航管理体制、运行机制方面存在的一些深层次矛盾和问题逐步显现，制约了生产力进一步发展以及国际竞争力的提升。在这种形势下，2002 年开启了以"政资分开""机场属地化"为主要内容的第三轮改革，成立了六大集团公司和七个地区管理局。如图 3-29 所示。改革方案明确民航总局承担民用航空的安全管理、市场管理、空中交通管理、宏观调控和对外关系管理等方面的职能，不再代行各大集团公司国有资产所有者职能，移交国务院国有资产管理部门管理。民航各省(区、市)管理局实行政企分开，组建机场管理机构和航空安全监管办公室。实行机场属地化改革，除首都国际机场集团公司和西藏机场外，机场移交地方政府管理。

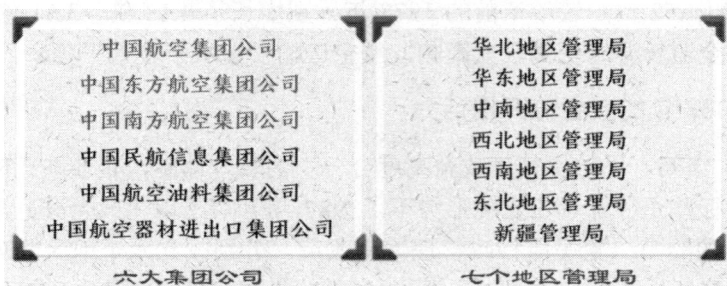

中国航空集团公司	华北地区管理局
中国东方航空集团公司	华东地区管理局
中国南方航空集团公司	中南地区管理局
中国民航信息集团公司	西北地区管理局
中国航空油料集团公司	西南地区管理局
中国航空器材进出口集团公司	东北地区管理局
	新疆管理局
六大集团公司	七个地区管理局

图 3-29 民航改革：六大集团公司与七个地区管理局

本次改革是 1980 年、1987 年两次民航行政管理体制改革的延续和深化，是一次较为成功的民航行政管理体制改革。一是民航生产力快速提升。2003—2008 年，我国航空运输周转量、旅客运输量和货邮运输量的年均增长率分别为 15.3%、15% 和 12.6%。中国航空运输总周转量在 2005 年跃居世界第二位，并持续保持这一水平，确立了我国全球民航运输大国地位。二是航空运输安全水平明显提高，万时事故率年均值为 0.003 次/万时，安全运输水平较前阶段有明显提升。三是机场属地化改革调动了地方政府发展民航的积极性，有助于推动综合交通运输体系建设。四是基本确立了适应社会主义市场经济、符合行业发展规律并与国际接轨的新型民航管理体制。

(五)始于 2008 年的中国民航新篇章

本次改革是在探索建立大部门体制和加快推进综合运输体系的背景下推进的。根据《国务院机构改革方案》，将交通部、中国民用航空总局等机构的职责整合划入交通运输部；组建中国民用航空局，由交通运输部管理，不再保留交通部、中国民用航空总局。

二、组织机构

中国民用航空局下设四个组织机构：地区管理局、内设机构、直属机构和驻外机构。组织结构如图 3-30 所示。

民航地区管理局属于中国民用航空局派出机构，主要负责辖区内民航行政执法、行政处罚和行政诉讼等有关法律事务，对辖区内的民用航空活动进行安全监督和检查。民航局—7 个地区管理局—41 个安全监督管理局组成三级行业管理体制，如图 3-31 所示。以中南地区管理局为例说明地区管理局的内设机构，如图 3-32 所示。

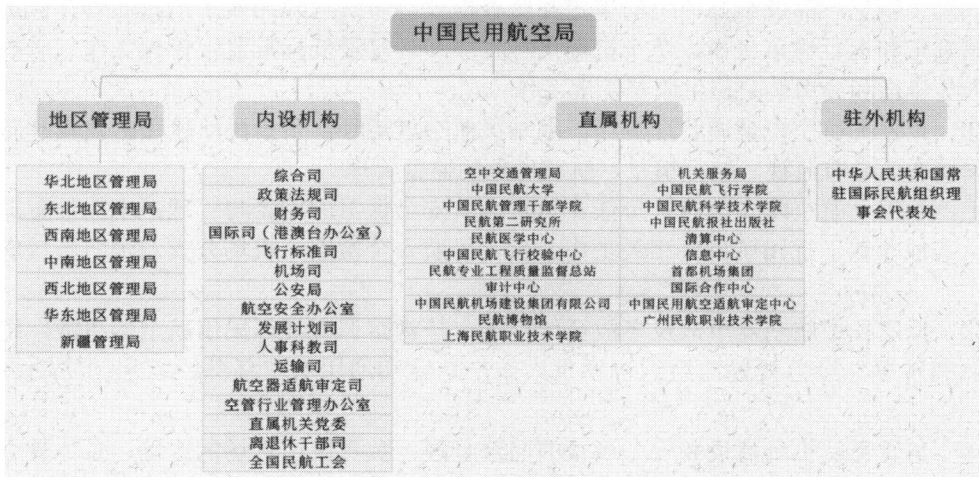

图 3-30　中国民用航空局组织机构图

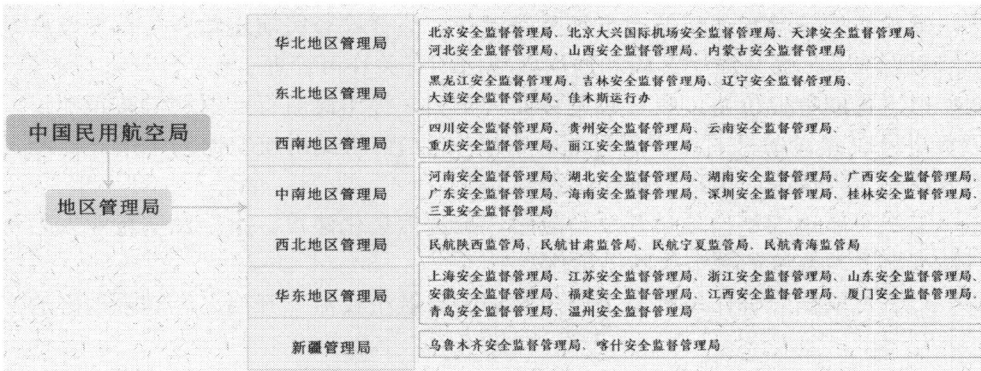

图 3-31　地区管理局派出机构组成图

办公室	航空安全办公室	政策法规处	计划统计处
财务处	人事科教处	运输管理处	通用航空处
飞行标准处	航空卫生处	航务管理处	适航维修处
适航审定处	机场管理处	空中交通管制处	通信导航监视处
航空气象处	外航监管处	公安局	党委办公室
工会办公室	纪检监察处	离退休干部处	机关服务中心

图 3-32　中南地区管理局派出机构组成图

三、主要职责

中国民用航空局的主要职责包括以下几个方面。

①　提出民航行业发展战略和中长期规划、与综合运输体系相关的专项规划建议，按规定制订民航有关规划和年度计划并组织实施和监督检查。起草相关法律和法规草案、规章草案、政策和标准，推进民航行业体制改革工作。

②　承担民航飞行安全和地面安全监管责任。负责民用航空器运营人、航空人员训练

机构、民用航空产品及维修单位的审定和监督检查，负责危险品航空运输监管、民用航空器国籍登记和运行评审工作，负责机场飞行程序和运行最低标准监督管理工作，承担民航航空人员资格和民用航空卫生监督管理工作。

③ 负责民航空中交通管理工作。编制民航空域规划，负责民航航路的建设和管理，负责民航通信导航监视、航行情报、航空气象的监督管理。

④ 承担民航空防安全监管责任。负责民航安全保卫的监督与管理，承担处置劫机、炸机及其他非法干扰民航事件相关工作，负责民航安全检查、机场公安及消防救援的监督管理。

⑤ 拟定民用航空器事故及事故征候标准，按规定调查处理民用航空器事故。组织协调民航突发事件应急处置，组织协调重大航空运输和通用航空任务，承担国防动员有关工作。

⑥ 负责民航机场建设和安全运行的监督管理。负责民用机场的选址、总体规划、工程设计审批和使用许可管理工作，承担民用机场的环境保护、土地使用、净空保护有关管理工作，负责民航专业工程质量的监督管理。

⑦ 承担航空运输和通用航空市场监管责任。监督检查民航运输服务标准及质量，维护航空消费者权益，负责航空运输和通用航空活动有关许可管理工作。

⑧ 拟定民航行业价格、收费政策并监督实施，提出民航行业财税等政策建议。按规定权限负责民航建设项目的投资和管理，审核(审批)购租民用航空器的申请。监测民航行业经济效益和运行情况，负责民航行业统计工作。

⑨ 组织民航重大科技项目开发与应用，推进信息化建设。指导民航行业人力资源开发、科技创新、教育培训和节能减排工作。

⑩ 负责民航国际合作与外事工作，维护国家航空权益，开展与港澳台地区的交流与合作。

⑪ 管理民航地区行政机构、直属公安机构和空中警察队伍。

⑫ 承办国务院及交通运输部交办的其他事项。

四、使命与责任

面对新时代的发展要求，中国民航局肩负着更加重大的使命和责任。作为保障国家航空安全、促进航空经济发展的核心机构，中国民航局致力于构建安全、便捷、高效的现代航空运输体系。通过加强行业监管，推动技术创新，优化资源配置，提升服务水平等多方面的努力，中国民航局不断推动我国民用航空业向更高水平迈进。

未来的中国民航业将面临前所未有的发展机遇和挑战。随着全球化进程的加速和航空技术的不断进步，中国民航业将迎来更加广阔的发展空间。如何保障航空安全，提升服务质量，促进绿色发展，加强国际合作等问题需要中国民航局及全行业共同努力探索。中国民航局将继续秉持开放包容、合作共赢的原则，与世界各国携手共进，共同推动全球民用航空事业的繁荣发展。

【思考题】

1. 国际民航组织的主要职能是什么？
2. 国际民航组织在民航领域的作用是什么？
3. 中国民用航空局的主要职责有哪些？
4. 国际航空运输协会的目标与任务是什么？
5. Skytrax 如何进行年度全球最佳航空公司评选？
6. Skytrax 的评级能否全面反映乘客的飞行体验？
7. Skytrax 的评级系统对航空公司有哪些影响？
8. 航空联盟成立的目的是什么？
9. 加入航空联盟对成员航空公司有哪些好处？
10. 未来航空联盟可能面临哪些新的挑战和机遇？
11. 中国民航局经历了哪些历史阶段？
12. 民航地区管理局在民航系统中扮演什么角色？
13. 航空环境保护组织如何推动民航业的可持续发展？

第四章

民用航空法规概述

【本章导读】

　　民用航空作为现代交通体系的重要组成部分，其安全、高效、有序的运行离不开完善的法规体系作为支撑。本章旨在概述民用航空法规的主要内容和框架，涵盖从领空主权保护到具体运营管理的各个方面，为理解民用航空法规体系提供一个清晰的框架。

【学习目标】

- 学习并理解主要的国际民用航空法规;
- 理解民航法规在保障飞行安全、维护乘客权益、促进民航业发展等方面的重要性;
- 理解民航法规的基本概念和原则，包括其定义、目的、适用范围和主要内容;
- 掌握民航法规体系的结构;
- 了解国际民航法规发展的历史阶段;
- 掌握国际航空公法体系组成的历史背景;
- 掌握国际航空公法体系包含的法律文件;
- 熟悉国际航空私法体系的基本构成;
- 掌握国际航空私法的基本原则和规则;
- 熟悉国际航空刑法体系的基本框架;
- 了解国际航空刑法的历史发展与现状;
- 了解中国民用航空法规的发展历程，以及现行的主要法规;
- 了解中国民航法规体系的主要构成;
- 了解《中华人民共和国民用航空法》及其他相关法律、法规、规章、规范性文件等;
- 掌握中国民航规章的基本框架;

● 熟悉民航法规的层级结构和相互关系，理解其在民航行业管理中的作用和地位；
● 学习如何正确解读和应用民用航空法规，以解决实际问题；
● 培养良好的法律意识和法治观念，尊重并遵守民用航空法规。

第一节 民航法规概述

一、民航法规的概念

民航法规是保障民用航空活动安全有序进行的重要法律制度。通过完善法律体系，加强监管管理，提高服务质量等措施和手段，可以进一步提高民用航空活动的安全性和可靠性，为人民群众的出行提供更加便捷、舒适和安全的保障。

(一)民航法规的定义

民航法规是调整民用航空活动及其所产生的社会关系的法律规范的总和，是规定航空主权、管理空中航行和民用航空活动的法律规范的总称。

(二)民航法规的背景与作用

● **背景**：源于民用航空事业的快速发展和全球化的深入，为了确保民用航空活动的安全、有序进行，维护国家领空主权和民用航空权利，促进民用航空事业的健康发展，各国纷纷制定和完善相应的法律、法规。
● **作用**：确保民用航空活动安全、有序地进行；保护民用航空活动当事人各方的合法权益；规范民用航空活动，提高民用航空运输效率。

(三)民航法规的主要领域与分支

民航法规涵盖多个领域和分支，包括但不限于航空器管理、航空人员管理、民用机场管理、空中航行管理、航空运输管理、通用航空管理等。每个领域都有其特定的法律规定和标准，以确保民用航空活动的规范性和安全性。

二、民航法规体系结构

(一)国际民航法规体系

国际民航法规体系主要由国际民航组织制定的一系列国际公约、协定和建议措施构成，如《国际民用航空公约》《华沙公约》和《蒙特利尔公约》等，这些公约都是国际层面上的法律规范。这些国际法规为各国制定和完善国内民航法律提供了指导和参考，同时也促进了国际民用航空活动的统一和协调。

(二)国内民航法规体系

国内民航法规体系根据各国实际情况和需要，结合国际民航法规规定，由国家制定并实施的一系列适用于本国领空内民航活动的法律、法规和规章，如中国的《中华人民共和国民用航空法》等。这些国内法律更加具体和细化，针对性更强，对于保障民用航空活动的安全和秩序具有重要作用。

(三)地方性民航法规体系

地方性民航法规体系是由省(区、市)人民代表大会及其常务委员会根据本行政区域的具体情况和实际需要,在不与宪法及其他法律、行政法规相抵触的前提下制定的适用于本地区的民用航空活动的规范性文件。

三、民航法规的特征

民航法规具有国际性、独立性、民用性、综合性、公私法兼具性等特征。这些特征使得民航法规在保障民用航空活动安全、有序进行方面发挥着重要作用。

(一)国际性

民航法规的重要特征之一是它的国际性。随着航空技术的发展,跨国界的航空运输活动越来越频繁,国际上的航空法律规范显得尤为重要。国际民航组织负责制定和推广国际民航标准和建议措施,各国通过签署和加入相关的国际公约和协议,共同遵守和执行国际民航法规,以确保国际航空运输的安全、有序和高效。

同时,这种国际性主要由航空技术自身、航空运输的特点以及航空活动发展的需要所决定。例如,空气空间的无边界性使得航空活动自然具有国际性。

由于航空活动的跨国界性质,各国的民航法规都需要考虑到与国际标准和公约的接轨和协调问题。此外,涉外民航活动(如国际航空运输、国际航空合作等)也需要通过国际公约和协议进行规范和调整。

(二)主权性

民航法规的一个重要内容是体现和保护国家领空主权。领空主权是国家主权的重要组成部分,任何外国航空器进入他国领空都需要得到该国的许可和遵守该国的民航法规。民航法规通过规定航空器的国籍、适航性、飞行规则等方面的要求,确保外国航空器在他国领空内的安全和有序飞行。

(三)独立性

民航法规在法律体系中具有相对独立性。虽然民航法规与其他法律领域(如国际法、国内法、行政法等)有着密切的联系,但民航法规在调整对象、法律原则、法律制度和法律责任等方面具有其独特性和专业性。民航法不仅涉及公共权利的行使,还涉及私人之间关系的调整,这种特征使得民航法在法律体系中具有独特的地位。

(四)民用性

民航法规的主要调整对象是民用航空活动,包括公共航空运输、通用航空等。虽然军事航空活动在某些方面与民用航空活动有相似之处,但民航法规主要关注的是民用航空活动的安全、秩序和效率问题,不涉及军事航空活动的特殊需求和规定。

(五)综合性

民航法规涉及多个法律领域和学科，如航空器管理、航空人员管理、民用机场管理等，每个领域都有其特定的法律规定和标准。民航法规不仅调整航空公司、机场、空中交通管理单位等主体之间的关系，还涉及航空器的设计、制造、维修、适航、飞行等方面的法律规范。此外，民航法规还需要与其他相关法律(如反劫机法、反恐法等)进行协调和配合。从法律性质上看，民航法规既包含公法内容(如空中航行管理)，也包含私法内容(如航空运输合同、权利与义务分配)。

(六)平时性

民航法规属于平时法范畴，即它是在和平时期适用的法律规范。在战争时期或紧急状态下，民航法规可能需要进行调整或暂停执行，以适应国家安全和战争需要。但即使在这种情况下，民航法规中的基本原则和制度仍然具有重要的参考价值。

(七)公私法兼具性

民航法规在性质上兼具公法和私法的特征。一方面，民航法规涉及国家主权、航空安全、空中交通管理等公共领域，需要国家通过立法和行政手段进行管理和调控；另一方面，民航法规也涉及航空公司、机场、乘客等私法主体的权利和义务关系，需要通过私法内容进行规范和调整。

(八)进步性

民航法律随着航空业的发展而不断发展和完善。例如，随着航空运输需求的增长和技术的进步，国际社会不断修订和完善国际航空法律规则，以适应新的形势和需求。各国也根据国际法律规则的变化和本国实际情况，不断调整和完善国内民航法律体系。

(九)安全管理优先性

民航法律突出强化了安全管理的内容，把民航的安全管理放在首要位置。这体现在对飞行器的适航管理、航空人员的资格认证和培训等方面。航空安全保障措施和责任界定是民航法律的重要内容之一，旨在确保航空活动的安全性和可靠性。

(十)权益保护性

民航法规也关注乘客、托运人等利益相关者的权益保护，如对于航班延误、取消及行李丢失等情况都规定了相应的处理机制和补偿措施。通过完善乘客权益保护措施和相关法规，可以提高乘客对民用航空服务的满意度和信任度。

四、民航法规发展历程

(一)国际民航法规发展历史

1. 萌芽时期(18世纪末至20世纪初)

1783年11月21日，人类首次载人飞行成功。随后法国在1784年发布了禁止未经批准的飞行活动的法令,这被视为民航法规的萌芽。1902 年,法国法学家福希尔提出了人类第一部航空法典的建议草案:《浮空器的法律制度》。

2. 初始时期(1919—1944 年)

1919 年 10 月 13 日,《空中航行管理公约》(即 1919 年《巴黎公约》)在巴黎诞生,标志着国际民航法的初步形成。这一时期,各国开始制定国内民航法律,以规范本国的航空活动。例如,美国的《空邮法》(1925 年)和英国的《空中导航法》(1920 年)等。

3. 国际化阶段(1945—1990 年)

第二次世界大战结束后,国际民航组织成立,为国际民航法的发展提供了重要平台。这一时期,国际民航组织制定了一系列国际公约、建议性文件和标准规定,为各国民航法提供了重要的参考依据。国际航空法律规则逐步完善,各国之间的民航法规合作也更加紧密。

4. 现代化阶段(1991 年至今)

20 世纪 90 年代以来,随着全球化和航空技术的快速发展,民航法规面临新的挑战和机遇。这一阶段的民航法规开始更加注重对航空安全、环境保护、消费者权益等方面的保护,同时也逐步转向数字化、网络化的发展方向。例如,为了应对航班延误、取消等问题,各国和国际组织制定了相应的处理机制和补偿措施。在航空安全领域,各国和国际组织加强了对飞行器的适航管理、航空人员的资格认证和培训等方面的监管和管理,以及围绕三个反劫机公约形成的国际民航安全制度等。

同时,各国也在不断完善自己的民航法规体系,以适应航空业的发展和变化。例如,中国民航局在近年来加强了立法顶层设计,持续完善法规体系,并完成了多部规章的制定、修订和公布工作。这些努力为全球航空运输业的安全、高效和可持续发展提供了有力的支持。

5. 未来发展方向

随着无人机、通用航空等新兴领域的快速发展,未来民航法规将继续完善并适应新的发展需求,加强国际合作与交流,共同应对全球性挑战,向更全面、细化和国际化的方向发展。

在国际层面,各国和国际组织加强合作,共同应对民航领域的新挑战和新问题,如共同应对航空安全、环境保护、消费者权益保护等问题。

(二)我国民航法规发展历史

1. 初步建立阶段(1949—1995 年)

新中国成立后,我国民航事业开始逐步发展,民航法规体系也随之初步建立。1995 年 10 月 30 日,第八届全国人民代表大会常务委员会第十六次会议通过了《中华人民共和国民用航空法》,并于 1996 年 3 月 1 日正式实施。该法为我国民航法规体系奠定了基础,明确了民航法规的基本原则、法律地位和适用范围。

2. 不断完善阶段(1996年至今)

① 法规体系的丰富与完善：自《中华人民共和国民用航空法》实施以来，我国不断根据民航事业发展需要修订和完善相关法规。目前，我国民航法规体系已经相当完善，涵盖了民航安全、航空运输、空中交通管理、航空器适航管理、通用航空、航空人员等各个方面。

② 法规的修订与更新：根据国家法制统一、"放管服"改革、商事制度改革等发展需要，全国人大常委会对《中华人民共和国民用航空法》进行了多次修改，最近一次修改是在2021年4月29日召开的第十三届全国人民代表大会常务委员会第二十八次会议上。此外，我国还针对民航事业的各个领域制定了大量的行政法规、部门规章、规范性文件等，以满足民航事业发展的需要。

③ 法规的国际接轨：在国际民航法律体系的指导下，我国民航法规体系积极与国际接轨。我国加入了多个国际民航组织公约和协议，如《国际民用航空公约》《关于统一国际航空运输的某些规则的公约》(即《华沙公约》)等，并根据这些公约和协议的规定，调整和完善我国的民航法规。

五、民航法规核心内容

(一)民航安全法规

① 飞行安全法规：包括飞行操作、空中交通管理、危险天气条件下飞行等方面的安全规定。

② 航空器事故调查处理：涉及航空器事故的报告、调查、分析和处理等方面的法规。

③ 航空安全保卫：包括机场、航空器和航空运输的安全保卫措施，以及应对非法干扰和恐怖主义威胁的法规。

(二)民航运输法规

① 航空运输合同：规定航空运输合同的订立、履行、变更和解除等方面的法规。

② 旅客、行李和货物的运输规则：涉及旅客、行李和货物的收运、装载、运输和交付等方面的法规。

③ 运价与运费：规定航空运输的运价制定、运费计算和支付等方面的法规。

(三)航空器适航法规

① 航空器设计与制造：涉及航空器的设计、制造、试验和验收等方面的适航法规。

② 航空器维修与改装：规定航空器的维修、改装和翻修等方面的适航法规。

③ 航空器持续适航管理：包括航空器的定期检查、维修计划、适航指令和适航证管理等方面的法规。

(四)航空人员资质与培训法规

① 飞行员资质与培训：规定飞行员的资格要求、培训计划和考试标准等方面的

法规。

② 空勤人员资质与培训：涉及空勤人员的资格要求、职责和培训等方面的法规。

③ 地面服务人员资质与培训：规定地面服务人员的资格要求、工作职责和培训等方面的法规。

六、民航法规的实施与监管

(一)执行机构与职责

① 中国民用航空局：负责制定和执行航空法规，确保航空安全，促进民航事业发展。

② 航空安全监督管理局：负责监督航空公司的运行安全，调查航空事故和严重事故征候。

③ 机场管理机构：负责机场的运行管理和安全保障工作，确保机场符合航空法规要求。

(二)措施与手段

① 制定详细的航空法规和标准：为确保民航安全，中国民用航空局制定了一系列详细的航空法规和标准，包括飞行规则、适航标准、运行规范等。

② 实施严格的审查和监督：对航空公司、机场、航空器制造商等实施严格的审查和监督，确保其符合相关法规和标准要求。

③ 采取有效的执法措施：对违反航空法规的行为，依法进行调查和处理，包括罚款、吊销执照、追究刑事责任等。

(三)违法行为与处罚

① 违反飞行规则：如未经许可擅自飞行、违反空中交通管制规定等，可能导致罚款、吊销执照等处罚。

② 违反适航标准：如使用不符合适航标准的航空器或设备，未按规定进行维护和检查等，可能导致停飞、罚款等处罚。

③ 违反运行规范：如超范围经营、违反安全管理规定等，可能导致限制业务、吊销执照等处罚。

七、民航法规未来展望

(一)发展趋势与挑战

① 法规系统日益完善：随着航空业的快速发展，航空法规体系将不断完善，涵盖航空安全、航空运输、航空器制造和运营等各个方面。

② 国际合作日益密切：各国在航空领域的合作将不断加强，共同制定和遵守国际航空法规，促进全球航空市场的健康发展。

③ 法规执行力度加强：各国将加大对航空法规的执行力度，确保航空活动的安全性

和合规性。

④ 面临挑战：新兴技术的发展对航空法规提出了新的挑战，如无人机、航空航天技术等，需要不断完善和更新法规以适应这些变化。

(二)创新与完善方向

① 强化安全监管：加强对航空安全领域的监管，提高安全标准，确保飞行安全。

② 推动绿色发展：鼓励航空公司采取环保措施，减少碳排放，推动绿色航空发展。

③ 促进创新发展：鼓励和支持航空领域的创新和技术发展，为新兴技术提供法规保障。

④ 完善旅客权益保护：加强对旅客权益的保护，提高服务质量，提升旅客满意度。

(三)在国际交流与合作中的地位与作用

① 促进国际交流：民航法规是国际航空交流的基础，有助于各国在航空领域开展合作与交流。

② 维护国际秩序：国际航空法规有助于维护国际航空秩序，确保各国在平等、公正的基础上开展竞争与合作。

③ 推动国际发展：通过国际合作与交流，各国可以共同推动全球航空业的发展，提高整体竞争力。

④ 保障国际安全：国际航空法规对于保障国际航空安全具有重要作用，有助于预防和应对跨国界的航空安全威胁。

第二节 国际民航法规

【导入案例】

1998 年 5 月 12 日，安徽省的陆女士乘坐美国联合航空公司(简称美联航)的 UA801 航班，从美国夏威夷经日本飞往中国香港。飞机在日本东京成田机场加油后起飞时，左翼下方发动机突然起火，陆女士在紧急疏散奔逃时受伤。事后，陆女士拿起了国际法律武器将美联航告到了法院。2001 年 11 月 27 日，上海市静安区人民法院对此案做出一审判决，美联航赔偿陆女士伤残补偿等各种费用共计人民币 37.7 万余元。加上先前支付的 8.6 万余元医药费，美联航对陆女士的总赔偿额达到 46.4 万余元人民币。

本案的争论焦点是法律的适用和赔偿的限额问题。原告起先根据《华沙公约》和《海牙议定书》的规定，基于《蒙特利尔协议》所规定的 75000 美元的赔偿责任限额，要求判令被告赔偿 75000 美元。诉讼中，原告变更诉讼请求，要求根据《吉隆坡协议》所规定的赔偿责任限额规定，判令被告赔偿 132099 美元。被告则认为《吉隆坡协议》仅是作为国际航空运输协会成员的承运人之间订立的内部协议，原告无权引用其提出索赔。

法院认为，涉外民事法律关系的法律适用顺序为"国际条约→国内法→国际惯例"，故本案应首先适用《华沙公约》和《海牙议定书》。由于《吉隆坡协议》的内容未被本案当事人作为合同的特别约定予以适用，因此其对本案没有约束力。对于赔偿限额，法院认为，双方的合同即机票载明的"责任范围国际旅客须知"，明确了"《华沙公约》可适用整个旅程。对于旅客死亡或人身伤害造成的损失在大多数情况下都不超过每位旅客75000美元"。因此，对原告的赔偿数额应确定在75000美元之内。

国际民航法规是确保全球航空运输安全、有序和高效的重要基础。随着航空技术的不断进步和全球化趋势的加强，国际民航法律、法规也在不断完善和发展。国际民航法规由一系列双边和多边的条约构成，根据其针对的主体不同，可以分为以下三个部分。

① 国际航空公法体系：围绕《国际民用航空公约》形成的国际民用航空基本制度。

② 国际航空私法体系：围绕《华沙公约》形成的国际航空民事责任制度。

③ 国际航空刑法体系：围绕三个反劫机公约形成的国际民用航空安保制度。

一、国际航空公法体系

国际航空公法体系是以《国际民用航空公约》为主，辅以其他相关法律文件而共同构成的国际航空法律体系，既包含国际航空运输的重要规则，又确立了一批具有国际法律效力的规则和原则。

(一)《国际民用航空公约》

1. 历史背景

在《国际民用航空公约》(Convention on International Civil Aviation)签订之前，全球民用航空领域存在多个区域性公约和协议，但这些文件无法有效地解决跨国界的航空问题。因此，在1944年11月1日至12月7日期间，52个国家受美国政府邀请在美国芝加哥举行了国际民用航空会议，签订了《国际民用航空公约》，因其在芝加哥签订，又称为《芝加哥公约》(Chicago Convention)，共同商讨并制定了全球性的民用航空公约。《国际民用航空公约》的签订是为了规范和促进国际民用航空的安全、有序和持续发展。该公约于1947年4月4日正式生效，是当今国际民航法律制度的基础，为国际民用航空活动提供了法律框架，被称为国际民用航空活动的宪章性文件。1992年9月召开的国际民航组织第29届大会做出决议，自《国际民用航空公约》签署50周年的1994年起，将每年的12月7日定为"国际民航日"。

2. 公约宗旨

《国际民用航空公约》为国际航空运输的健康发展提供了坚实的基础。它确立了国家对其领空的主权原则，规定了航空器的国籍和飞行权利，以及国际民用航空组织的设立和职责，为国际航空运输的规划、管理和安全提供了重要的法律支持，并为各国之间的航空合作奠定了基础。此外，该公约还设立了国际民航组织作为执行机构，负责协调和监督全球民用航空活动。

① 保障安全与秩序：保证全世界国际民用航空安全、有秩序地发展。

② 促进技术与艺术：鼓励为和平用途的航空器的设计和操作艺术。

③ 推动基础设施建设：鼓励发展国际民用航空应用的航路、机场和航行设施。

④ 满足人民需求：满足世界人民对安全、正常、有效和经济的航空运输的需要。

⑤ 防止经济浪费：防止因不合理的竞争而造成经济上的浪费。

⑥ 尊重缔约国权利：保证缔约国的权利充分受到尊重，每一个缔约国均有经营国际空运企业的公平机会。

⑦ 避免差别待遇：避免缔约国之间的差别待遇。

⑧ 提升飞行安全：促进国际航行的飞行安全。

⑨ 全面发展民用航空：普遍促进国际民用航空在各方面的发展。

3. 主要内容

(1) 领空主权原则

公约规定，国家对其领空拥有完全的和排他的主权。外国航空器进入国家领空须经该国许可并遵守领空国的有关法律。对于非法入境的外国民用航空器，国家可以行使主权，采取符合国际法有关规则的任何适当手段，包括要求其终止此类侵犯并立即离境或要求其在指定地点降落等，但不得危及航空器内人员的生命和航空器的安全，避免使用武器。国家有权制定外国航空器入境/离境和在境内飞行的规章制度，各国可以指定外国航空器降停的设关机场；国家保留国内航线专属权，一国为安全及军事需要有权在其领空中划定某些禁区。

(2) 航空器国籍制度

公约将航空器分为国家航空器和民用航空器，公约的制度仅适用于民用航空器，而不适用于国家航空器。国家航空器是指用于军队、海关和警察部门的航空器。一国的国家航空器未经特别协定或其他方式的许可，不得在其他国家的领空飞行或领土上降落。民用航空器须在一国登记并因此而取得登记国国籍。登记按照一国国内的相关法规进行。航空器在两个或两个以上国家重复进行的登记均被认为无效，但其登记可以由一国转移到另一国。航空器的登记国对航空器上的事件或事故拥有管辖权。

(3) 国际飞行权利

公约将国际航空飞行分为定期航班飞行和不定期航班飞行，并做出了相应的规定。公约规定定期航班飞行须经领空国许可，不定期航班飞行则可以不经领空国许可。但一些国家对后者做出了保留，要求所有飞行都须经过领空国的许可方能进入其领空。以后的国际实践中，国家间通常是通过双边航空协定具体规定民用航空有关的事项和规则。

(4) 统一航空运输国际标准

根据公约的规定，国际民航组织理事会制定了统一的国际标准和建议措施作为《芝加哥公约》的附件。这些规则和标准对国际航空运输活动的安全有序进行意义重大。

(5) 设立国际民用航空组织

为及时处理因民用航空迅速发展而出现的技术、经济及法律问题，公约设立国际民用航空组织作为公约的常设机构。

(6) 争议和违约

公约规定缔约国发生争议可提交理事会裁决或向国际法庭上诉；对空运企业不遵守公约规定者，理事会可停止其飞行权；对违反规定的缔约国，可暂停其在大会、理事会的表决权。

(二)《国际航班过境协定》

《国际航班过境协定》(*International Air Services Transit Agreement*)1944 年 12 月 7 日

在芝加哥国际民用航空会议上签订，1945 年 1 月 30 日起生效。该协定最突出的是"两大自由协定"(*Two Freedoms Agreement*)：要求缔约国相互给予定期国际航班不经停飞越他国领土的权利和非商业性经停(不上下旅客和货物)的权利，即第一航空自由权和第二航空自由权。

第一航空自由权：领空飞越权，指本国航机在协议国领空飞过，不着陆前往其他国家。比如北京至纽约的航班，选择极地航线会飞越俄罗斯领空，需要与俄罗斯签订领空飞越权。

第二航空自由权：技术经停权，指本国航机因技术需求在协议国降落，但不进行业务性工作。比如上海至纽约的航班，由于机型原因无法直达，需要中途降落安克雷奇(美国)加油，与美国签订技术经停权。

(三)《国际航空运输协定》

《国际航空运输协定》(*International Air Transport Agreement*)于 1944 年 12 月 7 日在芝加哥国际民用航空会议上签订，并在当天生效。该协定规定了五种定期国际航班的空中自由权(航权)，也称为《五大自由协定》。

第一种空中自由权：领空飞越权，不经停飞越他国领土的权利。

第二种空中自由权：技术经停权，非商业性经停的权利(指因增添燃料、机械故障、气象变化等降停而不上下旅客、货物和邮件的权利)。

第三种空中自由权：卸载权，卸下来自航空器国籍国领土的旅客、货物、邮件的权利。

第四种空中自由权：装运权，装载前往航空器国籍国领土的旅客、货物、邮件的权利。

第五种空中自由权：第三国运输权，装卸前往或来自任何其他缔约国领土的旅客、货物、邮件的权利。

(四)《国际民用航空公约》技术附件

国际民航组织根据《国际民用航空公约》的规定，拥有一定的立法权，有权通过和修正有关航行安全的国际标准与建议措施，这些国际标准和建议措施被称为《国际民用航空公约》的附件，对各缔约国具有约束力。

二、国际航空私法体系

当一个国家的法院或其他纠纷解决机构处理一个含有涉外因素的民事案件时，常会遇到一些特殊的法律问题，如司法管辖权的确定、国际条约或国际惯例的适用规则、具体法律法规的选择等。于是世界各国一起制定了一些国际通用的法律制度和规则来处理这些问题，这就是国际航空私法体系。

1914 年，一架双座水上飞机开通了坦帕至圣彼得斯堡之间的首个商业航班服务，这是民用航空业发展史上第一个定期的商业航班，同时开启了国际航空旅客运输法律制度。1929 年，以《华沙公约》的制定为标志的国际航空私法制度的统一化进程正式拉开帷幕。

为了维护统一的国际航空运输规则，又制定了新的国际条约来补充和修改《华沙公约》。这些新的条约与《华沙公约》一起构成了国际航空旅客运输责任体系，称为"华沙体系"。

(一)《华沙公约》

《华沙公约》(Warsaw Convention)全称是《关于统一国际航空运输某些规则的公约》，于 1929 年 9 月 12 日在波兰华沙签订，1933 年 2 月 13 日生效，后经过多次修改。《华沙公约》是国际空运的一项基本公约，公约规定了以航空运输承运人为一方和以旅客及货物托运人与收货人为另一方的法律义务和相互关系。公约共分 5 章 41 条，主要内容包括航空运输的业务范围、运输票证、承运人应负的责任、损害赔偿标准等。

《华沙公约》对空中承运人应负的责任确立了以下三个原则。

①　推定过失责任原则(负过失责任)：只要旅客的人身或财物受到损害，首先推定运送人有过失，必须承担赔偿责任。

②　有限责任原则(限定赔偿责任的最高限额)：公约规定运输旅客时，运送人对每一位旅客的责任以 12.5 万金法郎为限，除非旅客与运送人之间有特别协议。对于行李或货物的责任，以每千克 250 金法郎为限制，除非托运人事先有声明。

③　禁止免责原则(禁止滥用免责条款)：这一原则禁止运送人企图免除责任或定出一个低于公约所规定责任限额的任何条款，这些条款不具有法律效力。

(二)华沙体系其他文件：对《华沙公约》的历次修订

1. 1955 年《海牙议定书》

《海牙议定书》是对华沙公约的修改和补充，是指关于国际航空运输凭证和承运人责任的协议。该议定书于 1955 年 9 月 28 日在海牙订立，1963 年 8 月 1 日生效，共 3 章 27 条，全称是《修改 1929 年 10 月 12 日在华沙签订的统一国际航空运输某些规则的公约的议定书》。该协议书不能脱离《华沙公约》而独立存在。

1)　产生背景

《华沙公约》生效后的 20 年间，国际航空运输业迅猛发展，加入《华沙公约》的国家日益增多。与此同时，公约中的一些缺陷在实践中逐步暴露出来，各国在适用和解释公约时也产生了一些矛盾和分歧，主要体现在两个方面：①关于旅客伤亡事故的赔偿限额标准太低；②不同缔约国中的法院对"有意的不良行为"这个概念的解释出现很大分歧。1955 年 9 月，国际民航组织在海牙召开国际会议，共有 44 个国家和 8 个国际组织的观察员参加，会议通过了修订《华沙公约》的议定书，即《海牙议定书》。

2)　主要内容

《海牙议定书》的内容包括对《华沙公约》未涉及的新增内容和对《华沙公约》的修订两个方面。

①　新增内容：规定了承运人的受雇人或代理人的责任，明确了责任限额的范围。

②　修订包括：提高责任限额，由原来的 12.5 万金法郎提升至 25 万金法郎；简化运输凭证规则；采用了"有意造成或明知可能造成而漠不关心的作为或不作为"概念；承运人的受雇人或代理人在权限范围内行事时可以享有和承运人相同的责任限制保护。

2. 1961 年《瓜达拉哈拉公约》

《瓜达拉哈拉公约》于 1961 年 9 月 18 日在墨西哥瓜达拉哈拉签订，1964 年 5 月 1 日生效，其全称是《统一非缔约承运人所办国际航空运输某些规则以补充华沙公约的公约》。

该公约没有对《华沙公约》规则进行实质性修改，而是《华沙公约》的补充性公约，其补充内容主要包括以下几个方面。

① 实际承运人根据缔约承运人的授权从事国际航空运输，其责任仅限于自己承担的那一段运输，与缔约承运人要对合同约定的全段运输承担的责任不同。

② 针对实际承运人的索赔诉讼，包括单独起诉实际承运人或同时起诉缔约承运人和实际承运人，诉讼程序及其效力由受理案件的法院依法确定。

③ 以《华沙公约》确定的司法管辖权原则为前提，将实际承运人住所地法院或主营业地法院追加为针对实际承运人提起索赔诉讼的管辖法院。

3. 1966 年《蒙特利尔协议》

《蒙特利尔协议》是指经美国民用航空委员会批准，以美国民航委员会为一方，世界其他国家的航空公司为另一方，签署的只适用于与美国有国际航空运输关系的航空公司间的特别协议。该协议要求每一个承运人在从事以美国的任何一个地点作为始发地、目的地或约定的经停地的国际运输时，对旅客的人身损害承担 75000 美元(包括法律费用)或 58000 美元(不包括法律费用)的责任限额；同时，该协议还要求承运人在面对旅客的索赔时放弃《华沙公约》第 20 条第(1)款的抗辩权，这实际上致使承运人承担了严格责任。

《海牙议定书》将承运人的责任限额提高了一倍，但这一数额美国仍不满意，美国参议院也始终以承运人责任限额太低为由迟迟不批准《海牙议定书》。为了能够促成《海牙议定书》对美国生效，美国政府草拟了一份强制保险法案，规定所有进出美国的航空公司必须以保险的形式为旅客单独增加 50000 美元的赔偿，但强制法案未能得到通过。随后，美国政府于 1965 年 11 月向波兰政府提出退出《华沙公约》。鉴于美国在国际航空运输中的重要地位，国际民航组织和国际航协等组织都努力试图挽回这一局面。1966 年 2 月，国际民航组织在蒙特利尔召开特别会议，寻求挽留美国的途径。同年 5 月 4 日，再次在蒙特利尔召开特别会议，最终找到了解决方案。5 月 13 日，美国民航委员会与世界各大航空公司签署了《蒙特利尔协议》，5 月 14 日，美国政府通知波兰政府撤销其退出通知。

《蒙特利尔协议》虽然只是一个防止美国退出《华沙公约》的临时解决办法，但是它在其后的航空运输责任体制中占据了支配地位，被看成类似于公约的一个限制性修正协议。

4. 1971 年《危地马拉议定书》

《危地马拉议定书》全称是《修改经 1955 年 9 月 28 日在海牙签订的议定书修正的1929 年 10 月 12 日在华沙签订的统一国际航空运输某些规则的公约的议定书》。

《蒙特利尔协议》的出台过于仓促，其法律地位也低于正式的国际条约，是一个约束各国承运人的临时协议。为了改变这一尴尬局面，1971 年 3 月 8 日，包括美国在内的 21个国家在危地马拉签订了《危地马拉议定书》，该议定书通过了对经 1955 年《海牙议定书》修正的 1929 年《华沙公约》各项规定的具有深远意义的修订，涉及航空承运人在旅客和货物国际运输方面的责任。

《危地马拉议定书》有关国际航空旅客运输责任规则的改变主要体现在以下几个方面。

① 责任限额的提高。议定书将承运人承担的因旅客的伤亡而引起的赔偿责任提高到 150 万金法郎，相当于 10 万美元。但是这一限额是承运人承担责任的最高限额，即使承运人存在"有意的不良行为"，也不能突破。

② 改变了归责原则。议定书采用了《蒙特利尔协议》的严格责任原则，即排除了《华沙公约》第 20 条第(1)款的适用(延误除外)。当然，如纯属其健康状况引起的旅客伤亡，或纯属其固有缺陷、品质或瑕疵引起的行李损失，承运人不负责任。

③ 增加了新的管辖法院。议定书从保护旅客权益角度出发，增设了一个新的可以受理国际航空旅客运输索赔诉讼的法院：如果承运人在某缔约国的法院管辖范围内设有营业机构，并且该旅客在该国境内有住所或经常居住地，则可以在该国法院提起诉讼。这样就方便了旅客在其住所地国法院提起诉讼，这一制度就是后来 1999 年《蒙特利尔公约》的第五管辖权。

5. 1975 年四个《蒙特利尔议定书》

20 世纪 60 年代末 70 年代初，国际货币危机日益严重，黄金价格飞涨，美元一再贬值，这也对《华沙公约》责任限额的折算问题产生了显著影响。1975 年，国际民航组织在蒙特利尔召开会议，参会代表讨论了颇有争议的责任限额、货币换算等问题；并于同年 9 月 25 日通过了四个《蒙特利尔议定书》。这四个议定书都是对之前华沙体系中的内容所做的修改。

① 1 号附加议定书——《华沙公约》；
② 2 号附加议定书——《海牙议定书》；
③ 3 号附加议定书——《危地马拉议定书》；
④ 4 号附加议定书——《华沙公约》货运规则。

第 1、2、3 号附加议定书的主要内容是用由国际货币基金组织创设的"特别提款权"(Special Drawing Rights)这一货币兑换单位来分别取代《华沙公约》《海牙议定书》和《危地马拉议定书》中所使用的货币单位(金法郎)。此外，3 号附加议定书除了修改《危地马拉议定书》的货币单位外，还增设了一个专门程序条款，即凡是批准或加入 3 号附加议定书的国家被视为同时加入了《危地马拉议定书》。第 4 号附加议定书修改了《海牙议定书》的货运规则，并对航空货运单的有关问题做了规定，顺应了航空管理电子化的趋势。

1975 年的四个《蒙特利尔议定书》除了 3 号附加议定书外，其他三个均已生效。1 号附加议定书和 2 号附加议定书于 1996 年 2 月 15 日生效，4 号附加议定书于 1998 年 6 月 14 日生效，这几个议定书的内容也大多被 1999 年《蒙特利尔公约》吸收。

(三)《蒙特利尔公约》

《蒙特利尔公约》(*The Montreal Convention*)是国际航空私法现代化的成果，它在统一国际航空运输规则的实践中发挥基础性作用，是全球各类民事责任立法高度统一化的私法典范。

随着历史的发展，《华沙公约》中的某些规定已显陈旧，限额责任标准的争议问题凸显，而且相关修订文件数量较多。为了使《华沙公约》及其相关文件现代化和一体化，国际民航组织于 1999 年 5 月 28 日在加拿大蒙特利尔召开了国际航空法大会，中国和其他 51 个参加国签署了一部多边国际公约：《统一国际航空运输某些规则的公约》(*Convention For The Unification Of Certain Rules For International Carriage By Air*)，即《蒙特利尔公约》。公约共包含 7 章 57 条，根据其规定，国际航空承运人应当对旅客的人身伤亡、行李和货物损失，以及由于延误造成旅客、行李或货物的损失承担责任并予以赔偿。制定该公约的目的在于确保国际航空运输消费者的利益，对在国际航空运输中旅客的人身伤亡或行李损失，或者运输货物的损失，在恢复性赔偿原则基础上建立公平赔偿的规范体系。

《蒙特利尔公约》既有对华沙体系文件已有规则的保留与继承，又有在此基础上的一系列具有人文关怀和前瞻性的创新制度。例如，双梯度责任、限额定期复审、第五管辖权、先行付款、仲裁条款、强制保险制度等。这一系列创新是公约在"保护国际航空运输消费者利益的重要性以及在可恢复性赔偿原则的基础上提供公平赔偿的必要性"的宗旨和原则基础上产生的，是国际航空运输责任立法在新的历史背景下以保护消费者权益为规则导向发展出来的，对保护航空私法领域中弱势一方权益具有至关重要的作用，具有一定的时代意义，以及社会价值和经济价值。其中，保护受害人权益的承运人先行付款制度，在公约中首次出现，获国际社会普遍称赞。

三、国际航空刑法体系

国际航空刑法体系，作为国际刑法的重要组成部分，旨在维护国际航空秩序与安全，确保旅客、机组人员及航空器的安全。这一体系涵盖了航空刑事实体法和程序法的法律规范，既源于国际航空条约，也包含了各国刑法中涉及航空犯罪的条款。

国际航空刑法体系中的犯罪类型多样，主要包括但不限于以下几种。

① 劫持航空器罪：指以暴力、胁迫或其他方法劫持航空器的行为，严重危害航空安全。

② 使用暴力危害飞行安全罪：指在航空器上使用暴力手段，危害飞行安全的行为。

③ 传递虚假情报扰乱正常飞行秩序罪：指故意传递虚假情报，导致飞行秩序混乱，影响航空安全的行为。

④ 破坏航行设施罪：指破坏航行设施，导致飞行事故的行为。

⑤ 毁坏航空器罪：指故意毁坏航空器，造成严重后果的行为。

(一)1963 年《东京公约》

1963 年 9 月 14 日，在国际民航组织于日本东京举行的国际航空法会议上，与会国共同签订了《关于在航空器内犯罪和其他某些行为的公约》，简称《东京公约》。该公约主要是应对飞机上违法犯罪或其他危害人身、财产、秩序等行为以及解决在国际民用航空器上犯罪的刑事管辖权问题，通过国际合作和法律手段，避免产生刑事管辖权的漏洞或空白，确保航空安全。公约的签订，标志着国际社会对航空安全问题的共同关注和合作意愿，为解决跨国航空犯罪提供了法律依据和国际合作机制。

《东京公约》主要包含以下三个方面的内容。

① 确定航空器内犯罪的刑事管辖权：航空器登记国对航空器内发生的犯罪行为有管辖权。

② 确定各缔约国相互协助的责任问题：缔约国在发生非法干扰、控制航空器行为时，有义务帮助机长尽快制止犯罪。

③ 确定机长的权利：机长有权对进行或企图进行航空犯罪的人采取必要措施。

(二)1970 年《海牙公约》

《东京公约》签订后，世界范围内出现了劫机浪潮，特别是 20 世纪 60 年代末，劫机犯罪达到了高潮，1968 年发生了 35 起，1969 年又发生了 91 起，这些劫机事件引起了国际社会的普遍关注。世界各国都感到《东京公约》的不足。《东京公约》虽然提出了劫机问题，却未明确规定劫机是一种严重的犯罪行为，也未明确规定应如何惩处。对很多问题没有做出规定，给各国处理劫机问题带来很多麻烦和困难。鉴于此种情况，在联合国的敦促下，1970 年 12 月 1 日，国际民用航空组织在海牙召开了有 77 个国家代表参加的外交会议，并于 12 月 16 日签订了《关于制止非法劫持航空器的公约》，简称《海牙公约》。公约于 1971 年 10 月 14 日生效，主要是集中解决劫机问题。

《海牙公约》全文共 14 条，主要内容有：凡在飞行中的航空器(指航空器从装载完毕、机舱外部各门均已关闭时起，直至打开任一机舱门以便卸载时为止)内的任何人或其共犯用暴力或用暴力威胁，或用任何其他恐吓方式，非法劫持或控制该航空器，或企图采取任何这种行为，即是犯罪。《海牙公约》规定劫持航空器是一种严重犯罪，各缔约国对所有在其领域内发现的空中劫持都有管辖权，有义务对此种罪行给予严厉惩罚。应对罪犯进行引渡，或起诉判刑。《海牙公约》规定航空器登记国、航空器着陆国、航空器承租人的营业地国或居所地国和罪犯所在地国可以对航空器实行司法管辖权。

(三)1971 年《蒙特利尔公约》

1970 年 2 月，国际民航组织法律委员会在举行第 17 次会议讨论修改《海牙公约》草案时，于 2 月 11 日的同一天里，连续发生了两起在飞机上秘密放置炸弹引起空中爆炸的严重事件。这一时期，武装袭击等待起飞的客机、爆炸机场、损毁在使用中的民航设施等事件也不断发生。这些新的危害民用航空安全的非法干扰行为，比单纯的劫持民用航空器的犯罪行为对人员生命财产的安全危害更大，已经引起国际社会的普遍关注。国际民航组织于同年 6 月召开了第 17 次特别会议，指定理事会立即召开法律委员会，针对"除劫机犯罪行为以外"所发生的新的危害民用航空安全的一切行为，制定一个严厉惩治这些行为的国际公约草案。

1971 年 9 月 8 日，国际民航组织在加拿大蒙特利尔召开了航空法外交会议，61 个国家和 7 个国际组织派人参加了会议，对草案进行了审议，并于 9 月 23 日正式签订了《关于制止危害民用航空安全的非法行为的公约》，简称《蒙特利尔公约》。它是在《海牙公约》基础上，进一步对防止危害、干涉、破坏和损坏民用航空安全的各种非法行为做出规定。制定公约的主要目的是要进一步完善国际民用航空安全保卫的法律体系，为国际合作组织严厉打击从地面上开始发生的炸毁民用飞机、破坏重要航空设施、严重危及民用航空安全的行为提供依据和保障，在法律上不给任何危及民用航空安全的犯罪分子逃避惩处留下漏洞。

《蒙特利尔公约》共有 16 条，主要内容如下。

① 定义犯罪行为：公约明确规定了哪些行为构成犯罪，包括对飞行中的航空器内的人或航空器从事暴力和破坏行为；使用任何方法在使用中的航空器内放置可能破坏航空器和危及飞行安全的装置或物质。

② 管辖权和引渡：各缔约国应对上述罪行给予严惩，并将其作为可引渡的罪行。缔约国在其境内发现有上述罪行的罪犯，如不将其引渡，应将此案提交主管当局起诉。公约还规定了管辖权，包括航空器登记国、降落地国、承租人主要营业地或永久居所地国，以及罪行发现国、罪行发生地。

③ 适用范围：公约使用"使用中"一词，即从地面人员或机组对某一航空器开始进行飞行前的准备起，直到降落后 24 小时为止，这一时间段内发生的危害航空安全的行为均受公约约束。

④ 补充和扩展：公约弥补了《东京公约》和《海牙公约》的不足，详细规定了犯罪行为，包括对飞行中的航空器内的人从事暴力行为、破坏使用中的航空器或对该航空器造成损坏，以及使用任何方法在使用中的航空器内放置或使别人放置可能破坏航空器或对其造成损坏的装置或物质。

《蒙特利尔公约》《海牙公约》和《东京公约》是通常所说的关于防止劫持飞机的三个国际公约。

(四)1988 年《机场议定书》

《蒙特利尔公约》扩大了《海牙公约》的罪行范围，但没有规定对机场内服务人员和设备的犯罪以及破坏机场上未使用的航空器的犯罪。

1973 年 8 月，在希腊雅典机场，正当旅客排队经过安检登机时，两名恐怖分子投掷手榴弹，导致 58 名旅客伤亡；1976 年 5 月，在本-古安里机场抵达大厅，一个旅行箱被打开安检时，其中的炸弹爆炸，机场保安人员被当场炸死，两名安检人员被炸伤。据国际民航组织统计，1969 年至 1979 年 10 年中，发生地面袭击事件 38 起，各种非法干扰行为造成 1270 人死亡。新的非法干扰行为严重危害了国际民用航空活动的安全。

基于《蒙特利尔公约》的不足，为了防止、制止和惩处这类犯罪行为，1988 年 2 月 24 日在蒙特利尔签订了一份议定书，全称为《制止在用于国际民用航空的机场发生的非法暴力行为，以补充 1971 年 9 月 23 日签订于蒙特利尔的制止危害民用航空安全的非法行为的公约的议定书》，简称《蒙特利尔议定书》，也称为《机场议定书》。议定书将危害国际民用航空机场安全的暴力行为宣布为一种国际犯罪，旨在保护国际民用航空机场内的服务人员、设备及未使用的航空器的安全。

议定书全文由前言和九条正文组成，其制定目的是将《蒙特利尔公约》未规定的犯罪行为规定为犯罪。

① 在国际民用航空的机场内对人实施暴力行为，造成或足以造成重伤或死亡的行为；

② 破坏或严重损坏用于国际民用航空的机场的设备或停在机场上未在使用中的航空器，或者中断机场服务危及或足以危及该机场安全的行为。

(五)2010年《北京公约》和《北京议定书》

2010年8月30至9月10日，在北京举行了国际民航组织国际航空保安公约外交大会。大会上，全球近80个国家和组织的300多名代表和国际民航组织高级官员，经过磋商最终产生了两项新的国际多边条约正式案文。大会闭幕前，60多个授权国代表签署了新产生的《制止与国际民用航空有关的非法行为公约》(《北京公约》)和《制止非法劫持航空器公约的补充议定书》(《北京议定书》)。

这两项公约是国际反恐公约中的重要组成部分，为有效地保护旅客的生命和财产安全，提供了强有力的法律保障。两个法律文件的主要内容是将新出现的对航空运输业安全构成威胁的犯罪行为予以刑事定罪，将联合国反恐公约体系中的许多既有法律制度移植到公约和议定书中，进一步从实体法和程序法的角度来完善国际航空刑法，以保障国际航空运输业的安全、持续、健康和有序发展。

中国民航局表示，此次通过的《北京公约》和《北京议定书》，不仅弥补了之前航空保安公约体系存在的空白和不足，还关注了大规模杀伤性武器的非法运输问题，为实现国际民用航空安全提供强有力的法律保障，可以有效地保护旅客的生命和财产安全。

《北京公约》共25条，其中12条为新增或是对1971年《蒙特利尔公约》进行修订的条款，主要是增加了新的犯罪种类，修改或新增了相关定义，扩展了管辖权，以及吸收了其他国际反恐公约中的有益规定等。

1. 新增和完善了九种犯罪行为

《北京公约》对国际航空保安公约体系的更新，最为重要的就是新增了九种犯罪行为。1971年签订的《蒙特利尔公约》第1条共两款，共规定了七种犯罪行为。《北京公约》在修订1971年《蒙特利尔公约》时，除了纳入1988年《蒙特利尔机场议定书》规定的犯罪行为之外，还采用了三种方式，新增和完善了九种犯罪行为：一是在第1条原有两款内容中补充了若干新的犯罪行为；二是在第1条原有两款内容的基础上又新增了两款，规定了新的犯罪行为；三是补充了新的定义以完善原有的犯罪行为，如图4-1所示。

1. 使用航空器作为武器	6. 协助逃匿
2. 使用航空器传播危险物质	7. 威胁实施相关犯罪行为
3. 使用危险物质对航空器进行攻击	8. 共谋或商定犯罪
4. 运输危险物质	9. 网络攻击空中航行设施
5. 组织或指挥犯罪	

图4-1　《北京公约》九种犯罪行为

2. 扩展了管辖权

1971年签订的《蒙特利尔公约》已经包含了较为广泛的管辖权，同时辅以"或引渡或起诉"原则，在当时的国际法环境下，基本能够覆盖各种情形。《北京公约》结合国际形势的发展及其他反恐公约的有益规定，继续扩展了三项管辖权：包括一项强制性管辖权，即犯罪由该国国民实施，以及两项任择性管辖权，即犯罪是针对该国国民实施和犯罪由其惯常居所在该国境内的无国籍人实施。

这三项管辖权都是国籍国管辖权的体现，无论是犯罪嫌疑人的国籍国还是受害人的国籍国，一般来说，无国籍人居住地所在国也是无国籍人确立国籍的一种方式。这种规定的核心是属人管辖和保护性管辖在国际航空保安公约中的又一次强化。公约缔约国作为国籍国，有了更大的行使管辖权的机会和依据。这一修改扩大了国际社会对国际航空犯罪的管辖范围，使恐怖分子在世界各地都没有了藏身之所，强化了对国际航空犯罪的追诉。

3. 补充了其他有益规定

① 政治犯不例外条款。
② 军事活动排除条款。
③ 公平待遇条款。
④ 法人实体犯罪条款。

4. 推进多方面的法律创新

《北京公约》在确立新的罪名、扩展管辖权、协调公约间关系等方面都进行了更新，这些内容对国际航空保安公约体系起到了积极的推动作用。

① 首次将威胁本身规定为犯罪。
② 融合普通法系与大陆法系进行规范。
③ 妥善处理航空保安公约之间的关系。

▌第三节▌ 中国民航法规

中国民航法规是为了保障国家领空主权、民用航空权利，确保民用航空活动安全、有序进行，保护当事人合法权益，并促进中国民用航空事业发展而制定的法规体系。该体系包括国家法律、法规、行政规章和国际公约等多个层面，涵盖了民航活动的各个方面，从航空运输管理、航空运输安全到机场运营、空中交通管理，以及旅客权益保护和货物运输等均有详尽规定。为中国民航业的发展提供了坚实的法律基础。

一、中国民航法规框架体系

我国民航法规是层次分明、结构严谨的三级框架体系，如图 4-2 所示。在这个体系中，民用航空法为航空活动提供了基本的法律保障，行政法规为航空活动的具体管理提供了法规支持，部门规章则为航空活动的各个环节提供了具体的管理措施和规范细则。

(一)法律基石：民用航空法

作为我国民航法规框架体系的最高层级，法律基石承载着维护国家领空主权，保障民用航空活动安全和有序进行，保护航空活动当事人各方权益以及促进民用航空事业发展的重大使命。在这一层级中，《中华人民共和国民用航空法》无疑占据着核心地位。

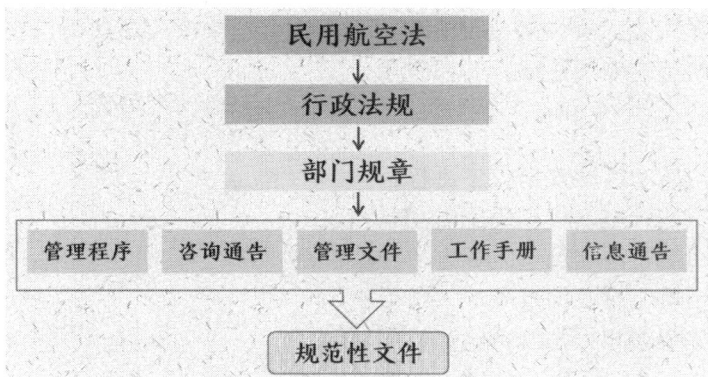

图 4-2　中国民航法规三级框架

　　《中华人民共和国民用航空法》是由全国人民代表大会常务委员会制定的法律，具有最高的法律效力。它明确了民用航空活动的基本原则和制度，涵盖了航空器的设计、生产、维修、使用和管理，航空运输服务，航空安全，航空环境保护等各个方面。同时，该法在处理民用航空活动与其他社会活动的关系时，具有优先适用的地位。

(二)行政法规

　　行政法规是我国民航法规框架体系的第二层级，是国务院根据宪法和法律制定的，旨在执行国家权力机关通过的法律和决议，履行宪法和法律规定的行政管理职能。在航空领域，行政法规主要涉及航空活动的具体管理、监督和指导。

　　例如，《民用航空安全检查规则》就是一项重要的行政法规，它详细规定了民用航空安全检查的职责、程序、标准和要求，为保障航空安全提供了具体的法规支持。此外，还有《中华人民共和国民用航空器国籍登记条例》《中华人民共和国民用航空器适航管理条例》等行政法规，分别对民用航空器的国籍登记、适航管理等方面进行了规定。

(三)部门规章

　　部门规章是我国民航法规框架体系的第三层级，由中国民航局制定和发布。这些规章依据《中华人民共和国民用航空法》和行政法规，结合航空活动的实际情况，对航空活动的各个环节进行具体管理和规范。部门规章涵盖了航空器管理、人员执照、机场管理、航行管理、航空营运、空中交通管理、搜寻救援、事故调查等多个方面。

　　例如，《民用航空器驾驶员和飞行教员合格审定规则》就对民用航空器驾驶员和飞行教员的资格、培训、考试和执照等方面进行了详细规定，这些规章为航空活动的有序进行提供了具体的法规依据，保障了航空活动的安全和高效。

二、中国民用航空法规

(一)《中华人民共和国民用航空法》

　　《中华人民共和国民用航空法》由第八届全国人民代表大会常务委员会第十六次会议于 1995 年 10 月 30 日审议通过，自 1996 年 3 月 1 日起实施。当前版本于 2021 年 4 月 29 日第十三届全国人民代表大会常务委员会第二十八次会议修改。该法是自新中国成立以来，第一部关于民用航空的专项法律。

1. 立法意义

① 确保民用航空活动安全有序进行。
② 维护国家的领空主权和民用航空权利。
③ 保护民用航空活动当事人各方的合法权益。
④ 促进民用航空事业的发展。
⑤ 提供法律依据和行为规范。

2. 主要内容

《中华人民共和国民用航空法》全文共包括 16 章 214 条，主要内容包括：总则、民用航空器国籍、民用航空器权利、民用航空器适航管理、航空人员、民用机场、空中航行、公共航空运输企业、公共航空运输、通用航空、搜寻援救和事故调查、对地面第三人损害的赔偿责任、对外国民用航空器的特别规定、涉外关系的法律适用、法律责任和附则等内容。

3. 法律责任

① 公共航空运输企业违反《中华人民共和国民用航空法》中的规定运输危险品的，没收违法所得，并处违法所得一倍以下罚款，导致发生重大事故的，追究刑事责任。
② 航空人员玩忽职守，或者违反规章制度，导致发生重大飞行事故，造成严重后果的，追究刑事责任，不够刑事处罚的，给予治安管理处罚。
③ 民用航空器无适航证书而飞行，或者适航证书失效或者超过适航证书规定范围飞行的，责令停止飞行，没收违法所得，并处违法所得一倍以上五倍以下罚款；没有违法所得的，处以十万元以上一百万元以下罚款。
④ 未取得生产许可证书、维修许可证书而从事生产、维修活动的，责令停止生产、维修或者经营活动。
⑤ 未取得型号合格证书、型号认可证书的民用航空器及其发动机、螺旋桨或者民用航空器上的设备投入生产的，责令停止生产，没收违法所得，并处违法所得一倍以下罚款；没有违法所得的，处以五万元以上五十万元以下的罚款。
⑥ 未取得航空人员执照、体检合格证书而从事相应的民用航空活动的，责令停止民用航空活动，在规定的期限内不得申领有关执照和证书，对其单位处以二十万元以下的罚款。

(二)《中华人民共和国民用航空安全保卫条例》

《中华人民共和国民用航空安全保卫条例》是为了防止对民用航空活动的非法干扰、维护民用航空秩序、保障民用航空安全而制定的条例。该条例于 1996 年 7 月 6 日由国务院以第 201 号令发布，是根据 2011 年 1 月 8 日《国务院关于废止和修改部分行政法规的决定》而修订的。

1. 立法目的

① 防止对民用航空活动的非法干扰。

② 维护民用航空秩序。

③ 保障民用航空安全。

2. 适用范围

该条例适用于在中华人民共和国领域内的一切民用航空活动，以及与民用航空活动有关的单位和个人。在中华人民共和国领域外从事民用航空活动的具有中华人民共和国国籍的民用航空器同样适用(除非中华人民共和国缔结或参加的国际条约另有规定)。

3. 管理原则

民用航空安全保卫工作实行统一管理、分工负责的原则。民用航空公安机关负责对民用航空安全保卫工作实施统一管理、检查和监督。

4. 其他规定

公民有权向民航公安机关举报预谋劫持、破坏民用航空器或者其他危害民用航空安全的行为。对维护民用航空安全作出突出贡献的单位或者个人，由有关人民政府或者国务院民用航空主管部门给予奖励。

(三)《关于惩治劫持航空器犯罪分子的决定》

《关于惩治劫持航空器犯罪分子的决定》是由全国人民代表大会常务委员会于 1992 年 12 月 28 日通过并实施的，旨在惩治劫持航空器的犯罪分子，维护旅客和航空器的安全。

1. 立法意义

该决定的实施，为惩治劫持航空器的犯罪行为提供了明确的法律依据，对维护航空运输安全、保障人民群众生命财产安全具有重要意义。通过严厉打击劫持航空器的犯罪行为，维护了航空运输的正常秩序，增强了人民群众对航空运输安全的信心。

2. 法律效力

根据《中华人民共和国刑法(1997 年修订)》，虽然该决定的部分内容已被纳入刑法，但本决定作为独立的法规文件，其法律地位依然明确，且目前仍具有法律效力。

3. 主要内容

① 犯罪行为的定义：以暴力、胁迫或者其他方法劫持航空器的行为被视为犯罪。

② 刑罚措施：对于劫持航空器的犯罪分子，处以十年以上有期徒刑或者无期徒刑；如犯罪行为导致人重伤、死亡或者使航空器遭受严重破坏，或者情节特别严重，将处以死刑；情节较轻的，处以五年以上十年以下有期徒刑。

(四)《中国民用航空危险品运输管理规定》

《中国民用航空危险品运输管理规定》经中国民用航空局局务会议通过，由交通运输部公布。该规定的制定和实施对于加强危险品运输的安全管理、规范市场秩序、保障公众利益和促进国际交流等方面都具有重要意义。同时，该规定的内容全面而详细，为危险品运输活动的各个方面提供了明确的规范和要求。

1. 修订版本

①　1996年2月27日公布《中国民用航空危险品运输管理规定》(CCAR-276TR)，自1996年3月1日起施行；

②　2004年7月12日公布《中国民用航空危险品运输管理规定》(CCAR-276)，自2004年9月1日起施行；

③　2013年9月22日公布《中国民用航空危险品运输管理规定》(CCAR-276-R1)，自2014年3月1日起施行；

④　2016年4月13日公布《民用航空危险品运输管理规定》，自2016年5月4日起施行；

⑤　2024年1月18日公布《民用航空危险品运输管理规定》，自2024年7月1日起施行。

2. 主要意义

①　加强安全管理：该规定明确了危险品运输的安全要求和管理标准，有效提高了航空危险品运输的安全性。通过对运输过程中各个环节的规范和管理，降低安全事故发生的可能性。

②　规范市场秩序：规定对从事危险品运输的单位和个人提出了明确的资质要求和管理标准，有助于规范市场秩序，防止非法运输和违规操作，保障公平竞争。

③　保障公众利益：危险品运输直接关系到公众的生命财产安全。该规定的实施，有助于保障公众利益，减少因危险品运输事故造成的损失。

④　促进国际交流：随着我国民航事业的不断发展，国际航空运输合作日益增多。该规定的制定和实施，有助于我国与国际接轨，促进国际航空危险品运输的交流与合作。

3. 主要内容

《民用航空危险品运输管理规定》包括运输限制及许可、运输手册管理、运输信息、监督管理、法律责任等章节，进一步明确了适用范围及对象，落实了托运人、承运人、机场管理机构、地面服务代理人、危险品培训机构等主体的安全责任，简化了行政手续及程序，细化了法律责任，健全了安全管理体系。

①　定义与分类：对危险品进行了明确的定义和分类，包括爆炸品、气体、易燃液体、易燃固体等九大类，为危险品的运输提供了清晰的基础和依据。

②　许可制度：规定了从事危险品运输的单位和个人必须取得相应的许可或资质，并明确了许可的申请条件、程序和监督管理要求。

③　包装与标识：对危险品的包装和标识提出了明确要求，包括包装材料、包装方法、标识内容和标识方式等，确保危险品在运输过程中能够被正确识别和处理。

④　运输操作：规定了危险品运输中各个环节的操作要求，包括托运、收运、存储、装载、运输和交付等，确保危险品运输过程的安全和顺畅。

⑤　应急处理：对危险品运输中可能出现的紧急情况进行了规定，明确了应急处理措

施和责任人，为发生危险品运输事故时提供了有效的应对手段。

⑥ 监督检查：规定了主管部门对危险品运输活动的监督检查职责和要求。通过定期或不定期的监督检查，确保危险品运输活动的合规性和安全性。

⑦ 法律责任：对违反规定的行为提出了明确的法律责任和处罚措施，为违规者提供了法律制裁的依据和保障。

(五)《中华人民共和国飞行基本规则》

《中华人民共和国飞行基本规则》是一部全面规范中华人民共和国境内飞行活动的法规，其内容涵盖了飞行的各个方面，为维护国家领空主权，保障飞行活动安全有秩序进行提供了有力的法律保障。该规则自 2001 年 8 月 1 日起施行，并经过两次修订和完善。

① 立法目的：维护国家领空主权，规范境内的飞行活动，保障飞行安全有序。

② 适用范围：凡辖有航空器的单位、个人和与飞行有关的人员及其飞行活动，均须遵守本规则。

③ 飞行管制：国家对境内所有飞行实行统一的飞行管制。

④ 领导机构：国务院、中央军事委员会空中交通管制委员会领导全国的飞行管制工作。

⑤ 法律责任：a. 飞行人员未按《中华人民共和国飞行基本规则》履行职责的，由有关部门按照职责分工责令改正，情节严重的，对直接负责的主管人员和其他直接责任人员依法给予行政处分或者纪律处分；构成犯罪的，追究刑事责任。b. 飞行保障部门及其人员未按《中华人民共和国飞行基本规则》履行职责的，由有关航空管理部门视情况给予通报批评，对直接负责的主管人员和其他直接责任人员依法给予行政处分或者纪律处分；构成犯罪的，追究刑事责任。

(六)《民用机场管理条例》

① 目的与依据：规范民用机场的建设与管理，积极、稳步推进民用机场发展，保障其安全和有序运营，维护相关当事人的合法权益，依据《中华人民共和国民用航空法》制定本条例。

② 适用范围：适用于中华人民共和国境内民用机场的规划、建设、使用、管理及其相关活动。民用机场分为运输机场和通用机场。

③ 性质与职责：民用机场是公共基础设施，各级人民政府应鼓励、支持其发展，并采取措施提高其管理水平。

(七)《中华人民共和国民用航空器适航管理条例》

1987 年 5 月 4 日，国务院颁布《中华人民共和国民用航空器适航管理条例》，自当年 6 月 1 日起施行。条例共有 29 条，对以确保飞行安全为目的的民用航空器的设计、生产、使用和维修所实施的技术的鉴定和监督，做了全面规定。中国民用航空局负责民用航空器的适航管理。

适用范围：①在中华人民共和国境内从事民用航空器(含航空发动机和螺旋桨)的设计、生产、使用和维修单位或者个人；②向中华人民共和国出口民用航空器的单位和个人；③在中华人民共和国境外维修、在中华人民共和国注册登记的民用航空器的单位和个人。

三、中国民用航空规章

中国民用航空规章(China Civil Aviation Regulations，CCAR)是为了保障航空安全、维护航空秩序和规范民航运营，由中国民用航空局依据《中华人民共和国民用航空法》和《国际民用航空公约》制定和发布的一系列关于民用航空活动各个方面的专业性、具有法律效力的法规和规章制度。在中国境内从事民用航空活动的任何个人或单位都必须遵守其各项规定。

规章覆盖了民用航空的各个方面，涉及航空器管理、参与民航活动的人员执照、机场管理、航行管理、航空营运、空中交通管理、搜寻救援、事故调查等。每个部分都由民航局的相关部门拟定，经局长签发后发布实施。为了区分和规范各方面的规章，会进行编号，并在编号后面加上"部"，以表示具体是哪个方面的规章。民航规章管理直接影响飞行安全，所以 CCAR 各部内容不会始终不变，而是会持续补充更新，以确保其有效性。比如，CCAR-121 部是民航飞行标准领域的一部重要规章，规范了对大型飞机公共航空运输承运人的运行合格审定和持续监督检查措施，确保其达到并保持规定的运行安全水平。CCAR-121 于 1999 年 5 月由中国民航局发布，2021 年 3 月 15 日进行了第七次修订。

中国民航规章体系由 15 篇共 400 部组成，如图 4-3 所示。

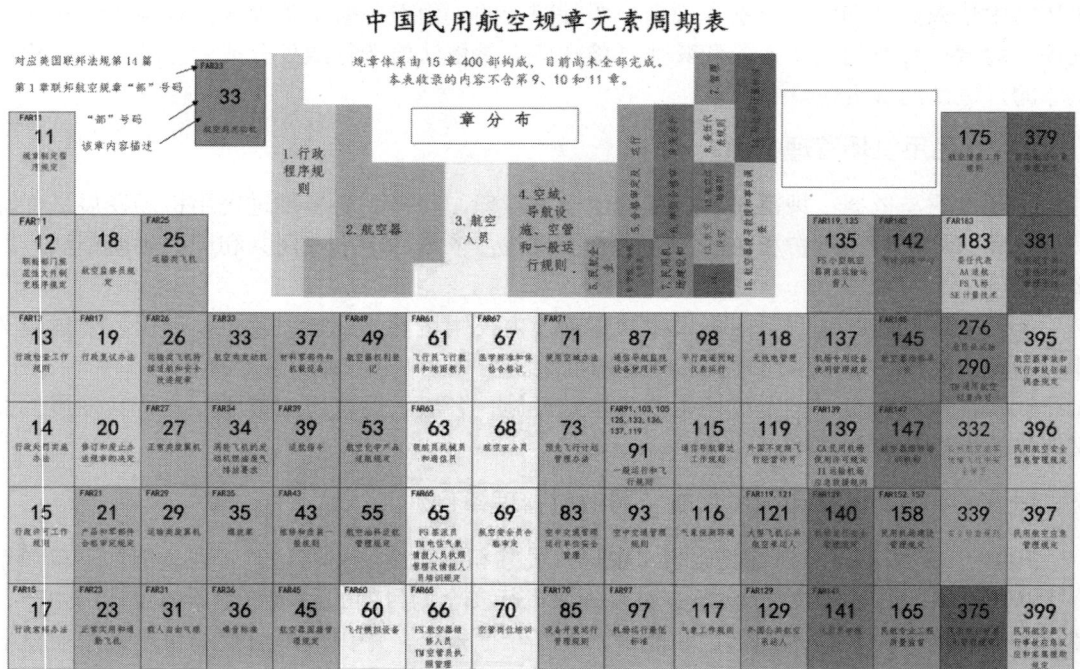

图 4-3　中国民航规章体系表

- 第一篇　行政程序规则(1～20部)
- 第二篇　航空器(21～59部)
- 第三篇　航空人员(60～70部)
- 第四篇　空域、导航设施、空中交通管理和一般运行规则(71～120部)
- 第五篇　民用航空企业合格审定和运行(121～139部)
- 第六篇　学校、非航空人员及其他单位的合格审定和运行(140～149部)
- 第七篇　民用机场建设和管理(150～179部)
- 第八篇　委任代表规则(180～189部)
- 第九篇　航空保险(190～199部)
- 第十篇　综合调控规则(201～250部)
- 第十一篇　航空基金(251～270部)
- 第十二篇　航空运输规则(271～325部)
- 第十三篇　航空保安(326～355部)
- 第十四篇　科技和计量标准(356～390部)
- 第十五篇　航空器搜寻救援和事故调查(391～400部)

(一)规范性文件

规范性文件是中国民用航空局各职能部门为了落实法律法规、民航局规章政策的有关规定，在其职责范围内制定，经民航局局长授权，由职能部门负责人签署下发的有关民用航空管理方面的文件。规范性文件不属于法律范畴，但必须遵守法律、法规和民航局规章的规定，不得与之相冲突。

规范性文件类型主要包括：管理程序、咨询通告、管理文件、工作手册、信息通告。

①　管理程序(Aviation Procedure，AP)：有关民用航空规章的实施办法或具体管理程序，是民航行政机关工作人员从事管理工作时和法人、其他经济组织或者个人从事民用航空活动时应当遵守的行为规则。

②　咨询通告(Advisory Circular，AC)：对民用航空规章条文所做的具体阐述。

③　管理文件(Management Document，MD)：民用航空管理工作重要事项的通知、决定或政策说明。

④　工作手册(Working Manual，WM)：用于规范和指导民航行政机关工作人员具体行为的文件。

⑤　信息通告(Information Bulletin，IB)：用于对反映民用航空活动中出现的新情况以及国内外有关民航技术上存在的信息问题进行通报的文件。

(二)典型民航规章

①　《大型飞机公共航空运输承运人运行合格审定规则》CCAR-121-R4：用于对我国境内依法设立的大型飞机公共航空运输承运人进行合格审定和持续监督检查，保证其达到并保持规定的运行安全水平。

②　《小型航空器商业运输运营人运行合格审定规则》CCAR-135：用于对我国境内依法设立的小型航空器商业运输承运人进行合格审定和持续监督检查，规范其运行活动，

保证其达到并保持规定的运行安全水平。

③ 《一般运行和飞行规则》CCAR-91-R2：用于管理在中华人民共和国境内(不含香港、澳门特别行政区)实施运行的所有民用航空器(不包括系留气球、风筝、无人火箭和无人自由气球)。所有相关航空器及其运营者应当遵守本规则中相应的飞行和运行规定，从而保证飞行的正常与安全。

④ 《民用航空器驾驶员、飞行教员和地面教员合格审定规则》CCAR-61-R2：用于规范民用航空器驾驶员、飞行教员和地面教员执照与等级的申请、执照的颁发与管理。

⑤ 《民用航空器飞行签派员执照管理规则》CCAR-65FS-R2：用于规范中国民用航空飞行签派员执照的管理，确保飞行签派员具备必要的资格和能力，以履行其职责。

⑥ 《民用航空器维修人员执照管理规则》CCAR-66-R1：用于规范民用航空器维修人员执照和资格证书的管理，保障民用航空器持续适航和飞行安全。

⑦ 《民用航空器驾驶员学校合格审定规则》CCAR-141：用于规范民用航空器驾驶员学校合格证、临时合格证、人员、航空器、设施、训练课程和项目、考试权、运行规则、记录、罚则等内容，以及取证后的一般运行规则。

⑧ 《飞行训练中心合格审定规则》CCAR-142：用于实施对航空公司飞行训练中心的合格审定，从而规范该审定和持续监督检查，保证受训的民用航空器驾驶员达到并保持规定的训练标准和质量。

⑨ 《民用航空器维修单位合格审定规定》CCAR-145-R3：用于对民用航空器或民用航空器部件提供维修服务的维修单位进行合格审定，以及对获得维修许可证的维修单位实施监督检查，从而规范民用航空器维修的管理与监督，保障民用航空器持续适航和飞行安全。

⑩ 《民用航空器事故和飞行事故征候调查规定》CCAR-395-R1：用于中国民用航空局和民航地区管理局负责组织的民用航空器事故和飞行事故征候的调查及相关工作。

⑪ 《民用航空安全信息管理规定》CCAR-396-R2：用于加强和规范民用航空安全信息管理，及时掌握民用航空安全信息，有效预防各类民用航空事故，控制和消除航空安全隐患。

【思考题】

1. 民航法规的发展经历了哪几个阶段？
2. 制定民航法规的主要目的是什么？
3. 民航法规主要包括哪些方面的内容？
4. 民航法规的特征是什么？
5. 国际民航法规包括哪几部分？
6. 国际航空公法体系的主要构成部分是什么？
7. 《芝加哥公约》在国际航空公法体系中的地位如何？
8. 国际航空公法体系如何保障飞行安全？
9. 国际航空私法体系的主要调整对象是什么？
10. 《华沙公约》在国际航空私法体系中的地位如何？其基本原则有哪些？

11. 随着航空技术的发展和市场需求的变化，国际航空私法体系面临哪些挑战？

12. 国际航空刑法体系的基本构成是什么？

13. 《海牙公约》和《蒙特利尔公约》如何进一步完善了国际航空刑法体系？

14. 中国民航法规体系的基本构成是怎样的？

15. 《中华人民共和国民用航空法》的主要立法目的是什么？

16. 中国民航规章的定义与性质是什么？

17. 中国民航规章包含哪些内容？

第三篇

民用航空组成

第五章

民用航空系统概述

📥 【本章导读】

　　民用航空系统是一个复杂而精密的运作体系，涵盖了从政策制定到实际运营的各个环节。本章将对民航系统的组成进行概述，包括政府部门、事业单位、民航企业，以及空中交通管理、机场分类等几个方面，以便读者全面理解民航系统的运作机制。

🔍 【学习目标】

- 熟悉民航系统的组织机构；
- 了解政府部门与事业单位的区别；
- 了解三大国有大型保障企业的基本情况；
- 明确空中交通管理的定义、作用及其重要性；
- 掌握空中交通管理的分类；
- 掌握飞行情报服务的主要内容；
- 了解空中交通管制的基本概念、发展历程、重要性及其在民航系统中的作用；
- 了解空域的划分；
- 掌握空域管理模式；
- 明确空中交通流量管理的定义、目的及重要性；
- 明确民用航空机场的定义；
- 了解机场的分类标准；
- 了解通用航空机场的分类方式；
- 了解机场的主要构成部分，包括飞行区、航站区及地面交通系统等，并理解各部分的布局原则和功能。

第一节 民用航空系统组成

民用航空系统庞大且复杂，既有政府部门，也有企业性质的航空公司、航材公司和油料公司，还有事业单位性质的空管局、首都机场集团等，以及民航机场。各个部门只有充分协调运行，才能使民用航空业蓬勃高速发展。

一、政府部门

民用航空对安全的要求高，涉及国家主权和交往的事务多，要求迅速协调和统一调度。因此，各个国家都设立独立的政府机构来管理民航事务。在我国，负责管理民航事务的政府部门是中国民用航空局及下设的 7 个民航地区管理局。如图 5-1 所示。

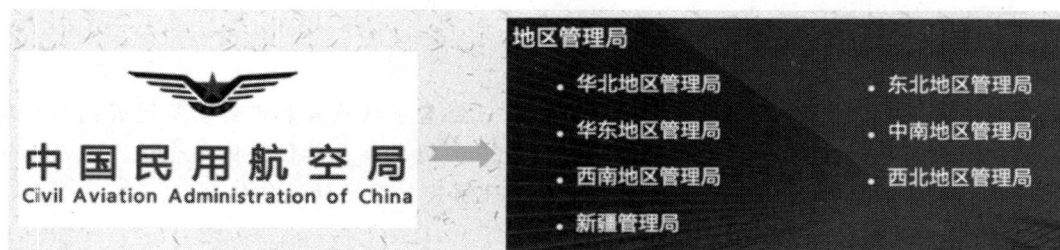

图 5-1 民用航空政府部门

二、事业单位

民用航空事业单位指的是中国民航局的直属机构，包括空中交通管理局、民航局直属院校、民航科研机构、民航宣传机构、民航医学中心、首都机场集团等 21 家单位，如图 5-2 所示。

空中交通管理局	机关服务局	中国民航大学
首都机场集团	民航博物馆	中国民航飞行学院
中国民航机场建设集团有限公司	国际合作中心	中国民航管理干部学院
民航第二研究所	中国民航报社出版社	广州民航职业技术学院
中国民用航空适航审定中心	清算中心	上海民航职业技术学院
中国民航飞行校验中心	信息中心	中国民航科学技术研究院
民航专业工程质量监督总站	审计中心	民航医学中心

图 5-2 民用航空事业单位

下面介绍几个主要民航事业单位基本情况。

(1) 空中交通管理局是中国民航局管理全国空中交通服务、民用航空通信、导航、监视、航空气象、航行情报的职能机构。运行组织形式基本是以区域管制、进近管制、机场管制为主线的三级空中交通服务体系。中国民航空管系统行业管理体制分为民航局空管局—地区空管局—空管分局(站)三级管理,如图 5-3 所示。

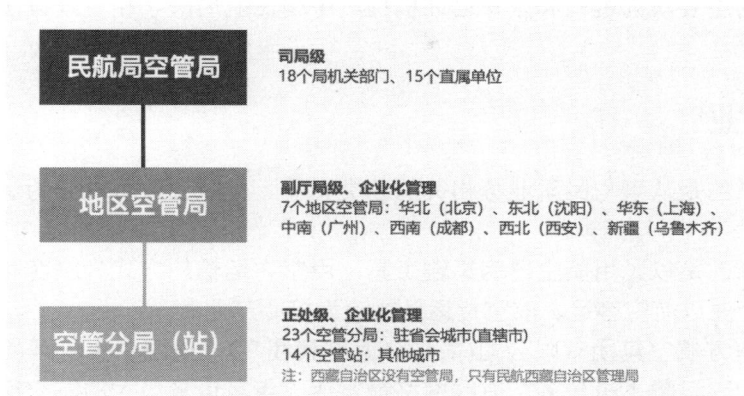

民航局空管局
司局级
18个局机关部门、15个直属单位

地区空管局
副厅局级、企业化管理
7个地区空管局:华北(北京)、东北(沈阳)、华东(上海)、
中南(广州)、西南(成都)、西北(西安)、新疆(乌鲁木齐)

空管分局(站)
正处级、企业化管理
23个空管分局:驻省会城市(直辖市)
14个空管站:其他城市
注:西藏自治区没有空管局,只有民航西藏自治区管理局

图 5-3 空管局三级管理体制

(2) 中国民用航空第二研究所,简称民航二所,是我国专门从事民航高新技术应用开发的科研机构,直属于中国民用航空局领导,是国内成立时间最早、领域覆盖最广、产学研用链条最长的民航科技集团。

(3) 首都机场集团有限公司是一家以机场业为核心的跨地域的大型中央管理的国有法人独资公司。以原北京首都机场集团公司为基础,联合北京首都国际机场股份有限公司、天津滨海国际机场、中国民航机场建设总公司、金飞民航经济发展有限公司、中国民航工程咨询公司,于 2002 年 12 月 28 日正式成立。管理着北京、天津、河北、江西、吉林、内蒙古、黑龙江等 7 个省(区、市)54 个干支机场,形成了机场运营、机场保障、机场商业、临空生态 4 个板块协同发展的业务布局。截至 2023 年,全集团生产经营平稳有序,全年旅客吞吐量、货邮吞吐量和运输架次分别达到 20260 万人次、190.8 万吨和 174 万架次。

(4) 中国民用航空局清算中心主要承担着民航发展基金、空管服务费、机场服务费、公务机票政府采购、行政事业性收费等资金清算工作。同时,负责民航政府采购、国库集中支付、行程单缴销等执行与管理工作。"十三五"期间,清算中心的资金清算总规模超过 5000 亿元。服务对象已覆盖所有国内客货运航空公司、200 余家外国航空公司、境内200 余家机场及地面服务单位、43 家境内空中管制单位、近 40 万家行政事业单位、3000余家机票代理人。

(5) 中国民航科学技术研究院(简称航科院)是科技部批准成立的综合性科研机构,其前身为成立于 1986 年 10 月的北京航空科学技术研究所。航科院主要从事民航安全和发展的科学技术研究,为民航局的决策和监督管理工作提供技术支持,向民航企事业单位和航空产品制造厂(商)提供科技服务。

(6) 民航医学中心由始建于 1982 年的民航总医院和中国民用航空医学中心于 2010 年合并而来,实行一个机构两块牌子,全称是中国民用航空局民用航空医学中心(民航总医院)。是一所设备先进、服务优良、具有航空医学特色的发展中的三级综合医院，承担北京市东部地区居民和民航在京干部职工的医疗保健工作，是全国民航唯一一家三级综合医院、三级航空人员体检鉴定机构，国际航空航天医学会中唯一一家中国委员单位，是中国民用航空医学的主要研究机构和教育培训机构，中国民航局医学相关政策法规制定的技术支持和保障单位。

三、民航企业

民航企业指的是从事与民航业务相关的各类企业。民航企业可以分为运输企业和保障企业两个类别。

运输企业指的是以民用航空器为运输工具，用空中运输的方式为旅客和货物提供服务的企业。运输企业以航空客运、航空货运及物流为核心产业。

比如中国南方航空集团有限公司(简称"南航集团")，是由中央管理的国有大型航空运输集团，是中国运输飞机最多、航线网络最发达、年客运量最大的航空运输集团。南航集团组织机构如图 5-4 所示。

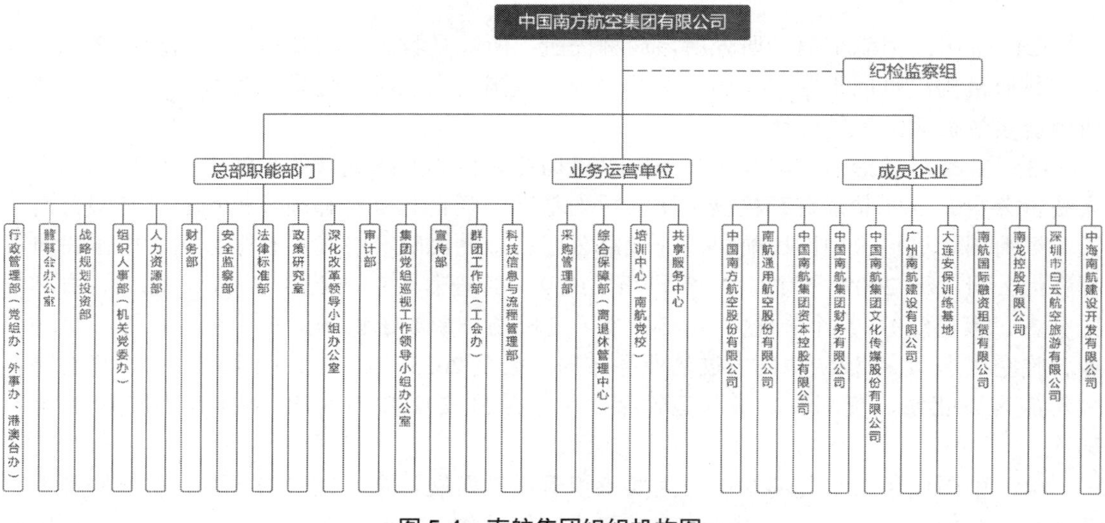

图 5-4 南航集团组织机构图

保障企业则是围绕运输企业开展业务活动的。主要包括以下三家大型国有企业。

(一)中国航空器材进出口集团公司

中国航空器材进出口集团公司(简称中国航材)，是国务院国有资产监督管理委员会管理的中央企业，是在中国航空器材进出口总公司基础上组建的，以民用航空产品进出口业务为主的综合性服务保障企业。其经营范围包括飞机、发动机、航空器材、各种设备、特种车辆的进出口、租赁、维修、寄售，以及与民用航空有关的各种工业产品和原材料的进出口业务，从事与此相关的招投标、国内外投融资、技术咨询、培训、服务、展览、航空表演业务，开展合资经营、合作生产、加工装配，以及多种形式的对外贸易。近年来，公司将目光投向更广阔的航空服务保障领域，在航空零备件维修、国内外招投标、航空产品租赁及融资、物流配送、机场服务、通信技术服务等方面都有长足发展。

(二)中国航空油料集团公司

中国航空油料集团公司(简称中国航油),是以原中国航空油料总公司为基础组建的国有大型航空运输服务保障企业,是集航空油品采购、运输、储存、检测、销售、加注为一体的航油供应商,是隶属于国务院国资委的中央企业。其下属主要企业有中国航空油料有限责任公司、中国航油集团陆地石油公司、中国航油集团海天航运公司、中国航油(新加坡)股份有限公司等 13 个全资、控股公司,以及 6 个参股公司。

(三)中国民航信息集团公司

中国民航信息集团有限公司(简称中国航信)是隶属于国务院国资委管理的中央企业,专门从事航空运输和旅游信息服务的大型国有独资高科技企业。经过四十多年的发展建设,中国航信构建起了支撑民航信息化发展的订座、离港、分销、结算四大商务信息系统,服务范围延伸至 300 多个国内城市、100 多个国际城市,为 40 余家国内航空公司、20 余家地区及海外航空公司、240 余家国内机场、140 余家海外机场提供信息系统服务。

此外,中国航信还有围绕航空运输产业链上下游开拓飞机维修、航空配餐、航空货站、航空传媒、航空培训、地面服务和机场服务等相关保障产业。

飞机维修企业主要为航空公司提供航线维护、飞机大修及喷漆、发动机大修、附件修理、起落架修理等方面的服务。我国主要的飞机维修企业有 AMECO(北京飞机维修工程有限公司)、GAMECO(广州飞机维修工程有限公司)和 TAECO(厦门太古飞机工程有限公司)。

航空配餐企业主要为各中外航空公司提供机上餐饮服务,以及为大型盛会或活动(如奥运会、世博会、亚运会、G20 峰会等)提供餐饮保障工作。

四、民航机场

民航机场作为国家运输系统中的重要结合点,既是机场所在地经济发展的重要基础条件,也是该地区通向国内重要经济中心和国际的门户和窗口。

民航机场需要配备很多项目的服务设施为飞机、旅客和货物的安全服务,通常包括跑道、塔台、停机坪、航空客运站、维修厂等设施,民航机场提供机场管制服务、空中交通管制等其他服务。比如深圳宝安国际机场,处于粤港澳大湾区"黄金内湾"和广深港经济带核心位置,主营业务为航空港(含配套码头)投资建设与经营;航空客货运保障、综合配套服务及经营管理;政府配置土地综合开发及临空产业投资运营。

‖ 第二节 ‖　空中交通管理

空中交通管理(Air Traffic Management,ATM)是为了确保航空器在飞行过程中保持安全、提高航空器的运行效率、防止空中交通冲突,利用通信、导航、监视以及航空情报、气象服务等运行保障系统对空中交通和航路、航线以及机场区域进行动态一体化管理的过程。

空中交通管理主要分为三个部分：空中交通服务(ATS)、空域管理(ASM)、空中交通流量管理(ATFM)，如图5-5所示。

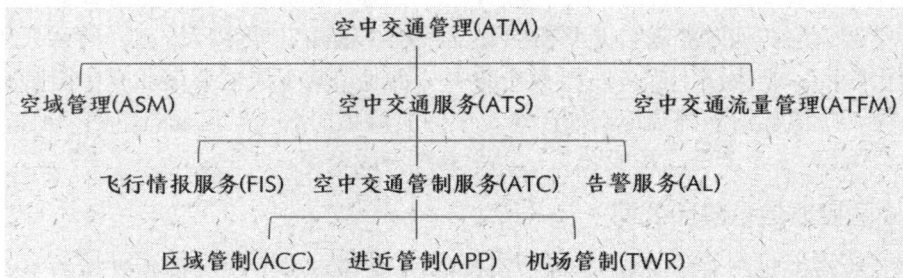

图5-5　空中交通管理分类

一、空中交通管理概述

(一)空中交通管理的重要性

空中交通管理作为现代航空运输体系中的核心组成部分，其重要性不言而喻。它不仅直接关系到每一位乘客和机组人员的生命安全，还深刻影响着航空运输的效率、成本、环境可持续性以及整个航空业的未来发展。

1. 保障飞行安全

飞行安全是空中交通管理的首要任务。防止航空器在空中相撞；防止航空器在起飞、降落过程中发生意外；防止航空器在飞行过程中偏离航线。

2. 提高飞行效率

随着航空运输量的持续增长，如何高效利用有限的空域资源成为挑战。空中交通管理通过精细化的流量管理、动态航路规划，以及先进的导航技术，能够优化飞行路径，减少航班延误和等待时间，提高整体飞行效率。

3. 优化空域资源

空域资源有限，如何合理规划和利用空域资源对提升航空运输能力至关重要。空中交通管理通过科学的空域划分、灵活的飞行程序设计以及高效的交通流管理策略，最大限度地挖掘空域潜力，使有限的空域资源得到最优配置。不仅有助于缓解机场的繁忙拥堵问题，还能促进区域经济的均衡发展。

4. 维护空域秩序

良好的空域秩序是保障飞行安全和提高航班效率的基础。空中交通管理通过严格的规章制度、专业的培训教育，以及有效的监督执法，确保所有航空活动都遵循既定的程序和规则，维护整个空域和谐有序。

5. 应对突发状况

面对突发天气变化、技术故障或恐怖威胁等紧急情况时，空中交通管理发挥着重要的作用。它能够迅速启动应急预案，协调各方资源，为受影响的航班提供紧急导航、改航建议或紧急降落安排，确保航空器的安全并减少损失。

6. 促进航空产业发展

空中交通管理的不断进步和创新是推动航空业持续发展的关键因素之一。随着技术的不断革新，如新一代航空导航系统、无人机交通管理系统的研发与应用，空中交通管理将变得更加智能化、高效化。这不仅进一步提升了飞行的安全性和效率性，还为航空运输的多元化发展提供有力支撑，促进全球航空业的繁荣与进步。

(二)空中交通管理的主要参与者

1. 空中交通管理部门

- 负责制定空中交通管理的政策和法规；
- 负责监督和管理空中交通服务；
- 负责处理空中交通冲突和事故。

2. 航空公司

- 负责提供航空器的飞行计划；
- 负责航空器的运行安全；
- 负责航空器的飞行效率。

3. 飞行员

- 负责执行航空器的飞行计划；
- 负责遵守空中交通管理的法规和规定；
- 负责确保航空器在飞行过程中的安全。

(三)空中交通管理的技术手段

1. 雷达技术

- 用于提供航空器的精确位置信息；
- 用于提供航空器的航迹预测；
- 用于提高航空器的飞行精度。

2. 通信技术

- 用于航空器和空中交通管理部门之间的通信；
- 用于航空公司和飞行员之间的通信；
- 用于空中交通管理部门之间的协同工作。

3. 卫星导航技术

- 用于提供航空器的精确位置信息；

- 用于提供航空器的航迹预测；
- 用于提高航空器的飞行精度。

4. 卫星导航系统

- 全球定位系统(GPS)；
- 北斗卫星导航系统(BDS)；
- 格洛纳斯卫星导航系统(GLONASS)。

5. 人工智能技术

- 用于分析航空器的飞行数据；
- 用于预测航空器的飞行需求和风险；
- 用于优化航空器的飞行路线和时间表。

6. 大数据技术

- 用于处理和分析大量的空中交通数据；
- 用于挖掘空中交通管理的潜在价值；
- 用于支持空中交通管理的决策和优化。

(四)空中交通管理的任务

1. 空中交通服务的任务

防止航空器相撞；防止在机动区内的航空器与该区内的障碍相撞；维持并加速有秩序的空中交通流；提供有助于安全和有效地实施飞行的建议和情报；通知有关组织关于航空器需要搜寻与救援的消息，并根据需要协助该组织。

2. 空域管理的任务

在给定的空域结构内，通过时效性，根据不同空域使用者的需求，将空域划分，实现空域最大的利用，合理利用空域资源，维护领土主权，保证航空器活动的顺利进行。

3. 空中交通流量的任务

在空中交通管制最大容量期间内，保证空中交通安全、有序地流向和通过该区域，为飞机运营提供及时、准确的信息，准确地预报飞行情报，减少延误。

二、空中交通服务

空中交通服务是民用航空活动的重要组成部分，由飞行情报服务、空中交通管制服务和告警服务三部分组成。

(一)飞行情报服务

飞行情报服务(Flight Information Service，FIS)是空中交通服务的重要组成部分，是指负责向飞行中的航空器提供有助于安全和有效地实施飞行的建议和情报。服务内容主要包括以下几个方面。

①　重要气象情报和航空气象情报;

②　关于火山爆发前活动、火山爆发和火山灰云的情报;

③　关于向大气释放放射性物质和有毒化学品的情报;

④　关于无线电导航设备可用性变化的情报;

⑤　关于机场及有关设施变动的情报,包括机场活动区受雪、冰或者深度积水影响等情况的情报;

⑥　关于无人自由气球的情报;

⑦　起飞、到达和备降机场的天气预报和天气实况;

⑧　与在进近管制区、机场塔台管制区中运行的航空器的可能发生相撞危险;

⑨　对水域上空的飞行,并经驾驶员要求,尽可能提供任何有用的情报,例如该区内水面船只的无线电呼号、位置、航迹、速度等;

⑩　其他任何可能影响安全的情报。

在我国,飞行情报服务由各级飞行情报中心(Flight Information Centre,FIC)负责提供。这些中心不仅负责为所辖区域内的航空器提供飞行情报服务,还承担着飞行计划处理、飞行跟踪监视、紧急情况处理等任务。同时,随着"智慧民航"建设的推进,我国飞行情报服务也在不断向数字化、智能化方向迈进。

(二)空中交通管制服务

空中交通管制服务是空中交通服务的核心部分,又称航空管制,它利用通信、导航技术和监控手段对飞机飞行活动进行监视和控制,保证飞行安全和有秩序飞行,其目的是通过控制空域使用,保卫国家空中安全,维护飞行秩序,提高空域使用效率。

1. 空中交通管制服务的产生与发展

美国莱特兄弟发明的"飞行者 1 号"试飞成功,标志着航空时代正式来临。此后 10 年间飞行活动逐渐普及,欧洲、美国都出现了专门用于航空器起降和飞行表演的机场。随着机场飞行量不断增加,航空器相撞、撞地伤人事件多次出现,各机场纷纷出台了专项规章,设置了空中交通管制员,约束航空器活动。1922 年,世界上首个机场管制塔台在伦敦克罗伊登(Croydon)机场诞生。1935 年 12 月 1 日,世界第一个航路管制中心在美国纽约纽瓦克机场成立。此后 80 余年,世界各国空管系统几经升级,自动化、集约化程度不断提升,逐步形成今天覆盖全球的空管系统。进入 21 世纪,美国、欧洲都制订了新一代空管系统升级计划,国际民用航空组织随后出台了全球空管一体化运行概念和航空组块升级计划,标志着新一轮空管技术革命已经到来。

2. 管制原理

空中交通管制利用通信、导航技术和监控等专业手段对飞机飞行活动进行监视、控制与指挥,从而保证飞机飞行安全和使飞机按照一定线路秩序飞行。将飞行航线的空域划分为不同的管理空域,包括航路、飞行情报管理区、进近管理区、塔台管理区、等待空域管理区等,并按管理区的范围与情况选择使用不同的雷达设备对飞机进行管制。在管理空域内进行间隔划分,飞机间的水平和垂直方向间隔构成空中交通管理的基础。由导航设备、雷达系统、二次雷达、通信设备、地面控制中心组成空中交通管理系统,完成监视、识别、引导覆盖区域内的飞机，保证其正常安全飞行。

3. 管制方式

空中交通管制方式主要包括程序管制、雷达管制和雷达监控下的程序管制。

程序管制是基于一套预先设定的规则和程序实施的管制方法。这些规则和程序覆盖了航空器的飞行操作、应急处理、与其他航空器的协调等方面。管制员按照这些规则和程序，通过飞行员的位置报告，分析、了解飞机间的位置关系，推断空中交通状况及变化趋势，同时向飞机发布放行许可，指挥飞机飞行。这种方法不需要相应的监视设备支持，主要依赖地空通话设备进行操作。适用于设备条件有限、雷达失效或特定环境下的空中交通管理。

雷达管制是通过部署在地面或空中的雷达站，实时监控指定空域内的所有飞行活动。精确追踪航空器的位置、高度、速度等关键信息，并在管制中心的显示屏上以图形化方式展示，为管制员提供直观的空中交通态势图。这一功能极大地增强了管制员对空中交通的监控能力，确保飞行安全有序。雷达管制系统能够自动或辅助管制员对空中目标进行识别与跟踪。对于未知或异常目标，系统能够发出警报，提醒管制员关注并采取相应的措施。雷达管制系统通常配备先进的语音通信和数据链传输功能，使管制指令能够迅速、准确地传达给飞行员，同时记录指令的发送与接收情况，为后续的安全评估提供数据支持。

程序管制与雷达管制最明显的区别在于两种管制手段允许的航空器之间最小水平间隔不同。在区域管制范围内，程序管制要求同航线同高度航空器之间最小水平间隔为150千米，雷达监控条件下的程序管制间隔只需75千米，而雷达管制间隔仅仅需要20千米。由于技术进步以及空中交通流量的加大，雷达管制间隔还在逐渐缩小，目前已小于20千米。允许的最小间隔越小，意味着单位空域的有效利用率越大，飞行架次容量越大，越有利于保持空中航路指挥顺畅，更有利于提高飞行安全率和航班正常率。

4. 管制服务

空中交通管制服务包括机场管制服务、进近管制服务和区域管制服务，如图 5-6 所示。

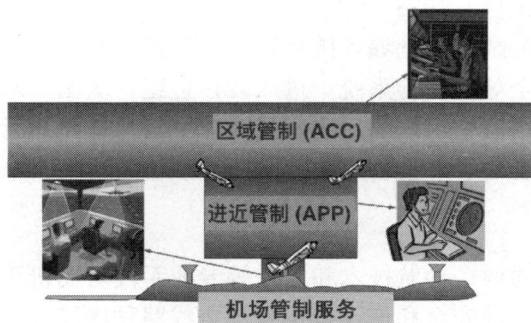

图 5-6　空中交通管制服务

机场管制服务是向在机场机动区内运行的航空器以及在机场附近飞行且接受进近和区域管制以外的航空器提供的空中交通管制服务。由机场管制塔台(TWR)实施。这个区域中主要使用目视飞行规则，管制对象大多是目视可见的飞机。

进近管制服务是按照仪表飞行规则向进场或者离场飞行阶段接受管制的航空器提供的空中交通管制服务。由进近管制室(Approach，APP)或终端管制中心(Terminal Control Center，TCC)实施。管制范围上承航路区下接机场管制区。

区域管制服务是向接受机场和进近管制服务以外的航空器提供的空中交通管制服务。由区域管制中心(Area Control Center，ACC)实施。

(三)告警服务

当航空器处于搜寻和援救状态时，向有关组织发出需要搜寻援救航空器的通知，并根据需要协助该组织或者协调该项工作的进行。

三、空域管理

(一)空域管理的基本概念

空域管理是指为了满足公共运输航空、通用航空和军事航空三类主要空域用户对不同空域使用需求，按照各国国家法律规定，以及国际民航组织相关标准要求，对空中交通进行规划、组织、协调和控制，确保航空器在飞行过程中的安全和顺畅，使空域得到安全、合理、充分、有效的利用。

(二)管理目的

空域管理目的是满足空域用户对不同空域需求，通过分类和规划，实现对空域资源的有效利用和管理。

(三)管理原则

空域管理应当坚持党中央集中统一领导，遵循集中统管、军民融合、管用分离、安全高效的基本原则。

1. 主权性原则

空域管理代表各国主权，不容侵犯，具有排他性。

2. 安全性原则

在有效的空域管理体系下，确保航空器空中飞行安全。

3. 经济性原则

在安全飞行基础上，科学地对空域实施管理，保证航空器沿最佳飞行路线、在最短时间内完成飞行活动。

(四)管理模式

空域作为国家资源，任何符合国家利益的合法用户均有权使用。公共运输航空、通用航空和军事航空在空域使用上存在着重叠和竞争。因此，应建立一套科学的空域管理体制以保证每个空域用户都能公平和有效地使用空域，避免空域资源的虚耗和浪费。

美国是以民用航空为管理主体的空域管理模式；英国是以军航、民航协调共管的空域管理模式；俄罗斯是以军航为管理主体的空域管理模式。我国空域管理实行"统一管制、分别指挥"的模式。在国务院、中央军委空中交通管制委员会的领导下，由空军负责实施全国的飞行管制，军用飞机由空军和海军航空兵实施指挥，民用飞行和外航飞行由民航实施指挥。

(五)空域管理

空域管理主要包括空域规划、空域划设和空域数据管理。

空域规划是指某一给定空域，通过对未来空中交通量需求的预测或空域使用各方的要求(空军和民航)，根据空中交通流的流向、大小与分布，对其实施战略设计和规划，并加以实施和修正的全过程。空域规划是空域管理工作的重要组成部分，为其提供了宏观指导，是其他空域管理工作开展的目标和依据。

空域划设是指对空域中涉及的飞行情报区和管制区、航路、航线、进离场航线、禁区、限制区、危险区等空域资源以及飞行高度、间隔等空域标准进行设计、调整、实施和监控的过程。空域划设是空域管理工作的具体实现，是其工作内容最多的一部分。

空域数据管理是空域规划和空域划设的基础，它包括空域结构数据和运行数据的收集、整理和使用。空域结构数据是指导航设施数据、飞行情报区和管制区数据、管制地带数据、航路和航线数据、其他空域数据等静态数据；空域运行数据是指各类空域使用方面的数据，包括空域范围内活动的种类、飞行架次、使用时间等动态数据。

(六)空域分类

依据航空器飞行规则和性能要求、空域环境、空管服务等要素，空域分为 A、B、C、D、E、G、W 等 7 类。其中 A、B、C、D、E 类为管制空域，G、W 类为非管制空域，如图 5-7～图 5-9 所示。

图 5-7 空域分类简图

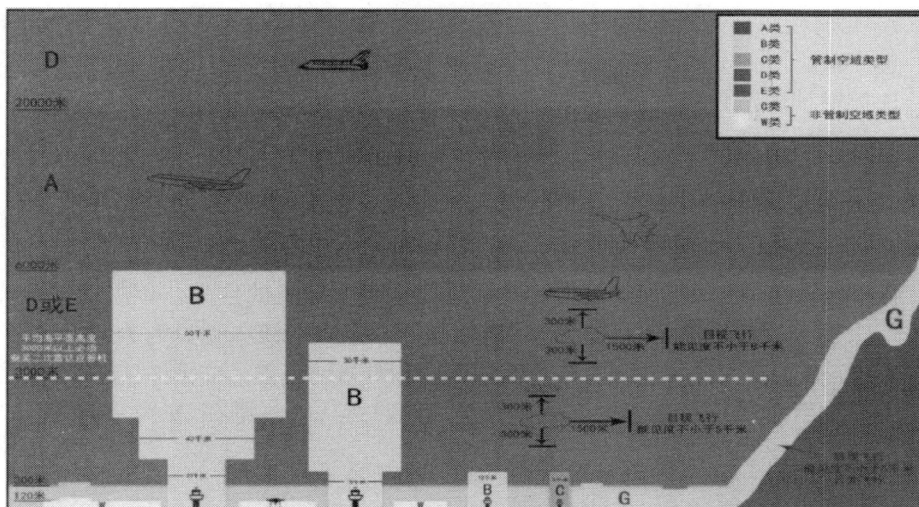

图 5-8　国家空域基础分类示意图

空域种类	飞行类别	提供的服务	速度限制	通信要求	ATC许可	监视设备
A	仪表	ATC服务，配备间隔	不适用	持续双向	是	二次雷达应答机（同等性能的监视设备）
B	仪表	ATC服务，配备间隔	不适用	持续双向	是	二次雷达应答机（同等性能的监视设备）
	目视	ATC服务，配备间隔	不适用	持续双向	是	二次雷达应答机（同等性能的监视设备）
C	仪表	ATC服务，为仪表和仪表、仪表和目视飞行之间配备间隔	不适用	持续双向	是	二次雷达应答机或可被监视的设备
	目视	ATC服务，为目视和目视飞行之间提供交通信息，根据要求提供交通避让建议	AMSL3000米以下，IAS不大于450千米/小时	持续双向	是	二次雷达应答机或可被监视的设备
D	仪表	ATC服务，为仪表和仪表飞行之间配备间隔，提供关于目视飞行的交通信息，根据要求提供交通避让建议	AMSL3000米以下，IAS不大于450千米/小时	持续双向	是	AMSL3000米以上安装二次雷达应答机（同等性能的监视设备）；低于3000米安装可被监视的设备
	目视	ATC服务，提供关于仪表和目视飞行的交通信息，根据要求提供交通避让建议	AMSL3000米以下，IAS不大于450千米/小时	持续双向	是	AMSL3000米以上安装二次雷达应答机（同等性能的监视设备）；低于3000米安装可被监视的设备
E	仪表	ATC服务，为仪表和仪表飞行之间配备间隔，尽可能提供关于目视飞行的交通信息	AMSL3000米以下，IAS不大于450千米/小时	持续双向	是	AMSL3000米以上安装二次雷达应答机（同等性能的监视设备）；低于3000米安装可被监视的设备
	目视	尽可能提供关于仪表和目视飞行的交通信息	AMSL3000米以下，IAS不大于450千米/小时	保持守听	否，进入报告	AMSL3000米以上安装二次雷达应答机（同等性能的监视设备）；低于3000米安装可被监视的设备
G	仪表	飞行信息服务	AMSL3000米以下，IAS不大于450千米/小时	持续双向	否	安装或携带可被监视的设备
	目视	飞行信息服务	AMSL3000米以下，IAS不大于450千米/小时	保持守听	否	安装或携带可被监视的设备
W		无	机型设计速度	无	否	自动发送识别信息

注：1. ATC为空中交通管制、AMSL为平均海平面高度，IAS为指示空速的英文缩写。
　　2. 当过渡高（高度）低于AMSL3000米时，应当采用飞行高度层3000米代替AMSL3000米。

图 5-9　空域基础分类方法

- A 类空域通常为标准大气压高度 6000 米(含)以上至标准大气压高度 20000 米(含)的空间。
- B 类空域通常划设在民用运输机场上空。
- C 类空域通常划设在建有塔台的民用通用机场上空。
- G 类空域通常为 B、C 类空域以外真高 300 米以下空域(W 类空域除外),以及平均海平面高度低于 6000 米、对军事飞行和民航公共运输飞行无影响的空域。
- W 类空域通常为 G 类空域内真高 120 米以下部分空域。
- D 类或者 E 类空域是除 A、B、C、G、W 类空域外的空间,可以根据运行和安全需求选择划设。其中,标准气压高度 20000 米以上统一划设为 D 类空域。

此外,A、B、C、D、E 类空域应当实现通信和监视覆盖,G 类空域应当实现监视覆盖。经空中交通管理部门特别批准,航空器可按照目视飞行规则在 A 类空域飞行,以及超过限制速度在 C、D、E、G 类空域飞行。

(七)空域划分

根据飞行任务、飞行高度、地理位置等因素可将空域划分为不同的类型。空域划设应当符合航路结构、机场布局、飞行活动性质和提供空中交通管制的需要。这对于飞行员、空管部门以及航空器制造企业等都具有重要意义。

我国遵循国际民航组织空域分类建议,将我国的空域分为飞行情报区、管制空域、特殊空域等。

1. 飞行情报区

飞行情报区是为提供飞行情报服务和告警服务而划定的空间。旨在实施空中交通业务、确保航空安全、提高空中交通管理的效率和准确性。国务院及中央军委批准,将我国和邻近我国的公海上空划为若干个飞行情报区。包括沈阳、北京、上海、广州、昆明、武汉、兰州、乌鲁木齐等 8 个飞行情报区,此外还有香港、台北、海口 3 个飞行情报区,共计 11 个。每个飞行情报区都有其特定的职责和功能,以适应不同的地理和航空需求。

2. 管制空域

管制区是一个划定的空域空间,在其中飞行的航空器要接受空中交通管制服务。根据所划空域内的航路结构和通信导航气象监视能力,我国将管制空域分为 A、B、C、D 四类,如图 5-10 和图 5-11 所示。

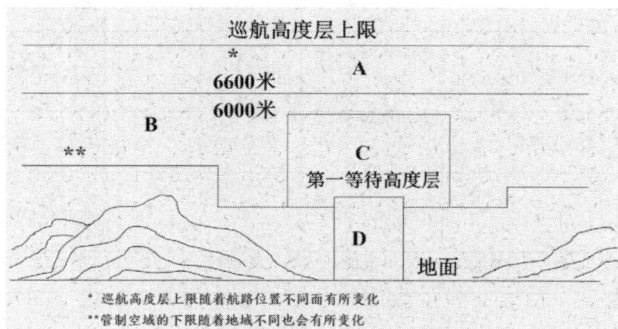

图 5-10　管制空域划分示意图

管制空域类别	下限	上限	允许飞行种类	接受ATC服务的航空器
A	6600米（含）	巡航高度层上限	IFR	所有
B	最低飞行高度层	6600米（不含）	IFR、VFR	所有
C	最低飞行高度层	6000米（含）	IFR、VFR	所有
D	地面	第一等待高度层（含）	IFR、VFR	所有

图 5-11　管制空域划分说明图

A 类空域为高空管制空域。在我国境内 6600 米(含)以上直至巡航高度层上限的空间划分为若干个高空管制空域。此区域必须按仪表飞行规则飞行，并对所有在其中飞行的航空器提供空中交通管制服务。我国民航有北京、太原、呼和浩特、海拉尔、西安、兰州、广州、长沙、南宁、贵州、海口、武汉、郑州、昆明、成都、贵阳、拉萨、上海、合肥、济南、青岛、南昌、厦门、沈阳、哈尔滨、大连、乌鲁木齐 27 个高空管制区。

B 类空域为中低空管制空域。在我国境内 6600 米(不含)以下，最低高度层以上的空间划分为若干个中低空管制空域。此区域接受仪表飞行规则飞行，若符合目视飞行规则条件，经航空器驾驶员申请并经中低空管制室批准，可按目视飞行规则飞行，并对所有在其中飞行的航空器提供空中交通管制服务。

C 类空域为进近管制空域。通常设置在一个或几个机场附近的航路汇合处划设的便于进场和离场航空器飞行的管制空域。此空域是 B 类空域与 D 类空域之间的连接部分，其垂直范围通常在 6000 米(含)以下，最低高度层以上；水平范围通常为以机场基准点为中心半径 50 千米或走廊进出口以内的除机场塔台管制范围以外的空域。此空域接受仪表飞行规则飞行和目视飞行规则飞行，但目视飞行规则飞行应由航空器驾驶员提出申请并经进近管制室批准，并对所有在其中飞行的航空器提供空中交通管制服务。此空域对应的地域范围被称为进近管制区，由进近管制室负责进近管制区的空中交通管制服务，根据飞行繁忙程度也可以与机场管制塔台合为一个单位。

D 类空域为塔台管制空域。通常包括起落航线、第一等待高度层(含)及其以下地球表面以上的空间和机场机动区。此空域接受仪表飞行规则和目视飞行规则飞行，并对所有在其中飞行的航空器提供空中交通管制服务。

3. 特殊用途空域

特殊空域是国家为了政治、军事或科学实验等需要，经国务院、中央军委批准划设的一定空域。通常民用航空器被限制甚至禁止在此空域内运行。

①　空中禁区：指在一个国家陆地或领海上空禁止航空器飞行的一个划定范围的空域。一般在国家重要的政治、经济、军事目标上空划设，以保护国家重要的设施、重要的工业集团或是关系到国家安全保卫的特别敏感的设施。未经国家有关规则特别批准，任何航空器不得飞入禁区。空中禁区分为永久性禁区和临时性禁区两种，是各种类型空域中限制、约束等级最高的，用 P 在航图上加以标注。

②　空中限制区：指在一个国家陆地或领海上空根据某些规定条件限制航空器飞行的

一个划定范围的空域。一般在航路、航线附近的军事要地、兵器试验场、航空兵部队、科学实验活动区域等上空划设。在规定时限内，未经飞行管制部门许可的航空器，不得飞入空中限制区；在规定时限以外，符合条件的航空器可以飞越空中限制区。空中限制区用 R 在航图上加以标注。

③ 空中危险区：指一个划定范围的空域，在规定的时间内，此空域中可能存在对飞行有危险的活动。在规定时限内，禁止无关航空器飞入空中危险区；在规定时限以外，符合条件的航空器可以飞越空中危险区。空中危险区用 D 在航图上加以标注。

四、空中交通流量管理

随着全球航空业的快速发展，空域和机场面临越来越严重的交通拥挤问题。空中交通流量管理(Air Traffic Flow Management，ATFM)的重要性日益凸显。通过对空中交通流量的有效管理，可以减少航班延误、避免空中拥堵，提高航空运输的效率和可靠性。

(一)基本概念

国际民用航空组织将空中交通流量管理定义为：为有助于空中交通安全、有序和快捷地流通，以确保最大限度地利用空中交通管制服务的容量并符合有关空中交通服务当局公布的标准和容量而设置的服务。它的目的主要是为空中交通安全、有序和便捷地流通提供服务，确保最大限度地利用 ATC 容量，为飞机运营者提供及时、精确的信息以规划和实施一种经济的空中运输。

(二)管理技术

1. 基于时间的流量管理技术

① 时间窗口法：通过设定时间窗口，限制航班在特定时间段内进入空域，以控制流量。

② 动态扇区管理：根据实时交通情况，动态调整空域扇区的开放和关闭，实现流量控制。

③ 协同等待策略：通过协调不同航空公司、机场和空中交通管理机构，制定等待策略，以优化航班时刻安排。

2. 基于空间的流量管理技术

① 空域划分与流量分配：根据空域的地理、气象和交通情况，合理划分空域，并分配各区域的流量配额。

② 航路优化：通过优化航路设计，减少航班在空域中的冲突和延误，提高运行效率。

③ 区域管制与协调：加强区域管制中心之间的协调与合作，确保不同空域之间的顺畅衔接和过渡。

3. 基于航迹的流量管理技术

① 航迹规划与优化：根据航班计划、气象条件和交通情况，规划最优航迹，以减少延误和提高安全性。

② 动态航迹调整：实时监测航班运行状态，根据交通情况动态调整航迹，以适应变化。

③ 多目标优化：综合考虑安全、效率、经济等方面因素，进行航迹优化，实现多目标优化。

(三)管理系统

1. 系统组成

① 地面设备：包括雷达、通信设备、数据处理系统等，用于监测和控制空中交通流量。

② 空中设备：包括机载雷达、通信设备等，用于与地面设备进行信息交互和协同工作。

③ 通信网络：连接地面设备和空中设备的通信网络，确保信息传输的准确性和实时性。

2. 系统功能

① 交通流量监测：通过雷达、传感器等设备监测空中交通流量，获取飞行器的位置、速度、高度等信息。

② 交通流量控制：根据交通流量监测结果，制定合理的交通流量控制策略，确保飞行器之间的安全间隔和有序飞行。

③ 交通流量优化：通过对交通流量的分析和预测，优化飞行器的航路和飞行计划，提高空中交通的效率和安全性。

④ 紧急情况处理：在紧急情况下，如天气恶劣、设备故障等，采取相应的措施，确保飞行安全和地面设备的安全运行。

(四)发展趋势

随着航空技术的不断进步，空中交通流量管理技术也在不断发展。现代空中交通流量管理技术综合运用了计算机技术、通信技术、控制技术等多种先进技术，实现了对空中交通流量的实时监控和动态管理。

1. 数字化和智能化

未来的空中交通流量管理将更加依赖于大数据、人工智能和机器学习技术。通过这些技术，可以实现更精准的预测、更高效的调度，以及更自动化的决策。

2. 协同决策

随着多智能体系统的发展，不同部门和机构之间的协同决策将成为可能。这将大大提高空中交通流量管理的效率和准确性。

3. 自主控制

随着无人机和航空航天技术的不断发展，自主控制在空中交通流量管理中的应用也将越来越广泛。

4. 实时监测和优化

利用先进的传感器和数据分析技术，可以实现空中交通流量的实时监测和优化，从而更好地满足飞行安全和效率的需求。

▌第三节▌　民用航空机场

《中华人民共和国民用航空法》第五十三条称：本法所称民用机场，是指专供民用航空器起飞、降落、滑行、停放及进行其他活动使用的划定区域，包括附属的建筑物、装置和设施。

一、机场的作用

机场是国家实力的象征，机场发达则国家经济必定发达；国家经济促进机场发展，发达的机场又反馈经济服务。

(一)国防安全重要组成部分

在战争或特殊情况下，国家可以征用民航机场或飞机为国家军事等目的服务；在和平时期，机场是国际交往、国家安全等方面的重要部门。

(二)积极响应应急救援

在自然灾害、紧急医疗救援等突发情况下，机场可以迅速调集救援物资和人员，成为应急救援的重要基地。其快速响应能力和全球连通性对于减轻灾害损失、保障人民生命财产安全具有重要意义。

(三)国家综合交通运输枢纽

交通运输对任何地区的经济发展都起着重要的作用。机场作为国家海陆空立体交通运输系统中的重要结合点，也是航空运输运营基地，为乘客和货物提供快速、便捷的远程交通服务。乘客可以通过航班迅速到达国内外目的地，实现远距离的快速移动；就货物运输而言，支持着高价值、时效敏感的货物的快速流通，如电子产品、生鲜产品等。

(四)推动区域社会进步

1. 提升城市形象与知名度

现代化、高效率的机场往往成为城市的名片，展示着城市的综合实力和国际形象。它不仅为本地居民提供了高质量的出行服务，也吸引了大量国内外游客前来观光旅游，从而提升了城市的知名度和影响力。

2. 创造当地就业机会

机场运营带来的客货运服务、航空配餐、油料消耗、各种供应等能够创造大量的就业机会，包括安检、地勤、客服等多个岗位，这些岗位能够为当地居民提供稳定的收入来源。同时，外来游客还可以增加当地食宿、文化、娱乐、购物等方面的收益。

3. 增强当地投资吸引能力

机场的运营能够吸引更多的投资，大量资本投向这些地区建厂或设立公司，促进当地工业生产率和 GDP 水平的提升，改变一个城市闭塞的状态和面貌。机场可以使区域间的人员和物资往来更加便利、信息交流更加频繁快捷。这也是吸引企业投资的有利条件。

4. 提升当地基础设施建设水平

机场的建设和维护需要大量的投资，这些投资不仅提升了城市的基础设施水平，还为当地的经济发展提供了动力。例如，成都天府国际机场的建设就极大地促进了当地经济的发展。

5. 推动区域相关产业发展

机场的建设和运营能够带动相关产业的发展，如旅游业、酒店业、餐饮业、汽车租赁业和文化消费等，这些产业的发展进一步推动当地产业的升级和转型。更重要的是，机场也会促进邻近地区的房地产升值，并形成新的经济增长点和发展区。

6. 促进区域经济一体化

机场作为连接国内外的重要通道，能够加强区域间的经济联系，促进资源和要素的自由流动。随着机场群的建设和发展，区域内的经济合作和交流将更加密切，有助于形成更加紧密的经济圈，推动区域经济的整体发展。

(五)促进国际贸易与合作

机场作为国际交往的门户，加速了全球化进程。商务人士、学者、游客等通过机场频繁往来，促进了不同国家和地区之间的商务合作、文化交流和技术传播。同时，机场也是国际贸易的重要通道，支持着跨国企业的供应链运作，促进了全球经济一体化。

二、机场的分类

依据机场的功能与用途，机场可分为军用机场、民用机场和军民合用机场。民用机场按其功能与用途又可分为公共航空运输机场和通用航空机场两类，如图 5-12 所示。

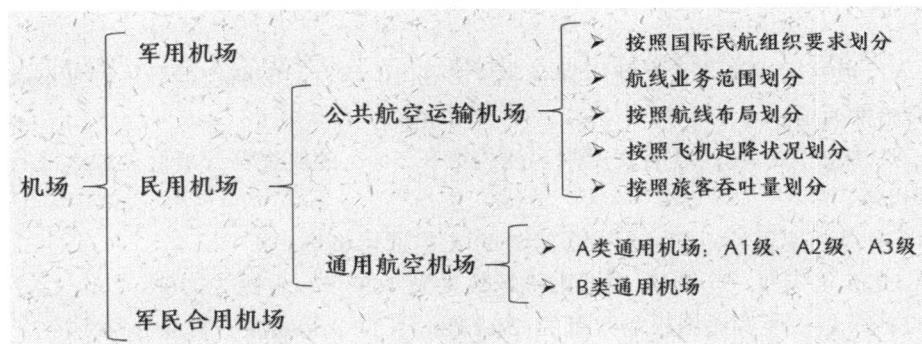

图 5-12　机场分类示意图

① 军用机场。军用机场是供军用飞机起飞、着陆、停放和组织、保障飞行活动的场所，也是航空兵进行作战训练等各项任务的基地。

② 军民合用机场。军民合用机场是既可军用，又可民用的机场，根据国务院、中央军委《关于军民合用机场使用管理的若干暂行规定》，机场的使用管理，原则上由机场产权单位负责，可根据双方需要和实际情况，划分区域，分区管理。场区建设，由产权单位统一规划，军民航专用设施应尽量分开修建，自成体系，自行管理。

③ 民用机场。民用机场是指专供民用航空器起飞、降落、滑行、停放以及进行其他活动使用的划定区域，包括附属的建筑物、装置和设施。民用机场不包括临时机场和专用机场。根据中国民航局官方网站公布数据，截至 2024 年 5 月 31 日，我国共有民航运输机场 260 个。

(一)通用航空机场

通用航空机场是指专门承担除个人飞行、旅客运输和货物运输以外的其他飞行任务，比如公务出差、空中旅游、空中表演、空中航拍、空中测绘、农林喷洒等特殊飞行任务的机场。

在低空经济产业链中，通用机场是承载低空航空飞行器的重要基础设施，其数量及运行情况，是反映通航行业发展情况的风向标之一。根据民航局下设通用机场信息平台的数据，截至 2024 年 3 月 26 日，全国在册(含已取证和备案)通用机场共 452 个，与 10 年前相比增长近 10 倍，数量已大大超过公共航空运输机场。

1. 通用航空机场分类

2017 年 4 月，中国民航局发布《通用机场分类管理办法》，将通用航空机场根据其是否对公众开放分为 A、B 两类。

(1) A 类通用机场，即对公众开放的通用机场，允许公众进入获取飞行服务或自行开展飞行活动的通用机场。

(2) B 类通用机场，即不对公众开放的通用机场，指除 A 类通用机场以外的通用机场。

其中，A 类通用机场根据航空器的座位数目和承载乘客的容量大小可进一步细分为三级。

① A1 级通用机场：含有使用乘客座位数在 10 座以上的航空器开展商业载客飞行活动的 A 类通用机场。

② A2 级通用机场：含有使用乘客座位数在 5～9 的航空器开展商业载客飞行活动的 A 类通用机场。

③ A3 级通用机场：除 A1、A2 级外的 A 类通用机场。

截至 2023 年年底，全国 A 类通用机场数量为 163 个，占比 36.30%，其中 A1 级通用机场为 111 个，占所有通用机场数量的 24.72%；A2、A3 级通用机场分别为 37 个和 15 个，占比为 8.24%和 3.34%；B 类通用机场数量为 286 个，占比 63.70%，如图 5-13 所示。

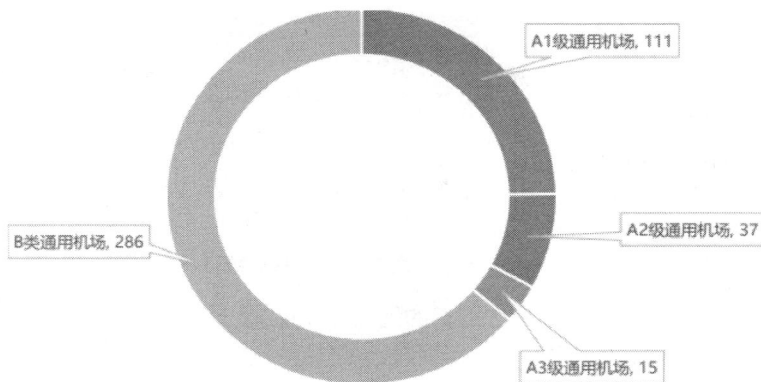

图 5-13　各类通用航空机场数量统计

A、B 两类机场最大的差距主要是在商业属性上，载客类的航线只能够在 A 类通用机场上运行。A 类机场涉及公共运输，需要遵循民用机场飞行区技术标准，因而对安全的要求远高于 B 类机场。

2. **通用航空机场布局**

从区域分布来看，通用航空机场主要集中于胡焕庸线以东的地区，东部密集，西部较为稀疏，与人口地理分布相契合。按照中国民航的七大分区，截至 2023 年 12 月 31 日，东北地区与华东地区通航机场数量最多，达 108 个，占比均为 24%，两者之和占全国近半数量，如图 5-14 所示。

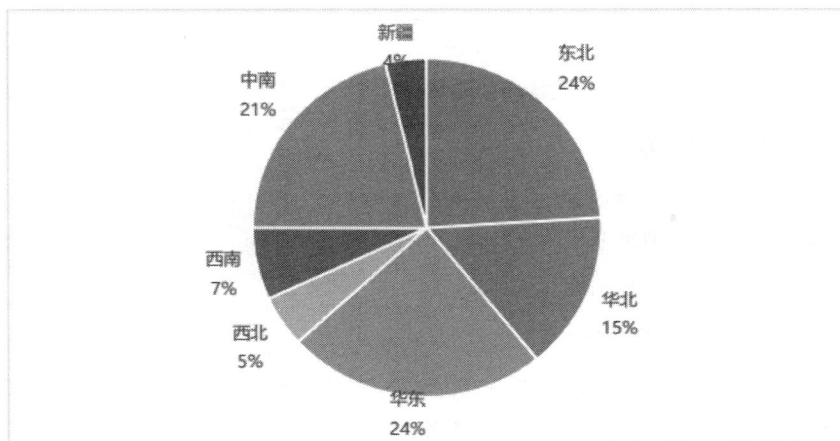

图 5-14　2023 年各地区通用航空机场数量占比

在七个分区中，西南是唯一一个 A 类通用机场数量超过 B 类的地区。其余地区都是 B 类通用机场占多数，如图 5-15 所示。其中，新疆、东北的 B 类通用机场占比超过八成；华东、中南的 B 类通用机场占比超过六成。相较之下，华北、西北在 A、B 两类通用机场的建设布局方面更为均衡。

区域	通用机场A类	通用机场B类	地区总量	A类占比	B类占比
华北	31	37	68	46%	54%
东北	20	88	108	19%	81%
华东	42	66	108	39%	61%
中南	36	61	97	37%	63%
西南	19	12	31	61%	39%
西北	11	12	23	48%	52%
新疆	2	15	17	12%	88%
图据通用机场信息平台，数据截至2024年3月26日					

图 5-15　A、B 类通用机场数据统计

从各省市通航机场数量看，黑龙江省的通用机场数量最多，达 89 个，其次为广东省和江苏省，数量分别为 54 个和 31 个。黑龙江、广东、江苏、内蒙古和浙江通用机场数量之和约占全国通用机场总数的一半。而青海、西藏目前通用机场数量仍为 0，如图 5-16 所示。

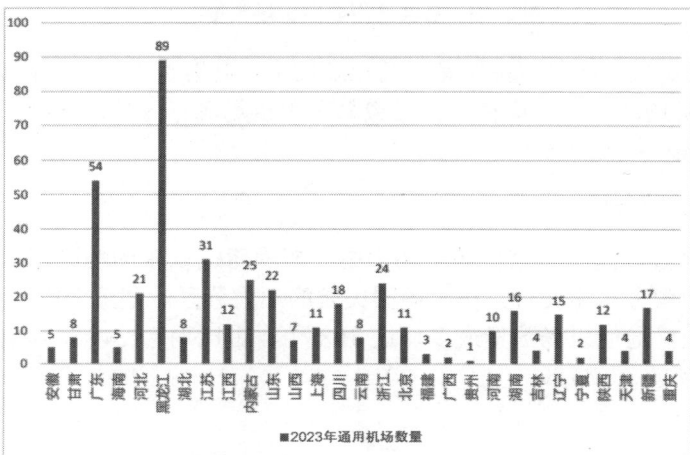

图 5-16　2023 年全国在册通用机场省(区、市)分布情况统计图

(二)公共航空运输机场

公共航空运输机场是指可以供运输旅客或者货物的民用航空器起飞、降落、滑行、停放，以及进行其他活动使用的划定区域，包括附属的建筑物、装置和设施，主要供公共航空运输活动使用，也可以供通用航空活动使用。

1. 按照国际民航组要求划分

● 一类机场：通常是国内或国际重要枢纽机场，飞机起降量和旅客吞吐量较大，且具备完善的空中交通管制系统和设备，并能满足复杂的空中交通管制需求。

● 二类机场：飞机起降量和旅客吞吐量较一类机场低，但也具备一定规模和功能。通常服务于次要城市或地区，其设施和服务水平相对较弱。

● 三类机场：是最基本的机场等级，多为小型机场，服务范围和旅客吞吐量较小。机场设施和服务相对简单，但仍需满足民航安全管理的要求。

2. 按照航线业务范围划分

公共航空运输机场按照航线业务范围分为国际机场和国内机场。

- 国际机场：指经一个国家或地区政府批准，供国际航线定期航班使用，有出入境和过境设施，并设有固定的联检机构(包括边防检查、海关检查、卫生检疫、动植物检疫和安全检查等)的机场。国际机场也同时供国内航线定期航班飞行使用。
- 国内机场：指仅供国内航线定期航班飞行使用的机场。

3. 按照航线布局划分

- 特大型机场：年旅客吞吐量≥8000万人次。
- 大型机场：年旅客吞吐量2000(不含)万～8000(不含)万人次。
- 中型机场：年旅客吞吐量200万～2000万人次。
- 小型机场：年旅客吞吐量<200万人次。

4. 按照航线布局划分

公共航空运输机场按照航线业务范围分为枢纽机场、干线机场和支线机场。

- 枢纽机场：指国际、国内航线密集的机场。旅客在此可以很方便地中转到其他机场。根据功能定位和规模不同，枢纽机场分为国际枢纽机场和区域枢纽机场。
- 干线机场：指在整个航空运输网络中承担干线航班运营功能的机场。它能够全方位建立跨省、跨地区的国内航线网络，连接各地重要交通枢纽，承担着航空运输中的中转、起降和停靠任务，且运输业务量较为集中。
- 支线机场：是指规模较小、年旅客吞吐量较低的机场，通常被用于连接大城市与偏远地区之间的航线。

5. 按照飞机起降状况划分

- 始发/目的地机场：是指运行航线的始发机场和目的地机场。如北京至广州航线上的北京首都国际机场(始发机场)和广州白云国际机场(目的地机场)。
- 经停机场：指某航线航班中间经停的机场，如北京经停昆明至丽江的航班，昆明长水国际机场为经停机场，在这里航班降落，供在昆明的旅客登机前往丽江。
- 中转机场：指旅客乘坐飞机抵达此机场时需要换乘另一航班前往目的地机场。比如从杭州飞往拉萨，需在北京中转，北京首都国际机场为中转机场。
- 备降机场：指为保证飞行安全，在飞行计划中事先规定的，当预定着陆机场由于某种原因无法着陆时，将前往着陆的机场称为备降机场。起飞机场也可作为备降机场。例如，天津滨海国际机场、太原武宿国际机场、大连周水子国际机场和石家庄正定国际机场等都是北京首都国际机场的备降机场，一旦北京首都国际机场因天气或其他原因关闭时，在航线上的飞机可选择上述备降机场之一降落。

三、机场的等级

为了合理地配置机场的工作人员和相应的设施设备，确保飞机安全、有序、正点起降，机场需要划分相应的等级。确定机场等级时，通常按照相关要求从以下几个方面进行划分。

(一)飞行区等级

飞行区是指供飞机起飞、着陆、滑行和停放使用的场地，包括跑道、升降带、跑道端安全区、滑行道、机坪，以及机场周边对障碍物有限制要求的区域。

飞行区等级或称飞行区指标，由第一要素(等级指标Ⅰ)和第二要素(等级指标Ⅱ)的基准代号进行划定，用于确定跑道长度、宽度和所需道面强度，从而较好地划定该机场可以起降飞机的机型和种类。飞行区基准代号详情如图 5-17 所示。

第一要素		第二要素		
代码	航空器基准飞行场地长度 La/m	代字	翼展 L/m	主起落架外轮外侧间距 h/m
1	La<800	A	L<15	h<4.5
2	800 ≤ La<1200	B	15 ≤ L<24	4.5 ≤ h<6
3	1200 ≤ La<1800	C	24 ≤ L<36	6 ≤ h<9
4	La ≥ 1800	D	36 ≤ L<52	9 ≤ h<14
		E	52 ≤ L<65	9 ≤ h<14
		F	65 ≤ L<80	14 ≤ h<16

图 5-17 飞行区基准代号

- 等级指标Ⅰ根据机场飞行区所使用的最大飞机的基准飞行场地长度，被划分为 1、2、3、4 四个等级。
- 等级指标Ⅱ基于最大飞机的翼展及主起落架外轮外侧间的距离，依次分为 A、B、C、D、E、F 六个等级。

具体来说，4F 级机场指的是在标准条件下，跑道长度至少为 3600 米，能够容纳翼展在 65~80 米、主起落架外轮外侧间距在 14~16 米的飞机。4E、4D、4C 及 3C 级机场的规格则依次降低，主要体现在跑道长度、飞机翼展及起落架间距的缩减上。机场的分级不仅关乎跑道长度，更涉及可停靠飞机的大小，这是评级时的重要考量因素。

- 4F 等级飞行区主要起降空中客车 A380 等四发远程宽体超大客机。
- 4E 等级飞行区主要起降 B747 全重、A340 等四发远程宽体客机、大型双发客机 B787、B777、A330。
- 4D 等级飞行区主要起降 B767、B747 减重、A300 等双发中程宽体客机。
- 4C 等级飞行区主要起降 A320、B737 等双发中程窄体客机。
- 3C 等级飞行区主要起降 B733、ERJ、ARJ、CRJ 等中短程支线客机。

目前，我国有 18 个正在运营的 4F 等级的机场，如图 5-18 所示，还有在建的三个 4F 机场，分别是厦门翔安国际机场、呼和浩特盛乐国际机场和大连金州湾国际机场，以及一个改扩建机场——济南遥墙国际机场。

①	上海浦东机场	⑦	深圳宝安机场	⑬	郑州新郑机场
②	南京禄口机场	⑧	台湾桃园机场	⑭	成都天府机场
③	杭州萧山机场	⑨	广州白云机场	⑮	成都双流机场
④	青岛胶东机场	⑩	香港赤腊角机场	⑯	重庆江北机场
⑤	北京大兴机场	⑪	海口美兰机场	⑰	西安咸阳机场
⑥	北京首都机场	⑫	武汉天河机场	⑱	昆明长水机场

图 5-18 我国 4F 等级机场

(二)跑道导航设施等级

跑道导航设施等级指的是按照机场所配置的导航设施能够提供飞机以何种进近程序飞行而规划的机场等级。

(1) 非仪表跑道：指的是供航空器用目视程序飞行的跑道，代字为 V。

(2) 仪表跑道：指的是供航空器用仪表进近程序飞行的跑道。仪表跑道主要分为非精密进近跑道(代字为 NP)、Ⅰ类精密进近跑道(代字为 CAT Ⅰ)、Ⅱ类精密进近跑道(代字为 CAT Ⅱ)、Ⅲ类精密进近跑道(代字为 CAT Ⅲ)。Ⅲ类精密进近跑道又可进一步分为Ⅲ类A(代字为 CAT Ⅲ IA)、Ⅲ类 B(代字为 CAT Ⅲ IB)和Ⅲ类 C(代字为 CAT Ⅲ IC)。

(三)航站业务量规格等级

航站业务量规格等级通常按照航站的年旅客吞吐量或货物(及邮件)运输吞吐量划定。航站业务量规格等级划分标准如图 5-19 所示。若年旅客吞吐量与年货邮吞吐量不属于同一等级时，可按较高规格定级划定。

航站业务量规格等级	年旅客吞吐量CP/ 万人	年货邮吞吐量CC/ 千吨
小型	CP<10	CC<2
中小型	10 ≤ CP<50	2 ≤ CC<12.5
中型	50 ≤ CP<300	12.5 ≤ CC<100
大型	300 ≤ CP<1000	100 ≤ CC<500
特大型	CP ≥ 1000	CC ≥ 500

图 5-19　航站业务量规格等级划分标准

(四)运输机场规划等级

通常根据机场的发展趋势和当前的具体情况确定机场规划等级，如图 5-20 所示。

机场规划等级	飞行区等级	跑道导航设备等级	年货邮吞吐量 CC/ 千吨
四级	3B、2C 及以下	V、NP	小型
三级	3C、3D	NP、CAT I	中小型
二级	4D	CAT I	中型
一级	4D、4E	CAT I、CAT II	大型
特级	4E 及以上	CAT II	特大型

图 5-20　民航运输机场规划等级

四、机场的功能分区

通常，机场以安全检查和隔离管制为界限，分为空侧和陆侧两个部分，如图 5-21 所示。

空侧部分包括供飞机起降的终端区进近空域(机场净空区和等待空域)、飞行区域、货运区域、机务维修区域、行李分拣区域、出发和到达区域，以及必要的服务区域，进入该区域是受管制的。陆侧部分是为航空运输提供客运、货运及邮运服务的区域，非旅行公众也能自由进出该部分区域的场所和建筑物，主要包括航站区和进出机场地面交通系统等。如图 5-22 所示。

图 5-21　机场空侧与陆侧

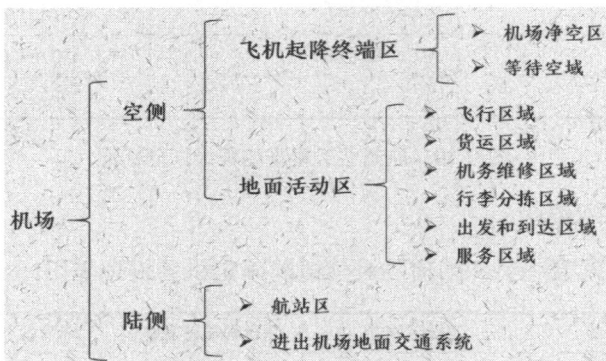

图 5-22　机场陆侧部分

(一)机场净空区

机场净空区是为保证飞机起飞、着陆和复飞的安全,在机场周围划定的限制地貌、地物高度的空间区域。机场净空区由升降带、端净空区和侧净空区三个部分组成,其范围和规格根据机场等级确定。

升降带是为了保证飞机起飞、着陆、滑跑的安全,以跑道为中心在其周围划定的一个区域;端净空区为保证飞机起飞爬升和着陆下滑安全限制物体高度的空间区域;侧净空区是从升降带和端净空区限制面边线开始,至机场净空区边线所构成的限制物体高度的区域,由过渡面、内水平面、锥形面和外水平面组成,如图 5-23 所示。

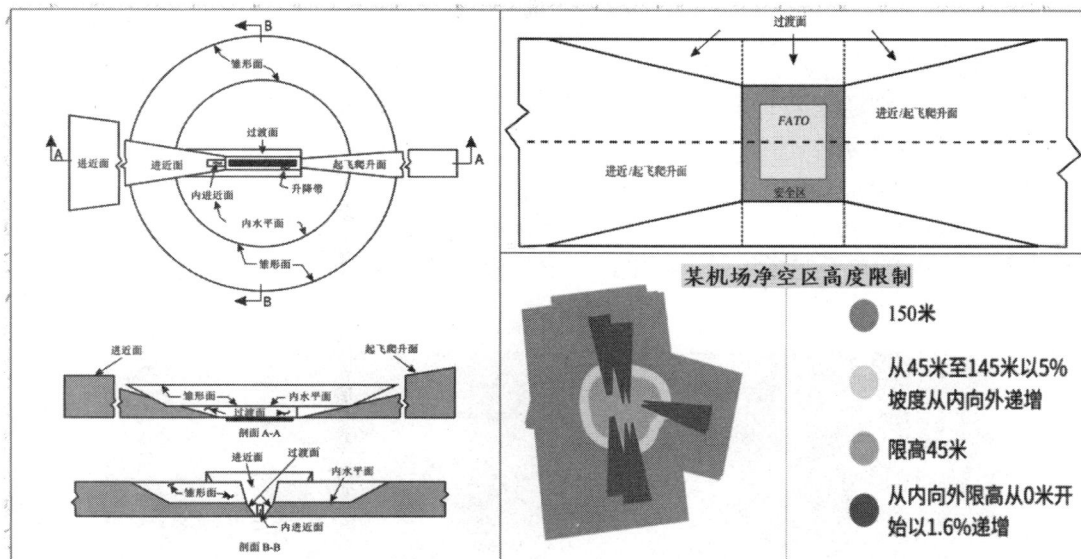

图 5-23 机场净空区限制面示意图

(二)等待空域

飞机为等待进一步飞行许可或指令而保持在一个规定空域内,用来缓解由于各种原因飞机不能着陆的交通压力,这个空域称为等待空域。等待空域通常划设在导航台上空,飞行活动频繁的机场,也可以划设在机场附近上空。等待空域的最低高度层,距离地面最高障碍物的真实高度不得小于 600 米。

(三)飞行区域

飞行区域指的是供飞机起飞、着陆、滑行和停放使用的场地,包括跑道、升降带、跑道端安全区、滑行道、机坪,以及机场周边对障碍物有限制要求的区域。

1. 跑道

跑道是用来供飞机起飞、降落、滑跑使用的一块长方形区域,是机场的重要组成部分,如图 5-24 所示。

图 5-24　机场跑道

(1)　跑道构型。

按照跑道构型通常可以分为平行跑道、交叉跑道、V 形跑道、混合跑道四种，如图 5-25～图 5-28 所示。

(2)　跑道上的标志。

跑道上有用白漆画出来的各种标志，这些标志向飞行员提供必要的指示和信息。各种等级的跑道上的标志不完全相同，其中最主要的标志是跑道端线、跑道编号和跑道中线。如图 5-29 所示。

北京首都机场三条平行跑道　　　　　　美国亚特兰大机场五条平行跑道

图 5-25　平行跑道

美国旧金山机场四条交叉跑道

图 5-26　交叉跑道

图 5-27 Ｖ 形跑道

美国丹佛机场六条混合跑道

图 5-28 混合跑道

图 5-29 跑道上的标志

① 跑道端线：跑道的起始部分叫跑道端，也叫跑道出口，用跑道端线标出。跑道的两端都有跑道端线，这是与跑道垂直的一组平行实线，长度为 30 米。

② 跑道中线：一条用断续线标志出来的贯穿整条跑道的中心线。驾驶员在飞机起飞

和降落时，时刻要将机头对准这条线。

③ 跑道编号：即在跑道端线前方可以看到的 9 米长 3 米宽的白漆数字。跑道编号代表了这条跑道的航向，例如图 5-31 中的编号是 27，表示它的航向是 270 度，意味着飞机从这里起飞的初始航向是 270 度。航向的范围是 0 到 360 度，90 度是正东、180 度是正南、270 度是正西。

(3) 跑道灯光系统。

机场跑道安装有大量灯具，可以为飞机提供助航服务。跑道灯光系统由入口灯、边线灯、中线灯、末端灯、接地地带灯等组成，如图 5-30 和图 5-31 所示。

图 5-30　跑道上的灯光系统

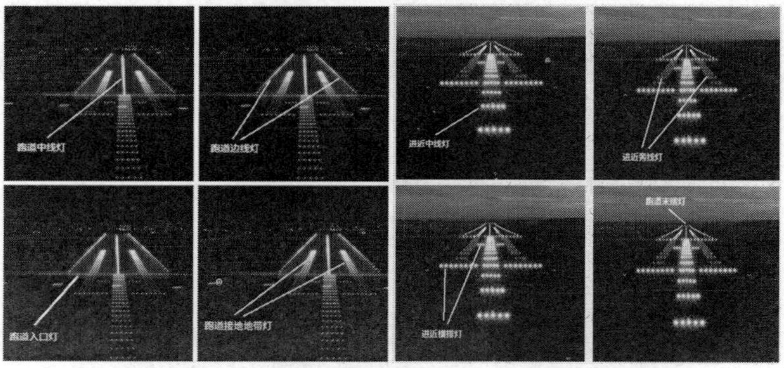

图 5-31　跑道上的不同灯光

灯光颜色包括白、绿、红、蓝、黄，每种颜色都有特定意义。

- 白灯：表示正常或标准的灯光。
- 绿灯：表示一切正常，允许通过。
- 红灯：表示有危险或禁止通过。
- 蓝灯：表示夜航灯光或低能见度条件下的灯光。
- 黄灯：表示注意或警告的灯光。

2. 滑行道

滑行道是从跑道到航站区或维修区的通道，使刚着陆飞机迅速离开跑道，不与滑行起飞的飞机相干扰，并尽量避免随后到来的飞机着陆延误。机场滑行道示意图如图 5-32 所示。

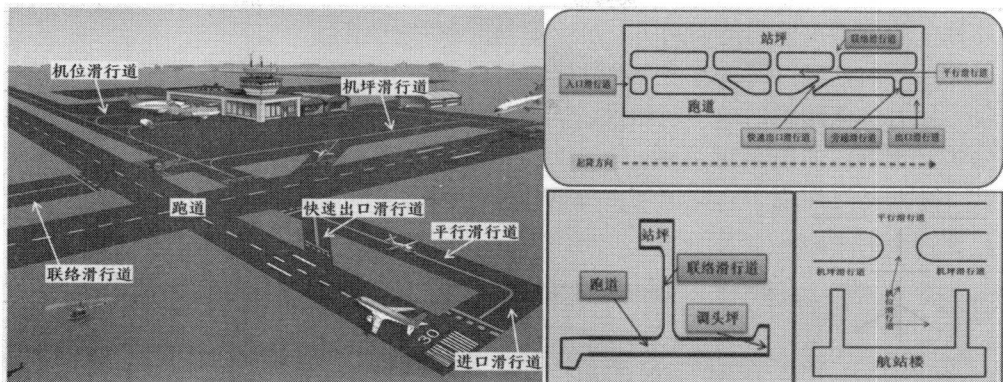

图 5-32　机场滑行道示意图

滑行道系统包括平行滑行道、入(进)口滑行道、快速出口滑行道、机位滑行通道、机坪滑行道、联络滑行道、旁通滑行道、绕行滑行道、滑行道桥、滑行道道肩及滑行带等。

3. 机坪

机坪是民用航空机场的核心区域，供飞机停放、上下旅客、装卸货物以及对飞机进行各种地面服务(维修、配餐、清洁、加水、供电等)。机坪分为客机坪、货机坪、维修机坪、等待坪和掉头坪。机坪上设有供飞机停放的位置，简称机位。机场机坪平面如图 5-33 所示。

图 5-33　机场机坪平面

(四)航站区

航站区是机场内以旅客航站楼为中心，包括站坪、货运航站、航站交通及停车场等区域的空间。在货运量较大的机场设有专用的货运楼或货运站。航站区是机场空侧与陆侧的交接面，也是地面与空中两种不同交通运输方式进行转换的场所。

1. 航站区类型

航站区的类型可以归纳为两类：单一航站区和多航站区。

(1) 单一航站区，即仅有一个航站区，可以分为两种形式。

① 仅有一条跑道的单一航站区，大多数中小型机场的航站区都属于此类，如鄂尔多斯伊金霍洛机场，如图 5-34 所示。

② 在两条远距离平行跑道间形成的单一中央航站区，如武汉天河机场、南京禄口机场等。如图 5-35 所示。

图 5-34　单一航站区

图 5-35　单一中央航站区

(2) 多航站区，即航站区数量多于一个，也可以分为两种形式。

① 在一条跑道或一组近距离跑道两侧分别形成航站区，如上海虹桥机场、重庆江北机场等，如图 5-36 所示。

② 在多条宽距平行跑道间形成主辅航站区，如北京首都机场、广州白云机场等，如图 5-37 所示。

图 5-36　多航站区(1)

图 5-37　多航站区(2)

2. 航站楼构型

经常航空出行的旅客会发现，机场的航站楼外观独具特色、各不相同。这是因为航站楼建筑设计多会融入地域性文化风俗元素，体现当地风土人情。此外，不同机场的航站楼构型也有所不同。早期的航站楼在空间上直接与机坪连通，旅客可步行到达机坪。20 世纪 50 年代以后，随着航空出行的旅客不断增多，航站楼的样貌也随着行业的发展不断改变，逐渐衍生出多种多样的构型。

目前，主要有四种基本的航站楼构型，分别为前列式、指廊式、卫星厅式和混合式航站楼。

① 前列式航站楼是最经典的机场航站楼构型，一般采用狭长形的形态。这种航站楼布局多见于建筑面积 10 万平方米及以下的中小型航站楼，如图 5-38 所示。

呼和浩特白塔国际机场国内航站楼　　宁波栎社国际机场1号、2号航站楼

图 5-38　前列式航站楼

② 指廊式航站楼由一座主楼和一条或多条伸向停机坪的指形廊道组成。根据停机位扩展数量不同，指廊式航站楼可分为双指廊式、三指廊式、多指廊式、Y 形指廊式、T 形指廊式、X 形指廊式航站楼等，如图 5-39 和图 5-40 所示。

③ 卫星厅式航站楼一般采用在航站楼远端建设旅客候机厅和多组集中停机位的方法。如图 5-41 所示。

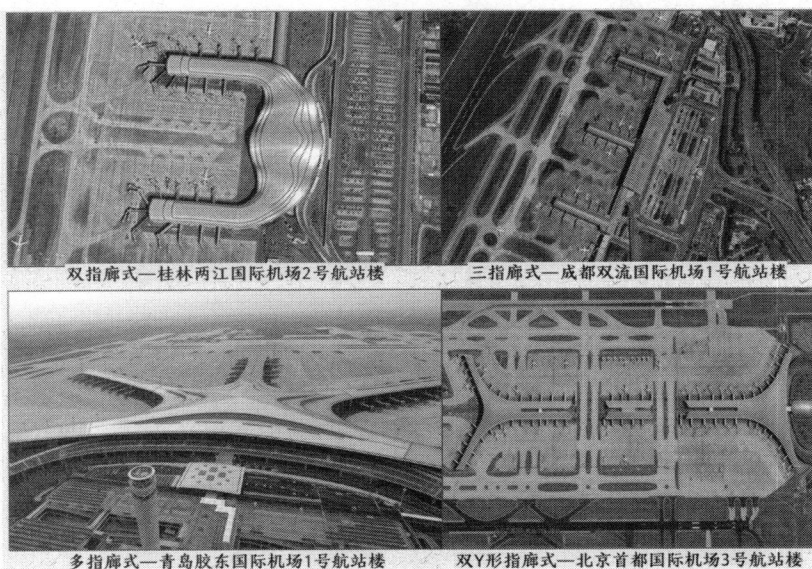

双指廊式—桂林两江国际机场2号航站楼　　三指廊式—成都双流国际机场1号航站楼

多指廊式—青岛胶东国际机场1号航站楼　　双Y形指廊式—北京首都国际机场3号航站楼

图 5-39　指廊式航站楼(1)

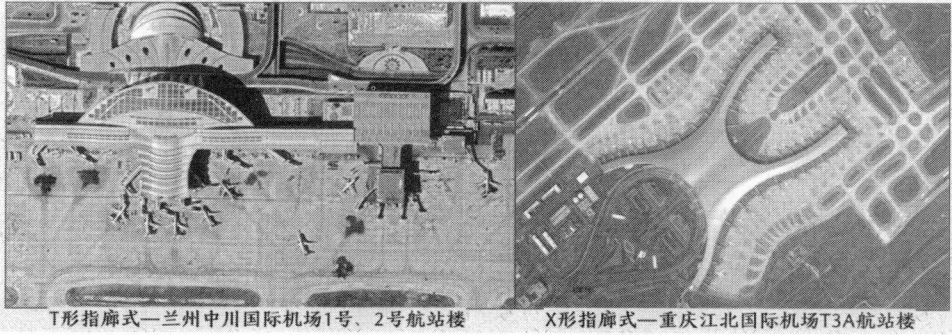

T形指廊式—兰州中川国际机场1号、2号航站楼　　X形指廊式—重庆江北国际机场T3A航站楼

图 5-40　指廊式航站楼(2)

北京首都国际机场1号航站楼　　巴黎戴高乐机场T1航站楼的7个卫星厅

图 5-41　卫星厅式航站楼

④　混合式航站楼多见于改扩建的航站楼，一部分新建的航站楼出于方便旅客活动和尽可能多布局廊桥机位的需要，也会采用混合式构型的设计，如图 5-42 所示。

T形+Y形指廊式—昆明长水国际机场1号航站楼　　双指廊式+前列式—上海虹桥国际机场2号航站楼

前列式+双指廊式—杭州萧山国际机场B航站楼　　前列式改扩建增加斜指廊—海口美兰国际机场1号航站楼

图 5-42　混合式航站楼

3. 航站楼内部布局

航站楼通常分为旅客服务区和管理服务区两个部分。

- 旅客服务区：包括旅客值机、行李托运及提取、行李寄存、医疗急救站、商业服务、安全检查、边防检查、海关检查、候机和到达区域等。
- 管理服务区：包括机场行政后勤管理部门、政府机构办公区、航空公司运营区等。

(五)进出机场地面交通系统

进出机场地面交通系统包括机场进出通道、机场停车场和机场内部道路三个部分。

- 机场进出通道：是指连接市区和机场的道路系统。为了便于旅客进出机场，很多城市都建有通往机场的高速公路或城市铁路。
- 机场停车场：主要是为往来机场的车辆提供足够的停放空间。包括旅客自驾车辆、出租车辆、通勤车辆、机场职工车辆、应急车辆等。机场一般会根据车辆使用的缓急程度把停车场划分为不同车辆停放区域。
- 机场内部道路：主要指航站楼前的机场道路。这里各种车辆和工作人员混行，而且要装卸行李，特别是在机场航班高峰时期，容易出现混乱和事故。机场内部道路的另一个部分是安排货运的通路，使货物能够通畅地进出货运中心。

五、机场的运行与服务

(一)航班运行管理

- 航班计划管理：制订航班计划、确保航班按时起降、提高机场运行效率。
- 空中交通管理：负责空中交通管制，保障航班安全、有序运行。
- 地面服务管理：提供机场地面服务，包括飞机引导、行李托运等。

(二)旅客服务管理

- 票务服务：提供机票预订、改签、退票等服务，确保旅客顺利出行。
- 候机服务：提供候机室、安检通道、登机口等服务，确保旅客舒适、便捷出行。
- 行李托运服务：提供行李打包托运服务，确保旅客行李准时送达目的地。

(三)货物运输管理

- 货物装卸管理：负责货物的装卸、搬运和堆放，确保货物安全、快捷地进出机场。
- 航空货运站管理：提供货物仓储、分拣和配送等服务，满足客户对货物运输的需求。
- 危险品运输管理：制定危险品运输规章制度，确保危险品运输安全、可靠。

六、机场的管理模式

(一)按照机场运营管理架构的角度划分

① 省(区、市)机场集团管理模式：这是以省会机场为核心机场，以省内其他机场为

成员机场的机场集团组织架构，省(区、市)机场集团管理模式也称机场属地化管理，分为两种情况：第一种是成立了省(区、市)机场管理集团公司或管理公司，并由机场公司统一管理区域内的所有机场，如上海、天津、海南；第二种是成立了省(区、市)机场管理集团公司或机场管理公司，但机场公司只管理区域内部分机场而不是全部，如重庆、广东、四川。

② 跨省机场集团管理模式：这是一种超越省(区、市)机场管理集团的运营管理架构，跨省机场集团由几个省(区、市)的机场管理集团通过资产重组而成。目前，首都机场集团收购、托管、参股的机场，分布于 10 个省(区、市)，成员机场达到 35 家；西部机场集团管理了 4 个省(自治区)的 11 家机场。

③ 省会机场公司管理模式：这是在没有以省为单位成立机场管理集团的情况下，省政府只负责管理省会机场，其他机场由所在地市政府管理的模式，如江苏、山东、浙江。

④ 市属机场公司管理模式：这是机场由所在地市政府管理的模式，如深圳、厦门、无锡、南通、绵阳、南充、攀枝花、宜宾、泸州、万州。目前，共有 31 家机场由所在地市政府管理。如果机场所在城市的经济实力强，当地政府又重视和大力扶持机场，机场就发展得好。

⑤ 航空运输企业管理模式：目前，国内有 14 家机场分别由 4 家航空公司直接或间接管理，海航集团管理了甘肃机场集团(兰州、敦煌、嘉峪关、庆阳机场，不包括天水机场)和海口、三亚、东营、宜昌、安庆、满洲里、潍坊等 11 个机场，深圳航空公司管理常州机场，南方航空公司管理南阳机场，厦门航空公司管理武夷山机场。这 14 个机场中，除海口、三亚和兰州机场外，其他 11 个都是小型机场。

⑥ 委托管理模式：委托管理模式为两种，一种是内地机场委托内地机场进行管理，如黑龙江和内蒙古机场集团委托首都机场管理；另一种是内地机场委托港资管理，仅有珠海机场一家属于此类。

(二)按照所有者和管理机构相结合的角度划分

① 中央政府直接管理模式：属地化改革时，国家中央政府保留了首都机场、西藏自治区机场的所有权，由民航局、中国民用航空西藏自治区管理局管理。这种管理模式体现了机场对于国家政治稳定的重要意义，经营管理过程更多反映了国家中央政府的意志。

② 地方政府直接管理模式：采用这种管理模式的大多为中小城市机场，这些机场虽规模较小但是在服务地区经济发展和居民出行方面发挥着不可或缺的作用，地方政府承担起管理机场的责任，并成立专门的部门。

③ 混合所有委托管理模式：这类机场通过上市、引进民资、引进外资等方式实现了投资主体和股权多元化，拓展了机场的资金来源，拓宽了机场的发展空间。

④ 地方政府委托管理模式：这是一种地方政府将经营管理权交给三种委托对象，即机场集团公司(首都机场集团、省机场集团、西部机场集团等)、机场管理公司、航空运输企业(海航、深航等)的管理模式。

(三)按照机场所有权不同角度划分

① 国有化管理模式：这类机场由政府或国有企业运营管理，具有公益性和行政性

特点。

② 民营化管理模式：这类机场通过市场化运作，引入民间资本参与经营，以提高效率和灵活性。

③ 公私合营管理模式：这类机场属于政府与私人企业共同投资建设的管理机场，能实现优势互补。

④ 委托经营管理模式：这是一种政府或机场管理机构将机场委托给专业管理公司经营，以提高专业化水平的管理模式。

【思考题】

1. 你认为设立民航监管机构的目的是什么？
2. 空中交通管理机构的主要职责是什么？
3. 简述空中交通管理的重要性。
4. 空中交通管理的技术手段是什么？
5. 空中交通管理的任务有哪些？
6. 什么是飞行情报服务？它包括哪些内容？
7. 空中交通管制的原理是什么？
8. 空中交通管制服务包括哪些？
9. 什么是空域管理？
10. 我国空域划分为几个区域？
11. 什么是管制空域？
12. 民航机场的作用是什么？
13. 通用航空机场如何分类？
14. 公共航空运输机场如何分类？
15. 飞行区等级的划分方式是什么？
16. 什么是机场净空区？
17. 跑道可以分为几种构型？
18. 跑道灯光系统中不同颜色分别表示什么含义？
19. 简述航站区的类型。

第六章

民用航空分类概述

【本章导读】

民用航空，作为现代交通体系中的重要组成部分，其广泛的应用领域和多样化的服务形式促进了全球经济一体化，也为人员往来提供了极大的便利。它不仅连接了世界的每一个角落，还极大地促进了全球经济、文化和社会的发展。本章将从民航的基础概念出发，全面梳理民用航空的基础概念、定义、作用和分类，为读者提供一个清晰而系统的知识架构。

【学习目标】

- 明确民用航空的定义和分类；
- 了解民航在交通运输业与航空业中的定位；
- 准确掌握民航的各类概念；
- 了解民用航空的属性；
- 掌握航空器的分类；
- 了解航空客票的分类；
- 掌握公共航空运输的特点及分类；
- 掌握通用航空的特点及分类。

第一节 民航基础概念认知

一、航空与航空业

(一)航空的概念与要素

航空是指一切与天空有关的人类活动，或者说是人类在地球大气层中的飞行活动。航空活动亦指载人或不载人的飞行器在地球大气层中的飞行活动。航空活动可以细分为众多独立的行业和领域，比如科研教育、工业制造、公共运输、国防军事、政府管理等。

从航空的概念中，可以总结出以下航空的三个要素。

①以飞行器作为工具的飞行活动。

②飞行活动范围以大气层为界限，大气层外空间的飞行活动不在此范畴内。

③航空活动的价值在不同领域广泛应用。

(二)航空业的概念与分类

航空业是一个庞大且广泛的行业，涉及使用航空器进行飞行活动的所有方面，包括飞机制造、运营、维护和航空服务、科技等多个领域。

航空业通常分为航空制造业、军用航空和民用航空三大类别，如图 6-1 所示。

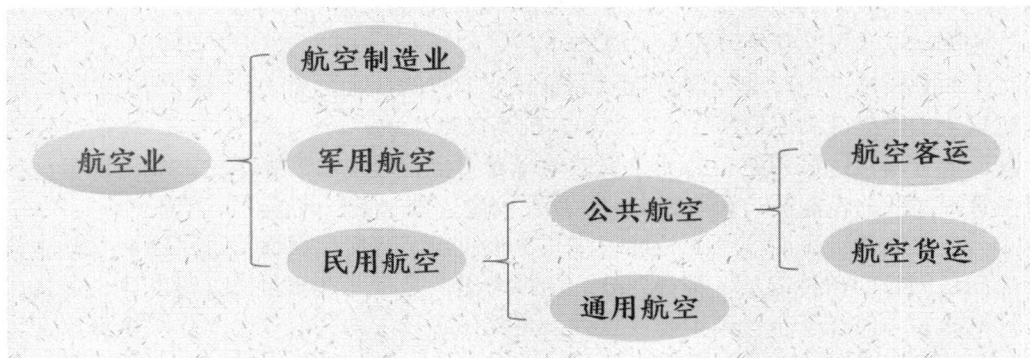

图 6-1 航空业分类

航空制造业是航空事业的基础，也是机械制造领域的重要部门之一。它研究和使用最先进的科学技术，制造出各式各样的航空器供给军用航空和民用航空使用。

军用航空是利用航空器从事保卫国家、维护国家内部稳定、执行空中军事活动任务的航空活动，它是组成一个国家国防力量的重要部分。航空制造业许多最新的技术发明大多首先用于军用航空。军用航空技术的发展对整体航空业的发展起着很大的作用。

二、民用航空

(一)民用航空的概念

民用航空是指与人民生活息息相关的各种航空活动。它包含公共航空和通用航空两部分，公共航空指的是用民营航空器进行经营性的客货运输的航空活动，就是常见的航空公司运营模式，分为航空客运与航空货运两类业务内容。通用航空是指某些企业或个人自驾飞机从事的各种航空活动，一般使用小型飞机或直升机。例如农用播种、灭虫、空中摄影、旅游、驾驶员学习飞行等。

(二)民用航空属性

1. 经济性

航空经济主要由航空运输经济、航空制造经济和航空关联服务经济三大内容组成。

(1) 航空运输经济，是以机场(航空港)及航空运输、物流为依托的经济形态，既包括航空客运、物流等业态，也包括机场综合服务、油料、配餐等配套服务业态，还包括通航运输服务业态模式。

(2) 航空制造经济，包括聚集航空装备制造产业链上下游的相关产业经济等业态模式。

(3) 航空关联服务经济，以知识、信息、金融、关联服务等高附加值要素为重点的关联产业和企业，包括航空飞行等培训、教育、装备、金融与信息服务、旅游服务经济等。

2. 安全性

"保证安全第一"既是民用航空的首要任务，也是指导我国民航工作的总方针。民用航空的安全属性是一个多维度的概念，包括以下几个方面。

① 政治属性：民航安全事关国家安全和国家战略，坚持党的领导是民航安全工作的核心价值观，也是民航安全工作的灵魂。

② 社会属性：全行业应深刻认识民航安全工作的社会影响力，怀以敬畏之心，把做好民航安全工作提高到促进和保持社会稳定的高度来认识。

③ 业务属性：民用航空的业务属性体现在安全管理理念的科学性、先进性中；体现在安全管理实践的专业性、系统性中；体现在安全管理制度的规范化、常态化中。

④ 文化属性：民航安全的长期积淀与传承决定了其文化属性。这是民航安全工作传承、巩固、创新的精神链条、精神养分、精神力量，是行业高质量发展最深厚、最持久、最广泛的软实力。在安全管理中高度重视安全文化建设，为民航安全工作培植深厚文化土壤，为行业安全发展注入持久活力。

3. 服务性

服务性是民用航空的根本属性之一。早在 1957 年，周恩来总理便将服务工作定位为中国民航的主要工作之一。伴随着时代的发展与进步，服务业逐步成为中国第一大经济产业并日益发展壮大，民航服务工作越来越受到业内外的重视和人民群众的关注。突出民航的服务属性，是满足人民美好出行需求的重要举措，也是将民航业深度融入现代化经济体系、提升民航业战略地位和产业竞争力的关键抓手。

4. 技术性

民航业是一个技术密集型行业。飞机的设计、制造、运营和维护都需要高度的技术支持。同时，民航业也需要不断引进新技术，提高运营效率和服务质量。

5. 国际性

随着全球化的深入，国际航空运输需求不断增长，航空运输企业需要与国际市场接轨，提供跨国运输服务。同时，民航业也需要遵守国际民航组织等机构的国际标准和规范。

三、航空器

在很多人的心目中航空器就是飞机的专业术语，但实际上飞机仅仅是航空器中的一种。目前，我们能见到的航空器除了飞机之外，还有气球、飞艇、直升机、滑翔机等。

伴随着时代的发展，由于各种因素，其他航空器在实际使用中都不尽如人意，而飞机在各种性能方面远胜其他航空器，从而获得突飞猛进的发展，在20世纪40年代以后，飞机就理所当然地成了航空器中的主角。据报道，目前飞机的使用数量占各类航空器总数之比已超过99%，其他航空器总共占比不足1%。或许这就是许多人把航空器等同于飞机的一个原因吧。

(一)航空器的概念

航空器是指在大气层中飞行的飞行器，包括飞机、飞艇、气球及其他任何借助空气反作用力能飞行于大气中的器物。一言概之就是：航空器是人造的各种能在空中飞翔的飞行物体。

《巴黎公约》定义航空器为大气层中靠空气反作用力支撑的任何器械。

《芝加哥公约》及《国际民航组织》定义航空器为依靠空气的反作用力，而不是依靠空气对地(水)面的反作用力得以支撑的任何器械。

(二)航空器分类

1. 按技术手段分类：轻于空气的航空器和重于空气的航空器

前者靠空气静浮力升空，后者靠空气动力克服自身重力升空。目前，轻于空气的航空器只用于娱乐，用作运输用途的航空器多是重于空气的航空器，如图6-2所示。

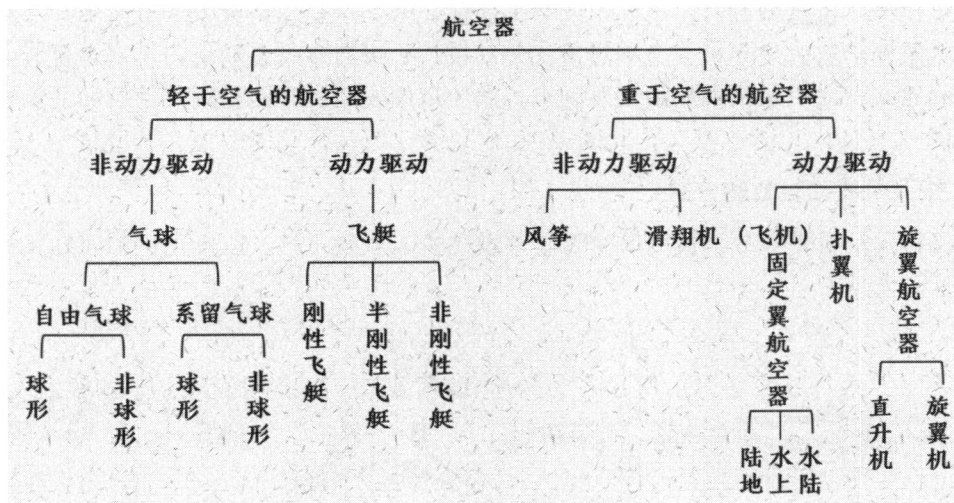

图6-2 航空器分类

2. 按服务目的分类：国家航空器和民用航空器

"国家航空器"的概念最早于1919年《巴黎公约》中正式出现。公约第30条规定："下列为国家航空器：(a) 军用航空器；(b) 专为国家目的服务的航空器，如邮政、海关、警用航空器，除此之外，任何其他航空器都应当被认定为私人航空器，除军用、海关和警用航空器外，所有国家航空器均应视为私人航空器，并应遵守本公约的所有规定。"公约第31条进一步解释了军用航空器的定义："具体来讲，每架由服役人员指挥的航空器，均应视为军用航空器。"《巴黎公约》清晰明确地定义了国家航空器的概念,即是否受雇于国家服务部门。

在 1944 年的《芝加哥公约》中开始出现"民用航空器"的概念。公约第 3 条规定:"(a) 本公约只适用于民用航空器,不适用于国家航空器;(b) 用于军事、海关和警察的航空器,应视为国家航空器。"

(三)民用航空器

《中华人民共和国民用航空法》定义民用航空器为除用于执行军事、海关、警察飞行任务外的航空器。

在国际民航组织的分类中,民用航空器包括气球、飞艇、滑翔机、风筝、飞机、直升机、旋翼机等,但民航中主要使用的是飞机。民用航空器有以下几种不同的分类。

1. 按照用途分类

按照用途分,民用航空器分为用于公共航空运输的航线飞机和用于通用航空的通航飞机两类。航线飞机包括运送旅客的客机和专门运送货物的货机,我国还将客机分为干线客机和支线客机。通航飞机一般包括公务机、私人飞机、农业用机、教练机、体育竞赛飞机等。

2. 按飞机发动机类型分类

按飞机发动机类型分,民用航空器分为活塞式发动机和涡轮式发动机两类。活塞式发动机包括星形活塞式发动机、直列活塞式发动机、V 形活塞式发动机和水平对置活塞式发动机。涡轮式发动机包括涡轮喷气发动机、涡轮风扇发动机、涡轮轴发动机和涡轮螺旋桨发动机。

3. 按飞机发动机数量分类

按飞机发动机数量分,民用航空器有单发飞机、双发飞机、三发飞机和四发飞机,如图 6-3 所示。

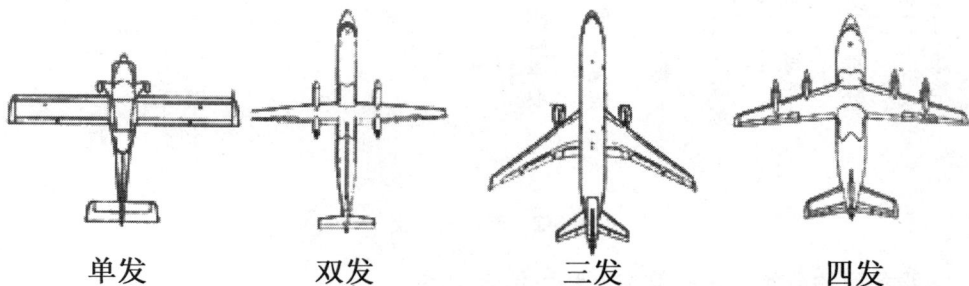

| 单发 | 双发 | 三发 | 四发 |

图 6-3　飞机发动机数量

4. 按飞机飞行速度分类

按飞机飞行速度分,民用航空器分为亚音速飞机和超音速飞机。亚音速飞机包括低速飞机(飞行速度低于 400 千米/小时)和高亚音速飞机(飞行速度为 0.8~8.9 马赫)。大多数喷气式飞机为高亚音速飞机。

5. 按飞机航程远近分类

按飞机航程远近分，民用航空器分为近程、中程、远程三种。近程飞机的航程一般小于 1000 千米；中程飞机的航程为 3000 千米左右；远程飞机的航程为 10000 千米左右，可以完成中途不着陆的洲际跨洋飞行。近程飞机一般用于支线飞行，也称为支线飞机；中、远程飞机一般用于国内干线和国际航线，又称干线飞机。

6. 按座位数分类

按飞机旅客座位数量可分为大、中、小三种类型。飞机的客座数在 100 座以下的为小型飞机；100～200 座为中型飞机；200 座以上为大型飞机。

7. 按航线飞行高度配备分类

国际民航组织根据航线飞行高度的配备规定，把现有的运输机分为 A、B、C、D 类，其中 C 类飞机又分为四类。如运五属于 A 类飞机，运七属于 B 类飞机，图 154 为 C1 类飞机，麦道 82 为 C2 类飞机，福克 100 为 C3 类飞机，运八为 C4 类飞机，波音 747 为 D 类飞机。

四、航空客票

航空客票指由承运人或代表承运人所填开的被称为"客票"的乘机及提取行李的凭证，包括运输合同条件、声明、通知以及乘联和旅客联等内容。

(一)航空客票分类

① 单程票：旅客从出发站到目的站的一次性有效使用的机票。

② 联程客票：旅客行程包含两个(含)以上航段，即需要转乘航班才能到达目的地。全部航程均填写在一张或多张票号相连的客票上。可以享受行李直挂服务。

③ 来回程客票：也称往返客票。旅客从出发站到目的站，再按原航程返回的客票。

④ 定期客票：也称为 OK 票，是列明航班和乘机日期的客票。

⑤ 不定期客票：也称为 OPEN 票，是未指定航班和乘机日期的客票。

⑥ 普通票：航空公司公布的销售票价，也称为全价票。全价票在签转、变更和退票等方面的限制很少。

⑦ 特种票：特种票分为两种。一种适用于政府规定的特定人群，如革命伤残军人和因公致残的人民警察等。在签转、变更和退票等方面的限制很少；另一种是航空公司根据市场淡旺季、购票人数、购票时间早晚等情况推出的适用于经济舱的票价，通常称为折扣客票。

⑧ 婴儿票：未满两周岁的婴儿，使用成人普通票价 10%的客票乘机，不单独提供座位；如需要单独占用座位，则应购买儿童票。

⑨ 儿童票：满两周岁不满十二周岁的儿童，国内航线按成人普通票价的 50%计价，国际航线根据航线不同而有差异。

(二)客票销售

① 乘机有效证件：指旅客购票和乘机时必须出示的由政府主管部门规定的证明其身份的证件。如居民身份证、按规定可使用的有效护照、军官证、警官证、士兵证、文职干部证或离退休干部证明，16周岁以下未成年人的学生证、户口簿等证件。

② 客票价格：指旅客由出发地点机场至到达地点机场的航空运输价格，不包括机场与市区之间的地面运输费用。

③ 客票变更：分为自愿变更和非自愿变更。旅客购票后因自身原因要求改变航班、日期、舱位等级等，属于自愿变更。自愿变更客票时，旅客可能需要支付一定的变更手续费和客票差价。因航班取消、延误、超售等非旅客原因导致客票变更的情形为非自愿变更。

④ 附加服务产品与航空保险：为满足旅客日益增长的出行需求，航空公司会推出多元化的航空服务产品，例如保险、付费选座、特色餐食、贵宾室休息券、预付费行李额等。这些服务产品不是每位旅客出行必须购买的，属于个性化增值出行需求，旅客可按需选购。

⑤ 行程单：航空运输电子客票行程单是旅客购买国内航空运输电子客票的付款及报销凭证，兼有行程提示的作用，不作为机场办理乘机手续和安全检查的必要凭证。

⑥ 超售：指超过航班最大允许座位数的销售行为。

五、旅客

(一)概念

旅客指经承运人同意在民用航空器上载运除机组成员以外的任何人。

(二)特殊旅客

特殊旅客是指在民用航空运输对象中，不同于一般旅客的群体，需要给予特别礼遇和关照，或出于旅客的健康及其他特别状况需要给予特殊照顾、特别关照的旅客；或者在一定条件下才能运输的旅客。

特殊旅客有很多种，包括重要旅客、孕妇、婴儿、无成人陪伴儿童、视听障碍和行动障碍旅客、病患旅客、携带小动物出行旅客、其他需要特殊关照的旅客等。

(三)常旅客

常旅客指的是经常坐飞机的旅客。通常这些旅客以商务差旅、度假旅行或其他目的而出行，因其频繁乘坐而积累了相应的经验和特殊需求。航空公司会向经常乘坐其航班的旅客推出以里程累积奖励为主的促销手段，增加旅客对航空公司的忠诚度，提高市场竞争力。

六、行李

行李是指旅客在旅行中为了穿着、使用、舒适或方便的需要而携带的物品和其他个人财物。

(一)行李分类

①　托运行李：指旅客交由承运人负责照管和运输并填开行李票的行李。托运行李的重量每件不能超过 50 千克，体积为 40 厘米×60 厘米×100 厘米。

②　手提行李：指经承运人同意由旅客自行负责照管的行李。手提行李的重量不超过 7 千克，尺寸不超过 20 厘米×30 厘米×40 厘米。

③　随身携带物品：指经承运人同意由旅客自行携带的零星小件物品。

(二)"三超"行李

"三超"行李是指乘坐民用航空器的旅客随身携带的超大、超重、超件行李。

"三超"行李不能随身携带。第一，影响飞行安全。使飞机的实际起飞重量超过舱单记载重量，造成飞机隐载，引起飞行安全隐患。第二，影响客舱安全。当飞机遇到颠簸或其他特殊情况时，飞机所产生的巨大冲撞力可能会使行李箱门打开，行李被甩出，将对旅客造成意外伤害。第三，影响航班正点率。旅客携带"三超"行李，登机前将被卡控，行李需进行二次安检及托运，航空公司和机场需要对飞机配载进行重新计算、调整，将影响航班起飞时间，导致航班延误等情况。

七、航线

(一)概念

飞机飞行的路线称为空中交通线，简称航线。航线不仅确定了飞机的具体飞行方向、起止点和经停点，而且还根据空中交通管制的需要，规定了航线的宽度和飞行高度，以维护空中交通秩序，保证飞行安全。

(二)航线分类

航线分为固定航线和临时航线。固定航线包括国际航线、地区航线和国内航线；临时航线通常不得与固定航线交叉，也不得通过飞行频繁的机场上空。

①　国际航线：指飞行路线连接两个或两个以上国家的航线。一个航班在它的始发站、经停站、终点站有一点在外国的领土上的都叫作国际航线。如我国境内一点或多点与国外一点或多点之间的航空运输线。

②　地区航线：指在一国之内，各地区与有特殊地位地区之间的航线，如我国内地与港、澳、台地区的航线。

③　国内航线：指在一个国家内部的航线，又可以分为干线、支线和地方航线三大类。

- 国内干线：连接国内航空运输中心的航线，这些航线的起止点都是重要的交通中心城市，在这些航线上航班数量大、密度高、客流量大。比如京广线、京沪线等。

- 国内支线：指各中小城市和干线上的交通中心联系起来的航线，支线上的客流密度远小于干线，支线上的起止点中有一方是较小的空港，因而支线上使用的客机大都是 150 座以下的中小型飞机。

● 地方航线：把中小城市连接起来的航线，客流量很小，一般只飞行 50 座左右的飞机，它和支线的界限不是很明确，过去一般把省内航线称为地方航线，现在国外把国内支线和地方航线统称为区域性航线。

八、航班

(一)概念

航班是指飞机按照一定的计划和时间表提供航空运输服务。

(二)航班分类

1. 按经营区域可以分为国际航班、国内航班和地区航班

① 始发站、经停站或终点站中有一站以上在本国国境以外的称为国际航班。
② 始发站、经停站或终点站全部在一国境内的称为国内航班。
③ 始发站、经停站或终点站中有一站在一国内有特殊安排的地区中的称为地区航班。

2. 按经营时间可以分为定期航班和不定期航班

定期航班是按航班时刻表中的固定时间运行的航班。定期航班又分为长期定期航班及季节性定期航班。季节性航班指根据季节不同有不同时刻、班次安排的航班，航班的时刻和班次按季节进行重新安排。不定期航班也称为包机飞行，是没有固定时刻的运输飞行，它是根据临时性任务进行的航班安排。

(三)代码共享

代码共享是指一家航空公司通过协议在另一家航空公司航班上使用自己公司的代码，或多家航空公司在同一航班上使用各自的航班号的航班。

九、专机与包机

专机通常指由个人、企业或政府所有并专门为其提供飞行服务的私人飞机。飞机可以按照使用者的需求进行个性化定制，包括内部装饰、设施配置以及航班时刻等。专机所有者对飞机享有完全的使用权，并可自行决定何时何地出发，充分体现了飞行的私密性、灵活性和尊贵性。专机客户群体以高净值人士、大型企业高管和国家领导人为主，其对出行效率、隐私保护和安全的需求极高。使用场景包括但不限于商务出差、国际会议、家庭度假、紧急医疗转运、外交出访等。

包机是指非航空公司固定航班计划内的临时性租赁服务，即客户向航空公司或专业包机公司租用整架飞机来执行特定的航线任务。飞机本身不属于包机者所有，只是根据合同约定获取一段时间内的使用权。包机客户群体相对广泛，不仅包括专机客户，还包括团体旅游、体育团队、音乐巡演、婚礼庆典等特殊活动组织者，以及需要大批量人员快速转移的企业或政府部门。使用场景包括但不限于团队旅行、项目考察、大型活动接送、货物运输等。

十、备降与迫降

备降(Diversion)是指飞机在飞行过程中不能或不宜飞往目的地机场或目的地机场不适合着陆，而降落在其他机场的行为。发生备降的原因有很多，主要有航路交通管制、天气状况不佳、预定着陆机场不接收、预定着陆机场天气状况差低于降落标准、飞机发生故障等。备降是飞机在运行过程中为确保飞行安全采取的正常措施。

迫降(Forced Landing)是飞机因特殊情况不能继续飞行时被迫降落。迫降往往伴随着巨大的风险。导致迫降的原因包括飞机机械故障、气象因素、火灾、鸟击等，它是一种紧急情况。迫降时，飞行员无法保证飞机能落在机场或者机场外任何地带，也无法预测飞机能否安全落地。

十一、复飞

复飞是民航专业技术术语，又称重飞(Go Around，GA)。指飞机降落到即将触地着陆时，因误失进场定位点等原因，把油门调到最大位置，把机头拉起重新回到空中盘旋再一次降落。飞机触地再复飞的情况称为"触地复飞"。

复飞这个说法是相对于着陆而言的。理论上来说，只要没有得到着陆许可，即使飞机在过了最后进近定位点之后又拉起来，都不能算作复飞，只能叫中止进近。而且即便是已经获得着陆许可，也只有到了特定阶段拉升才能叫作复飞。

飞行手册通常会以复飞高度和最低标准的高度为标准，将复飞分为三类：高高度复飞(也叫中止进近)、复飞和低高度复飞，如图6-4所示。

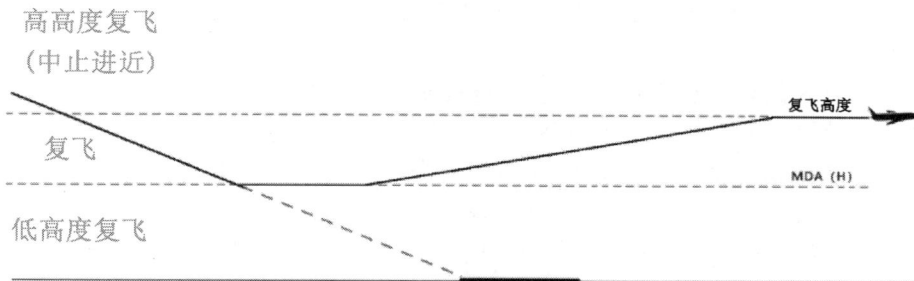

图 6-4　复飞示意图

十二、常见民航术语

① 局方：是指中国民用航空局和中国民用航空地区管理局。

② 经营人：是指以营利为目的使用民用航空器从事旅客、行李、货物、邮件运输的公共航空运输企业，包括国内经营人和外国经营人。

③ 运行人：是指实际控制、使用民用航空器实施飞行活动的单位或者个人。一般为航空器的所有权人，但当航空器所有权人将使用控制权委托给代管人时，该航空器的运行人为航空器代管人。

④ 运营人：是指在中华人民共和国登记并按照涉及民航管理的规章审定获得批准，从事以营利为目的的民用航空飞行活动的公共航空运输企业和通用航空企业。

⑤ 承运人：指包括填开客票的航空承运人和承运或约定承运该客票所列旅客及其行李的所有航空承运人。

⑥ 销售代理人：指从事民用航空运输销售代理业务的企业。

⑦ 地面服务代理人：指从事民用航空运输地面服务代理业务的企业。

▌第二节▐　民用航空概况

民用航空的组成庞杂，涵盖多个领域和分类。不同部门在民航中扮演着不同的角色，它们共同构成了完整的民用航空体系。随着经济的发展、城市规模的扩大，高质量的民用航空体系是建设民航强国的必由之路，也是交通强国建设的内在要求。

一、民用航空的概念

民用航空，简称民航，是指使用各类航空器从事除了军事性质(包括国防、警察和海关)以外的所有的航空活动。民用航空活动是航空活动的一部分，同时以"使用航空器"界定了它和航空制造业的界限，以"非军事等性质"表明了它和军事航空等国家航空活动不同。

二、民用航空的作用

(1) 民用航空在综合交通运输体系中的作用日益突出，是增长速度最快、发展潜力最大的交通运输方式。

各种运输方式的作用会伴随着工业化进程和经济社会发展水平的提高而发生重大变化。当前，在世界范围内产业结构调整和全球性经济竞争的新形势下，民用航空的作用日益突出。在货物运输方面，科技含量高的新兴产业，其产品一般都具有体积小、附加值大、运输时效性要求高等特点，对航空运输具有很强的依赖性。传统制造业的高级化过程，也使得其产品对航空运输提出了越来越多的需求。目前，在国内中长距离旅客运输尤其是城际客运业务中，航空运输的作用大幅提升；在国际尤其是洲际旅客运输中，航空运输完全占据主体地位；在国际国内高附加值、鲜活易腐货物运输及快递业中，航空运输具有绝对优势。

(2) 民用航空具有巨大的经济价值，是促进经济繁荣的强劲动力。

民用航空是国家国民经济的重要组成部分，也是保持经济增长的有力工具。第一，民用航空本身是一个庞大的产业，其直接涉及投资、生产、流通和消费各个环节，以及制造、维修、营销、服务等多个领域。与此同时，民用航空为国家财政贡献了数额巨大的税款。第二，民用航空刺激了现代服务业的发展。航空运输是现代服务业的重要组成部分，同时为其他服务业提供强有力的支撑，民航企业和相关产业也创造了大量的就业机会。第三，民用航空推动了国际旅游和现代国际贸易。国际航班提供了全球旅游的便利，并促进了不同国家之间的文化和经济交流。航空运输促进了经济全球化。随着全球高附加值、高时效货物市场的增长，航空货运承担的国际贸易运输量按照价值计算，所占比重会越来越大。第四，民用航空促进区域经济发展。航空运输改善了偏远地区的可访问性，使得人们可以更容易地前往边远地区，为这些地区带来了旅游和投资机会。第五，民用航空催生科技创新。民用航空的强大有赖于航空工业的强大，反过来，民用航空的需求会拉动航空工业的创新发展。

(3) 民用航空具有显著的社会价值，是实现社会进步的有效途径。

民用航空的作用不仅在于它创造或促进的经济活动，还在于它对整个社会发展和人们生活方式的积极影响。第一，民用航空促进社会融合、地区稳定和民族团结。第二，民用航空是社会公共服务体系和应急救援体系的重要组成部分。具备健全的、先进的公共服务体系和应急救援体系，是社会发展进步的重要标志。第三，民用航空改变了人们的时空观念和生活方式。第四，民用航空有利于节约资源、保护环境。

(4) 民用航空具有潜在的军事价值，是维护国家安全的重要保障。

民用航空具有准军事性质，可随时服从国家军事部门的调遣或完全转为战时军事运输体系。比如，在第一次海湾战争中，美国政府征用民用飞机向海湾地区运送了大量人员和物资，分别占总数的 2/3 和 1/4。美国发达的通用航空也为可能的战争储备了大量准军事飞行人员。

(5) 民用航空具有重大的政治外交价值，是实施国家全球战略的有力工具。

在政治外交中，民用航空已不仅仅是一种产业，而成为外交谈判的筹码和发展双边或多边关系的纽带。各国政府有时利用飞机的采购、航线的开辟、机场的开放等，加强彼此间的政治互信和经贸联系。在国家软实力的全球传播中，民用航空建立起了一种新的高效率的文化交流通道。各国各地区的民航运输本身代表着一种文化，通过航空运输，增进人们对各国各地区的文化了解，促进对不同文化的认同，实现更广泛的国际融合。

(6) 民用航空具有知识和技术交流价值。

民用航空促进了学术界和专业领域的知识和技术交流。国际学术会议、研讨会和专业展览通常需要人们从世界各地集结到一个地方，而民航为此提供了方便。

三、民用航空相关规章

民航企业必须按照 CCAR 的要求建立和健全各自的管理体系。民航企业根据不同的工作性质，会选用不同的规章内容进行规范和管理。

(一)CCAR-91 部

《一般运行和飞行规则》适用于在我国境内的所有航空器(不包括系留气球、风筝、无人火箭、无人自由气球和民用无人驾驶航空器)的飞行和运行。对于公共航空运输运行，除应当遵守本规则适用的飞行和运行规定外，还应当遵守公共航空运输运行规章中的规定。超轻型飞行器在中华人民共和国境内实施的飞行应当遵守本规则规定，无须遵守其他规章的规定。

(二)CCAR-121 部

《大型飞机公共航空运输承运人运行合格审定规则》是针对民航航线客机和大型货机运营人制定的一系列严格的运营规范。其适用于固定航班的运输旅客、货物的民航企业，比如中国东方航空、中国邮政航空等，这些民航企业通常被称为 121 部航空公司。

(三)CCAR-135 部

《小型航空器商业运输运营人运行合格审定规则》是在 CCAR-91 部的基础上，针对小型航空器的商业运营而制定的一系列更为严格的运营规范。

通俗地做个比喻，91 部就像开私家车时需要遵守的规定，比如社会知名人士或企业家购买的私人飞机，当他们乘机出行时，这架飞机的飞行和运行需要符合 CCAR-91 部的规定；121 部就像开公交车时需要遵守的规定，如国航、深航或川航等航司，他们都有固定的航班时刻表和飞行路线，不会因为某个人而改变原定航班计划，这些航司飞机的飞行和运行需要符合 CCAR-121 部的规定；135 部就像开出租车时需要遵守的规定，当个人或团体需要灵活便捷且舒适的出行需求时，公务机公司可以提供相应的服务，比如金鹿公务航空、亚联公务机等，这些民航企业飞机的飞行和运行需要符合 CCAR-135 部的规定。

第三节　民用航空分类

从宏观角度讲，民用航空分为两大类：公共航空运输和通用航空运输。

公共航空运输是交通运输业中的重要组成部分，与铁路、公路、水路和管道运输共同组成了国家的交通运输系统，对国民经济的发展起到了很大作用。

通用航空运输可以理解为使用民用航空器从事民用航空中除公共航空运输部分以外的民航运输活动。通用航空灵活、机动，用途很多，在发达国家中已是大众飞行的领域，在我国还处于快速发展阶段。

一、公共航空运输

(一)公共航空运输的概念

公共航空运输是指公共航空运输企业使用民用航空器运送旅客、行李、邮件或者货物的营利性飞行活动。营利性表明这是一种商业活动，所以也被称为商业航空。所有从事公共航空运输的民航运输企业(即航空公司)，必须取得 CCAR-121 部中规定的航空承运人运行合格证，如图 6-5 所示。

(二)公共航空运输特点

(1) 安全可靠。航空运输通常被认为是最安全的运输方式之一。相对于汽车和其他交通工具，飞机大概每飞行 300 万次才发生一起故障。航空运输拥有严格的安全标准和监管机构，民航企业也会进行定期的安全检查和维护，以确保旅客和货物的安全。

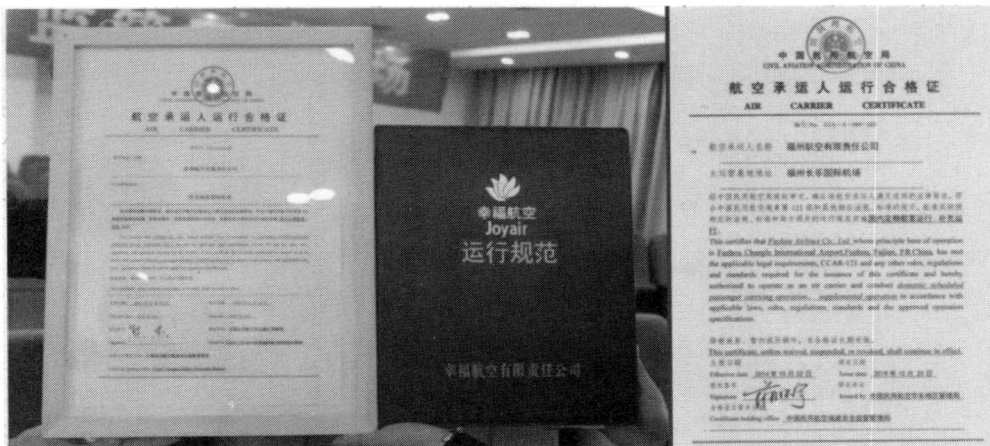

图 6-5 幸福航空和福州航空的航空承运人运行合格证

(2) 时效性高。通常民用飞机的速度至少在 700~900km/h，远超过汽车、火车和轮船等海陆运输方式，因而航空运输在运输时效上有明显优势。尤其是客运运输，旅客安排出国行程时，乘坐飞机是最佳方案。

(3) 覆盖面广。航空运输网络可以覆盖全球各地，使得旅客、行李、邮件或者货物能够轻松到达世界各地。无论是国际航班还是国内航班，航空运输都提供了广泛的选择。

(4) 环境舒适。旅客乘坐飞机出行，客舱配置的座椅柔软舒适、可调节角度，客舱内空间宽敞、噪声小，配有视听设备及书报杂志等，旅客在旅途中不会感到无趣。

(5) 货物破损率低。货物装上飞机之后，在飞行中货物很少损坏。

(6) 运输成本高。与陆地运输方式相比，航空运输成本更高。

(7) 保鲜率高。鲜活易腐物品和季节性强的物品最适合航空运输。保鲜成活率高，且有利于开辟较远的市场。

(8) 受气候条件影响。与陆地运输方式相比，航空运输对气候的要求比较高，大风、雷雨、浓雾等都可能造成航班延误或者取消。

(三)公共航空运输分类

按照运输对象不同，公共航空运输分为客运运输、货运运输和综合运输。客运运输专注于载客，货运运输专注于运输货物，而综合运输则提供客货运输两种服务。

截至 2023 年年底，中国民航局公开数据显示，一共有 65 家公共航空运输企业(不含中国香港、澳门和台湾地区)，其中客运运输企业共 53 家，有实际执飞航班量的是 41 家，全货运运输企业 12 家，如图 6-6 和图 6-7 所示。

按照所有权结构及资本来源不同，公共航空运输企业可分为国有航空运输企业和民营航空运输企业两种类型。国企是由国家或地方政府拥有或控股的，民企是由私人投资或私营企业控股的。在我国的公共航空运输企业中，有业内人士分析统计，民营航空运输企业共 13 家，如图 6-8 所示。

民航客运运输企业					
序号	运输企业名称	序号	运输企业名称	序号	运输企业名称
1	中国国际航空股份有限公司	2	中国东方航空股份有限公司	3	中国东方航空江苏有限公司
4	中国东方航空武汉有限责任公司	5	中国南方航空股份有限公司	6	汕头航空有限公司
7	珠海航空有限公司	8	贵州航空有限公司	9	重庆航空有限责任公司
10	厦门航空有限公司	11	海南航空控股股份有限公司	12	中国新华航空集团有限公司
13	长安航空有限责任公司	14	天津航空有限责任公司	15	北京首都航空有限公司
16	金鹏航空股份有限公司	17	云南祥鹏航空有限责任公司	18	山东航空股份有限公司
19	上海航空有限公司	20	中国联合航空有限公司	21	深圳航空有限责任公司
22	四川航空股份有限公司	23	奥凯航空有限公司	24	成都航空有限公司
25	春秋航空股份有限公司	26	华夏航空股份有限公司	27	东海航空有限公司
28	上海吉祥航空股份有限公司	29	大新华航空有限公司	30	西部航空有限公司
31	河北航空有限公司	32	昆明航空有限公司	33	幸福航空有限责任公司
34	西藏航空有限公司	35	东方航空云南有限公司	36	大连航空有限责任公司
37	浙江长龙航空有限公司	38	中国国际航空内蒙古有限公司	39	瑞丽航空有限公司
40	青岛航空股份有限公司	41	中国南方航空河南航空有限公司	42	乌鲁木齐航空有限公司
43	福州航空有限责任公司	44	九元航空有限公司	45	广西北部湾航空有限责任公司
46	江西航空有限公司	47	多彩贵州航空有限公司	48	湖南航空股份有限公司
49	桂林航空有限公司	50	龙江航空有限公司	51	北京航空有限责任公司
52	天骄航空有限公司	53	一二三航空有限公司		

图 6-6　民航客运运输企业名单

民航货运运输企业					
序号	运输企业名称	序号	运输企业名称	序号	运输企业名称
1	顺丰航空有限公司	2	中国邮政航空有限责任公司	3	中国南方航空货运有限公司
4	中国货运航空有限公司	5	中原龙浩航空有限公司	6	杭州圆通货运航空有限公司
7	中国国际货运航空有限公司	8	中州航空有限公司	9	天津货运航空优先公司
10	江苏京东货运航空有限公司	11	西北国际货运航空有限公司	12	中航货运航空有限公司

图 6-7　民航货运运输企业名单

民营航空运输企业					
序号	运输企业名称	序号	运输企业名称	序号	运输企业名称
1	顺丰航空有限公司	2	杭州圆通货运航空有限公司	3	中州航空有限公司
4	江苏京东货运航空有限公司	5	春秋航空股份有限公司	6	上海吉祥航空股份有限公司
7	华夏航空股份有限公司	8	奥凯航空有限公司	9	东海航空有限公司
10	浙江长龙航空有限公司	11	湖南航空股份有限公司	12	九元航空有限公司
13	龙江航空有限公司				

图 6-8　民营航空运输企业名单

此外，就客运运输企业而言，按照航线布局和商业模式不同，也可进行不同分类。

(1) 按航线布局不同分为干线航空公司和支线航空公司。

干线航空与支线航空是相对的概念。在航空运输网络中，界定干线航空与支线航空的考量因素包括飞机机型、航线距离、航线网络和机场等。

2005 年 11 月，中国民用航空总局下发《民航总局关于促进支线航空运输发展的若干意见》。其指出：支线是指依据民航机场规划的机场分类，在中小型(支线)机场始发或到达的省、自治区、直辖市内的航线，以及跨省、自治区、直辖市航程较短或运量较小的航线。2017 年，在民航局下发的文件中对支线航空、支线航线、支线飞机的定义进行了明确：支线飞机是指"经民航局审定/认可，最高座位数为 100 座级以下客舱布局的单通道飞机"；支线航线是指"在年旅客吞吐量 200 万人次以下(含)的民用机场始发或者到达的省、自治区、直辖市内(航线)航段，以及跨省、自治区、直辖市航程距离在 600 千米以内的(航线)航段"；支线航空是"从事支线航线运营的航空客货运输业务"。我国支线航空市场有 4 家航空公司：华夏航空、幸福航空、成都航空和天骄航空。

(2) 按照商业模式不同可分为全服务航空公司与差异化服务航空公司。

全服务航空公司与差异化服务航空公司的区别可以理解为"一价全包"与"按需付费"两种模式。在没有实施差异化服务之前，航空公司提供的都是一价全包式的产品，无论旅客是否需要这项服务，标准化的服务产品和服务流程都固定不变。差异化服务模式出现后，航空公司剥离了航班餐食、托运行李、出行保险等与机票的依附关系，把选择权交还给旅客，旅客可以根据自己需要付费购买所需项目。这能让旅客以更优惠的票价完成空中旅行，有利于提高旅客对航空公司的满意度和忠诚度。

根据民航旅客服务评测网(CAPSE)发布的《2023 年航空公司服务测评报告》中给出的数据，在选取的 32 家内地航空公司中，全服务航空公司有 20 家，差异化服务航空公司有 12 家，如图 6-9 和图 6-10 所示。

内地全服务航空公司

图 6-9　全服务航空公司

内地差异化服务航空公司

图 6-10　差异化服务航空公司

二、通用航空

通用航空是以通用航空飞行活动为核心，涵盖通用航空器研发制造、市场运营、综合保障，以及延伸服务等全产业链的战略性新兴产业体系。所有从事通用航空运输的民航企业，必须取得 CCAR-91 部规定的运行合格证或 CCAR-135 部规定的运行合格证。

(一)通用航空概念

《中华人民共和国民用航空法》对通用航空的定义为：通用航空，是指使用民用航空器从事公共航空运输以外的民用航空活动，包括从事工业、农业、林业、渔业和建筑业的作业飞行以及医疗卫生、抢险救灾、气象探测、海洋监测、科学实验、教育训练、文化体育等方面的飞行活动，如图 6-11 和图 6-12 所示。所有从事通用航空运输的航空公司，必须取得 CCAR-91 部规定的运行合格证或 CCAR-135 部规定的运行合格证。

根据中国民航局飞标司发布的《2023 年通用和小型运输运行概况》中的数据，截至 2023 年 12 月 31 日，获得通用航空经营许可证且实际在运行的通用及小型运输航空公司有 396 家，航空器有 2141 架。

图 6-11　通用航空分类

图 6-12　通用航空活动

(二)通用航空特点

通用航空除具备公共航空运输的特点外，还有以下独特特点。

1. 通用性

通用航空具有广泛的适用范围，可以应用于工农业生产、新型服务业、科学研究和日常生活等各个方面。它涵盖了私人飞行、通勤运输、农业喷洒、医疗救援、消防救援、警务巡逻等多种航空活动。

2. 不可替代性

通用航空与铁路、公路、水运等其他交通方式相比，它不受轨道、地面拥堵和水道等限制，能够直达目标。通用航空中的直升机等航空器具有垂直起降的能力，不必考虑跑道的制约，从而节省更多土地资源。

3. 专业技术性

通用航空涉及多个专业领域，如农业喷洒、医疗救援、消防救援等，每个作业项目都有不同的技术要求和质量标准，专业性非常强。

4. 灵活性、适应性和高效性

通用航空不需要遵守严格的时间表和路线规定，可以根据需求进行调整，具有高度的灵活性。它可以在任何天气条件下进行飞行，并且可以在任何地点起降，具有广泛的适应性。通用航空可以更加高效地满足用户需求，尤其是在紧急救援和医疗援助等方面，能够迅速响应并快速抵达目标区域。

5. 安全性

通用航空的飞行员和机组人员都经过专业培训，具备较高的飞行技能和应急处理能力，能够保证飞行安全。

6. 快速发展与广泛应用

随着经济发展和人民生活水平的提高，通用航空产业也取得了长足发展。它在农林作业、工业服务、短途运输、紧急救援与医疗援助、低空旅游等领域都发挥着重要作用。通用航空飞机数量增长迅速，预计未来几年将继续保持高速增长趋势。

(三)通用航空分类

《通用航空飞行管制条例》中对通用航空的定义为："通用航空包括从事工业、农业、林业、渔业、矿业、建筑业的作业飞行和医疗卫生、抢险救灾、气象探测、海洋监测、科学试验、遥感测绘、教育训练、文化体育、旅游观光等方面的飞行活动。"这也是人们对通用航空的常规分类。

2018 年 7 月，民航局为促进我国通用航空业发展，加快推进以科学分类为基础的通用航空治理体系和治理能力现代化建设，更好发挥通用航空促进经济转型升级、服务社会民生、拉动大众消费的功能，对通用航空分类管理提出了指导意见。在总体要求的基本原则中，提出了经营性与自用性通用航空的分类方式。"经营性"和"自用性"是以飞行活动是否以取酬为目的进行区分。2020 年 8 月，交通运输部颁布了最新修订的《通用航空经营许可管理规定》，该规定中将原"通用航空经营活动"的表述修改为"经营性通用航空活动"，力求文字表述更加准确。经营性通用航空活动按照飞行活动性质划分为三类。

① 载客类，是指通用航空企业使用符合民航局规定的民用航空器，从事旅客运输的经营性飞行服务活动。载客类经营活动主要类型包括通用航空短途运输和通用航空包机飞行。载客类中的客，是指向通用航空企业支付费用，搭乘通用航空企业使用的符合民航局规定的民用航空器，实现从起飞地到降落地这一运输目的的旅客。

② 载人类，是指通用航空企业使用符合民航局规定的民用航空器，搭载除机组成员及飞行活动必需人员以外的其他乘员，从事载客类以外的经营性飞行服务活动。载人类中的人，是指除机组成员及飞行活动必需人员之外，搭乘通用航空企业使用的符合民航局规定的民用航空器，实现非运输目的的乘员。

③ 其他类，是指通用航空企业使用符合民航局规定的民用航空器，从事载客类、载人类以外的经营性飞行服务活动。

【思考题】

1. 什么是航空？
2. 航空包括哪些要素？
3. 航空业包括哪些类别？
4. 民用航空的概念是什么？
5. 民用航空的作用是什么？
6. 民用航空可以分为哪两类？
7. 简述航空器的分类。
8. 民用航空器可以分为哪些类别？
9. 航空客票的种类包括哪些？
10. 什么是常旅客计划？
11. "三超"行李指的是什么？
12. 简述专机与包机的区别。
13. 简述备降与迫降的区别。
14. 简述公共航空运输的特点。
15. 简述通用航空运输的特点。

第四篇

民用航空客机

第七章

民航客机机型概述

【本章导读】

民航客机作为连接世界的重要交通工具，其机型多样，各具特色。从经典的老牌机型到创新的新一代飞机，每一种机型都承载着航空技术的进步与飞行体验的提升。本章从世界主要飞机制造商的介绍出发，通过大量丰富图片全面介绍各类知名机型，探讨它们的性能特点与未来发展趋势，为读者呈现一个全面的民航客机机型世界。

【学习目标】

- 掌握主要飞机制造商的名称和企业标识；
- 掌握波音飞机的分类及性能特点；
- 掌握空中客车飞机的分类及性能特点；
- 掌握中国商飞 C919 及 ARJ21 的特点；
- 了解湾流、庞巴迪等公司飞机的分类；
- 理解飞机机型的适航性与经济性；
- 能够准确识别并区分不同的民航客机机型，包括它们的外观特征、内部布局等。

第一节　主要飞机制造商介绍

【导入阅读】

空中客车天津总装线是欧洲空中客车公司在欧洲以外建立的第一条 A320 单通道系列飞机总装线，如图 7-1 所示，在天津已经投产 15 年。

2023 年 4 月 6 日，法国总统马克龙访华期间，空中客车公司与天津保税区投资有限公司、中国航空工业集团有限公司签署协议，宣布将在空客天津建设第二条总装线，拓展 A320 系列飞机的总装能力。总装线的拓展将进一步增加空客天津 A320 和 A321 飞机的总装能力。

2023 年 9 月 28 日，空中客车天津 A320 系列飞机第二条总装线拓展项目在天津破土动工，如图 7-2 所示，计划 2025 年年底竣工并正式投入运营。作为空客产能提升计划的一部分，天津 A320 系列飞机总装线拓展项目建成之后，天津将具备两条单通道飞机总装线，与欧洲和北美的生产设施一同成为空客全球生产体系的重要组成部分。届时，空客将在全球范围内拥有 10 条总装线，其中，2 条位于中国天津，2 条位于法国图卢兹，2 条位于美国莫比尔，4 条位于德国汉堡，这些总装线共同为空客全球到 2026 年实现月产 75 架 A320 系列飞机的总目标贡献力量。

图 7-1　空中客车天津 A320 系列飞机总装线

图 7-2　空客天津 A320 系列飞机第二条总装线拓展项目开工仪式

一、行业概述

飞机制造行业是指以飞机的研发、生产和销售为主要业务的产业。飞机制造是按设计要求制造飞机的过程，涉及诸多领域，包括航空工程、材料科学、机械设计及航空电子等，是一项极其复杂且高度技术化的工作。通常飞机制造仅指飞机机体零构件制造、部件装配和整机总装等。飞机的其他部分，如航空发动机、仪表、机载设备、液压系统和附件等由专门工厂制造，不列入飞机制造范围。但其作为成品在飞机上的安装和整个系统的连接、电缆和导管的敷设，以及各系统的功能调试都是总装的工作，是飞机制造的一个组成部分。

二、全球主要飞机制造商

(一)波音公司

波音公司是全球最大的航空航天业公司，也是世界领先的民用飞机和防务、空间与安全系统制造商，以及售后支持服务提供商。波音公司的总部位于美国芝加哥，公司下设三个业务部门：民用飞机集团，防务、空间与安全集团，以及波音全球服务集团。图 7-3 所示为波音公司标识。

(二)空中客车公司

空中客车公司是欧洲一家飞机制造研发公司，于 1970 年 12 月在法国成立。空中客车公司总部设在法国图卢兹，由欧洲宇航防务集团拥有。公司以客户为中心的理念、商业知识、技术领先地位和制造效率使其跻身行业前沿。图 7-4 所示为空中客车公司标识。

图 7-3　波音公司标识　　　图 7-4　空中客车公司标识

(三)庞巴迪宇航公司

庞巴迪宇航公司是一家总部位于加拿大魁北克省蒙特利尔的国际性交通运输设备制造商。与其他飞机制造厂家不同，庞巴迪宇航公司是全世界唯一一家同时生产飞机和火车的制造商。庞巴迪宇航公司专注于公务飞机、商用飞机、特种和水陆两栖飞机市场，旗下的庞巴迪运输集团的业务则涵盖了全方位的轨道交通解决方案，包括整车、子系统、维护服务、系统集成和信号系统。经过几十年的发展，庞巴迪宇航公司已经成为世界第一大支线飞机制造商、世界第三大民用飞机生产商。图 7-5 所示为庞巴迪宇航公司标识。

(四)巴西航空工业公司

巴西航空工业公司是巴西一家航空工业集团，成立于 1969 年，业务范围包括商用飞机、公务飞机和军用飞机的设计制造以及航空服务。经过几十年的不断进取与创新，坚持以市场为导向，以满足客户需求为宗旨，该公司已跻身世界四大民用飞机制造商之列，发展成为全球最大的 120 座级以下商用喷气飞机制造商，占世界支线飞机市场约 45%市场份额。图 7-6 所示为巴西航空工业公司标识。

(五)湾流宇航公司

湾流宇航公司是世界上生产豪华、大型公务机的著名生产商，公司成立于 1958 年，总部位于美国佐治亚州萨凡纳。图 7-7 所示为湾流宇航公司标识。

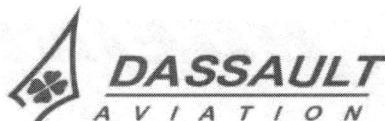

(六)达索公司

达索公司是法国第二大飞机制造公司，也是世界主要军用飞机制造商之一，具有独立研制军用和民用飞机的能力，公司总部设在巴黎。达索公司的业务分为军机、民机和航天产品三个部分。之前，达索主要从事军用飞机的制造，在拿下几乎法国政府所有战斗机合同后，达索决定再次进入民用航空市场，投入蓬勃发展的民用领域。图 7-8 所示为达索公司标识。

图 7-5　庞巴迪宇航公司标识　　　　　　图 7-6　巴西航空工业公司标识

图 7-7　湾流宇航公司标识　　　　　　图 7-8　达索公司标识

(七)德事隆航空

德事隆航空是一家多产业集团公司，旗下企业由 5 个事业部组成：贝尔直升机、德事隆航空、德事隆工业、德事隆系统和德事隆金融。其涉及行业包括航空、防务、特种车辆、草坪养护和油箱系统等。

德事隆航空是通用航空业界权威，旗下拥有比奇(Beech-craft)和塞斯纳(Cessna)两大领先品牌，产品在全球现役通用航空飞机中占据半数以上。5 个主要业务领域包括喷气商务机、通用航空和特殊任务涡桨飞机、高性能活塞飞机、军用教练机和战斗机，以及完善的全球客户服务体系。德事隆航空已向全球超过 143 个国家交付了 25 万多架飞机。公司丰富的产品线包括畅销全球的奖状系列商务机、空中国王和大篷车涡桨飞机，以及 T-6 军用教练机。

三、我国主要飞机制造商

(一)中国商用飞机有限责任公司

中国商用飞机有限责任公司成立于 2008 年 5 月 11 日，总部在上海，它主要从事民用飞机及相关产品的科研、生产、试验试飞，民用飞机的销售、服务、租赁和运营等相关业务。

中国商用飞机有限责任公司坚持"发展民机、壮大产业、开拓创新、勇创一流"的发展方针和"自主研制、国际合作、国际标准"的技术路线，坚持"产业化、国际化、市场化"的发展方向，全力打造更加安全、经济、舒适、环保的商用飞机，立志让中国的大型客机翱翔蓝天。

(二)中航沈飞股份有限公司

中航沈飞股份有限公司是以航空产品制造为主营业务的股份制公司，注册地位于胶东半岛、古城文登，办公地位于国家装备重地沈阳。是以航空产品制造为核心主业，集科研、生产、试验、试飞、服务保障为一体的大型现代化飞机制造企业，是中国航空工业集团有限公司旗下的骨干企业之一。

(三)航空工业成都飞机工业(集团)有限责任公司

航空工业成都飞机工业(集团)有限责任公司创建于 1958 年，是我国航空武器装备研制生产和出口主要基地、民机零部件重要制造商、国家重点优势企业。它是国际一流的民机大部件供应商，累计生产交付民机转包产品一万多架份，还大力发展无人机产业。同时，航空工业成都飞机工业(集团)有限责任公司积极发挥航空高科技优势，有选择地发展重点支柱民品项目，建设航空高科技产业园，强力拉动地方经济的发展。

(四)航空工业江西洪都航空工业集团有限责任公司

航空工业江西洪都航空工业集团有限责任公司隶属于中国航空工业集团有限公司，创建于 1951 年 4 月 23 日，是新中国第一架飞机、第一枚海防导弹的诞生地。航空工业江西洪都航空工业集团有限责任公司是集科研、生产和经营为一体，拥有完备的飞机、导弹研制生产能力的专业航空研发制造企业，兼具"厂所合一、机弹合一、战训合一"特点，为新中国航空事业发展作出了杰出贡献。自建厂以来，航空工业江西洪都航空工业集团有限责任公司先后研制生产了 5 大系列 20 多种型号飞机，交付飞机 5000 余架。经过 70 年的深耕细作，航空工业江西洪都航空工业集团有限责任公司已经拥有以初教六、K8、L15 等为代表的初、中、高级全谱系教练机产品。

(五)中航西安飞机工业集团股份有限公司

中航西安飞机工业集团股份有限公司隶属于中国航空工业集团有限公司，是我国大中型军民用飞机科研生产基地。它主要从事大中型飞机整机及航空零部件等航空产品的研制、批产、维修及服务，目前主要产品有大中型运输机、轰炸机、特种飞机等。同时，该公司还承担了 ARJ21、C919、AG600 等国内外大中型民用飞机机体部件设计、制造、配套与服务的工作，与欧洲空中客车公司、美国波音公司及中国商用飞机有限责任公司、中航通用飞机有限责任公司等国内外知名航空公司拥有长期而稳定的合作关系。

(六)航空工业哈尔滨飞机工业集团有限责任公司

航空工业哈尔滨飞机工业集团有限责任公司创建于 1948 年，管理天津直升机有限责任公司、中国飞龙通用航空有限公司、哈尔滨通用飞机工业有限公司、天津中航锦江航空维修工程有限责任公司 4 家企业。该公司研制生产了我国第一架直升机直 5、第一架轻型喷气轰炸机轰 5、第一架大型水上反潜轰炸机水轰 5 等机型。改革开放后,该公司相继自主研制生产了直 9 系列直升机、运 12 系列飞机。近年来,该公司聚焦航空主业,加快推进航空产品升级换代,形成了以"直 9 系列、直 19"军用直升机,"AC312 系列、AC352"民用直升机和"运 12E、运 12F"固定翼飞机为代表的产品体系,构建起了一机多型、系列发展的产品格局,全方位满足客户需求。该公司拥有国际权威适航当局认可的健全设计研发制造体系,同时也具备直升机和定翼机设计研发制造能力。此外,该公司的复合材料设计与验证等多项技术处于国内领先地位,是国内最大的航空复合材料零部件生产基地。

第二节　民航客机机型介绍

一、波音飞机

1972 年美国总统尼克松历史性的访华将波音飞机引入了中国市场。如今,波音飞机已经成为我国民航客货运系统的主力。波音飞机的主力运营机型包括 737、747、777 和 787 梦想飞机。

(一)737 飞机

737 飞机是波音公司于 1965 年开始研制的一种中短程双发喷气式客机,是世界民航历史上最成功的窄体民航客机系列之一。在几十年的发展历程中,737 飞机衍生出 4 代 10 多种型号:第一代为波音 737-100 和波音 737-200;第二代为波音 737-300、737-400 和波音 737-500;第三代(NG)包括波音 737-600、737-700、737-800(见图 7-9)和波音 737-900ER;第四代(MAX)包括波音 737 MAX 7、MAX 8 和 MAX 9,如图 7-10 所示。

图 7-9　波音 737-800 飞机

图 7-10　波音 737MAX 飞机

(二)747 飞机

747 飞机是波音公司在 20 世纪 60 年代末在美国空军的主导下推出的大型商用宽体客/货运输机，也是世界上第一款宽体民用飞机，如图 7-11 所示。自 1970 年投入服务后，到空中客车 A380 投入服务之前，747 飞机保持全世界载客量最高飞机的纪录长达 37 年。经过多次设计改进，2005 年波音公司发布了最新机型 747-8。2020 年 7 月，波音宣布停产所有 747 系列飞机。最后一架 747 飞机于 2022 年 12 月 6 日走下生产线，并于 2023 年 1 月 31 日交付给阿特拉斯航空公司。

图 7-11　波音 747 飞机

(三)777 飞机

777 飞机是波音公司生产的一款中远程双引擎宽体客机，也是全球最大的双引擎宽体客机。777 飞机在航程上介于 767-300 和 747-400 之间，具有座舱布局灵活、航程范围大和能满足不断变化的市场需求的特点。777 飞机目前主要型号为 777-200LR 和 777-300ER，如图 7-12 所示。

图 7-12　波音 777 飞机

(四)787 梦想飞机

787 飞机也被称为梦想客机，是波音公司于 2009 年 12 月 15 日推出的一款全新机型，也是航空史上首架超远程中型客机。787 梦想飞机的最大特点是大量采用先进复合材料建造飞机骨架、超低燃料消耗、较低的污染排放及舒适的客舱环境。787 梦想飞机目前推出的机型包含 787-8、787-9、787-10 三种，如图 7-13 所示。

二、空中客车飞机

空中客车公司的现代化综合生产线由几个非常成功的系列机型组成：单通道的 A320 系列(A318/A319/A320/A321)、宽体 A300/A310 系列、远程型宽体 A330/A340 系列、全新远程中等运力的 A350 宽体系列，以及超远程的双层 A380 系列。

图 7-13　波音 787 飞机

中国于 1985 年引进第一架空中客车飞机。截至 2023 年 12 月 31 日，中国的空客飞机数量是 2228 架。其中 A300 有 6 架，A319 有 181 架，A320 有 1226 架，A321 有 514 架，A330 有 223 架，A350 有 78 架。

(一)A320 系列飞机

A320 系列飞机是欧洲空中客车公司研制生产的中短程、单通道、亚音速民用航空器。它代表着空中客车公司最成功的喷气式飞机家族。A320 系列主要机型包括 A318、A319、A320 及 A321 四种。A320 系列飞机自 1988 年 4 月投入运营以来，迅速在中短程航线上设立了舒适性和经济性的行业标准，如图 7-14 所示。

图 7-14　A320 系列飞机

(二)A330 系列飞机

A330 系列飞机是欧洲空中客车公司于 1987 年 6 月生产的高载客量电传操纵喷气式中长程双通道宽体客机，用于取代空中客车 A300 和 A310，与四引擎的空中客车 A340 同期研发。2023 年 11 月 9 日，空中客车公司在上海介绍，作为 A330 系列飞机家族的最新成员，高效灵活的"新生代多面手"A330neo 系列飞机已蓄势待发，将为中国民航远航高飞，实现高质量发展增添新运力，如图 7-15 所示。

(三)A350 系列飞机

A350 系列飞机是欧洲空中客车公司研制的双发远程宽体客机，是空客的新世代中大型中至超长程用宽体客机系列，用于取代较早期推出的 A330 及 A340 系列机种。A350 系列飞机是在 A330 系列飞机的基础上进行改进的，主要是为了增加航程和降低运营成本，同时也是为了与全新设计的波音 787 进行竞争。A350 系列包含 A350-800、A350-900 和

A350-1000，如图 7-16 所示。

图 7-15　A330neo 系列飞机

图 7-16　A350 系列飞机

(四)A380 系列飞机

A380 系列飞机是四引擎、525 座超大型双层客机，航程 14800 千米，是欧洲空中客车公司制造的全球最大的宽体客机，被誉为欧洲航空工业的明珠，有"空中巨无霸"之称，如图 7-17 所示。1988 年，空客开始相关的研究工作，1990 年对外宣布该项目并向波音 747 在远程航空客运市场的主导地位发起挑战。A380 第一架原型机于 2005 年 1 月 18 日在法国图卢兹首次公开，2005 年 4 月 27 日完成首飞。2021 年，空客发布消息称，经过对实际运营情况重新评估并考虑到未来航空业发展趋势，在完成订单交付之后，A380 系列飞机生产将暂停。

图 7-17　A380 系列飞机

阿联酋航空公司是 A380 系列飞机最大的顾客,占 A380 系列飞机总销量的一半。阿联酋航空公司一共引进了 124 架,退役了 4 架,现运营 120 架。

在中国民航业,中国南方航空于 2011 年 10 月正式引进第一架 A380 飞机,也是国内唯一一家引进 A380 飞机的航空公司。到 2013 年,南航 A380 机队规模达到 5 架。由于疫情冲击、飞机停产、运营成本增高等因素,2021 年 12 月 21 日,最后两架 A380 飞机离开广州白云机场,这宣告着 A380 的正式退役。

三、庞巴迪飞机

庞巴迪飞机主要面向支线飞机市场和公务机市场。

庞巴迪宇航公司研制生产的支线飞机是 CRJ(Canada Regional Jet)系列。1989 年,庞巴迪宇航公司优秀的航空工程师团队推出了 50 座的加拿大支线飞机计划——CRJ-100/200,该计划于 1992 年获得认证。CRJ 通过将小城市与主要枢纽连接起来,彻底改变了区域旅行,使航空旅行对大多数人而言变得更容易。随后,相继在 1997 年、2000 年和 2007 年推出 70 座的 CRJ-700、90 座的 CRJ-900 和 100 座的 CRJ-1000。可以说,CRJ 系列飞机见证了庞巴迪宇航公司对支线喷气式飞机作出的贡献。2018 年,庞巴迪宇航公司对 CRJ 系列飞机的客舱进行了一次重要的改进,采用了更宽的座椅、更大的头顶行李箱、LED 意境照明灯、全新设计的前部洗手间等功能。2019 年 6 月,庞巴迪宇航公司宣布将其 CRJ 项目出售给三菱重工,这家日本公司负责 CRJ 飞机的维护、支持、翻新、营销和销售工作。

目前,国内最大的 CRJ 系列飞机运营商是华夏航空。2012 年 7 月,华夏航空率先引进国内首架 CRJ-900 飞机。截至 2023 年年底,华夏航空机队规模为 70 架,其中 CRJ-900 飞机 38 架,如图 7-18 所示。

图 7-18　华夏航空 CRJ-900 飞机

2000 年 2 月,庞巴迪宇航公司宣布专注于公务机市场,推出环球(Global)、挑战者(Challenger)和里尔(Learjet)三个公务机系列。2021 年年初,庞巴迪宇航公司宣布停止生产里尔系列,至 2023 年中期,庞巴迪宇航公司只剩下两个公务机系列业务:环球和挑战者。机型包括挑战者 350、3500、650(见图 7-19)和环球 5500、6500、7500、8000。其中,环球 8000 于 2025 年开始交付,如图 7-20 所示。

1995 年以前,我国的公务机市场一片空白。1995 年 4 月 21 日,海南省航空公司(即现今海南航空公司)建立了公务机分部(即现今金鹿公务航空),并购买了一架二手的庞巴迪宇航公司生产的里尔 55 中型公务机,实现了国内公务机市场零的突破,如图 7-21 所示。据亚翔航空发布的《2021 年亚太地区公务机机队报告》，庞巴迪宇航公司始终是亚太地区最受欢迎的飞机制造商之一，2021 年其占据了市场份额的 27%。2022 年，庞巴迪公务机在中国市场的份额为 29%，共有 116 架。

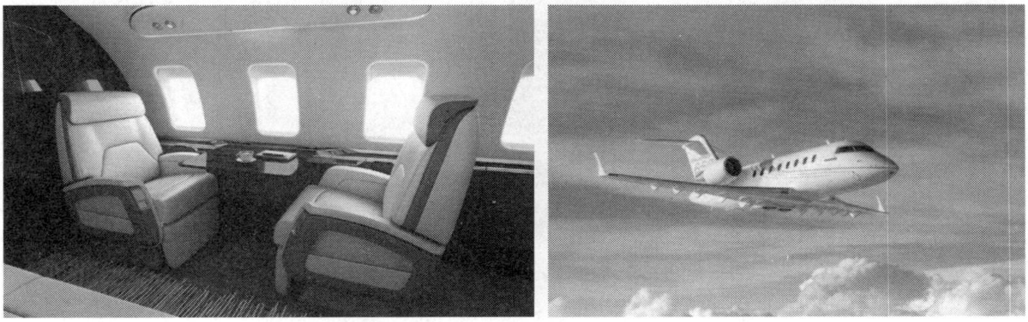

图 7-19　挑战者 650 飞机外观及内饰

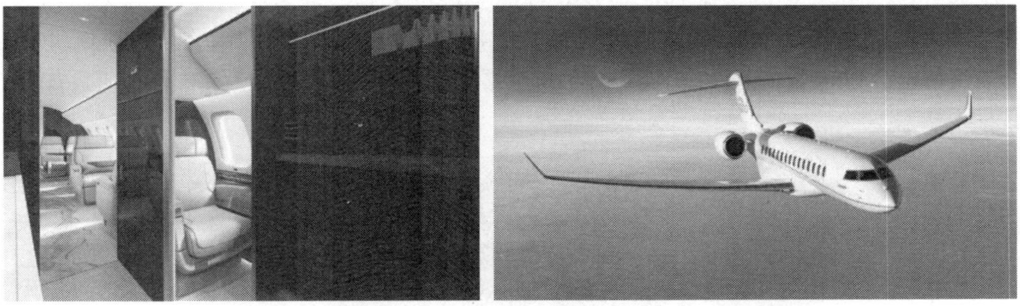

图 7-20　环球 8000 飞机外观及内饰

图 7-21　中国首架公务机——里尔 55

四、湾流飞机

湾流宇航公司从 1957 年开始研发生产涡轮公务机，经过不断发展，现已成为世界上生产豪华、大型公务机的领先制造商。其研发的视像增强系统(EVS)可让驾驶员即使在有限的能见度下也能够看清跑道，配有 EVS 的湾流公务机革命性地突破了世界上各种机型的大多数安全标准。湾流公务机因其高度可靠性而享誉全球。湾流公务机机型包括 G800、G700、G650/G650ER、G600、G500、G400 和 G280。湾流 G700 飞机外观及内饰如

图 7-22 所示。

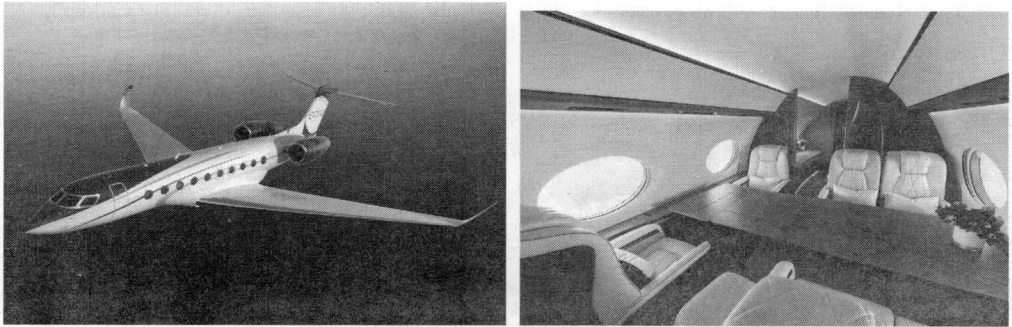

图 7-22　湾流 G700 飞机外观及内饰

　　根据 Frost & Sullivan 公布的数据，2019 年，湾流宇航在中国大陆地区运营的公务机数量占比为 35%，也是中国大陆地区最受欢迎的公务机之一。据《2022 年国内公务机年度飞行报告》公布的数据，2022 年，湾流公务机的数量为 160 架，占中国公务机机队 40% 的份额，排在首位。以金鹿公务航空为例，2024 年 2 月，又引进一架湾流 550 公务机，如图 7-23 所示。

图 7-23　金鹿公务航空 2024 年引进一架湾流 550 公务机接机仪式

五、巴航工业飞机

　　1969 年 8 月 19 日，巴西航空工业公司正式成立。50 多年来，巴航工业在商用飞机、公务机、防御和安保飞机，以及农用飞机制造领域积累了丰富的经验。巴航工业共研发出约 40 个机型，向全球客户交付逾 8000 架飞机。这些飞机每年运送乘客超过 1.45 亿人次。

　　1972 年，代表巴航工业精神的双引擎螺旋桨飞机 EMB-110 "先锋" 首飞。该机型成为支线航空的传奇，在全球共交付 498 架，如图 7-24 所示。1983 年，巴航工业 EMB-120 飞机完成首飞，如图 7-25 所示。

　　巴航工业为成为直飞航线领域的领导者，研发了一种较小但是航速更快、航程更长的机型——ERJ 系列。该系列有 4 个机型，分别为 50 座的 ERJ145、50 座的 ERJ145 XR、44 座的 ERJ140 和 37 座的 ERJ135。1998 年，巴航工业 ERJ135 飞机首飞成功，如图 7-26 所示。2001 年，巴航工业 ERJ145XR 飞机首飞成功，该飞机航程达 3704 千米，如图 7-27 所示。

图 7-24　EMB-110"先锋"

图 7-25　EMB-120

图 7-26　ERJ135

图 7-27　ERJ145XR

　　2003 年，巴航工业 E175 飞机首飞成功，该款飞机成为北美 76 座级市场的领导者，也是巴航工业 E 系列飞机中的一款，如图 7-28 所示。E 系列飞机专为支线市场研发，是为填补支线飞机和小型单通道干线喷气飞机之间的空白而推出的具有高效率、经济性的特点，符合人机工程学原理的飞机。E 系列飞机由四款机型组成，分别是 E170(70～78 座)、E175(78～88 座)、E190(98～114 座)和 E195(108～122 座)。

　　2016 年，巴航工业 E170 飞机成为飞机减噪和降低环境影响的测试平台。同年，巴航工业的"收益捕手"E190-E2 飞机首飞成功，如图 7-29 所示。2017 年，巴航工业 E2 系列中最大的机型 E195-E2 飞机首飞成功，如图 7-30 所示。2019 年 7 月 8 日，"收益捕手"

E195-E2 飞机飞抵厦门机场，开启全球巡演，如图 7-31 所示。

图 7-28 E175

图 7-29 E190-E2

图 7-30 E195-E2

图 7-31 E195-E2 抵达厦门机场

在我国的航空公司中，以天津航空为例，机队规模为 97 架，由 A330、A320 和 E190 三种机型组成。其中，巴航工业 E 系列 51 架，包括 31 架 E190 和 20 架 E195，如图 7-32 所示。

图 7-32 天津航空 E190 飞机

2000 年，巴航工业进入公务航空市场，提供从超轻型到超大型全系列产品的公务机，产品包括飞鸿系列(Phenom)、莱格赛系列(Legacy)和领航系列(Praetor)，世袭 1000 (Lineage1000) 已经停产。其中，飞鸿系列有飞鸿 100/300，莱格赛系列有莱格赛 450/500/600/650，领航系列有领航 500/600，如图 7-33 所示。

2016 年 4 月 19 日，巴航工业交付公司史上第 1000 架公务机，这距离巴航工业进入公务机市场仅仅 15 年，如图 7-34 所示。

图 7-33　莱格赛 500

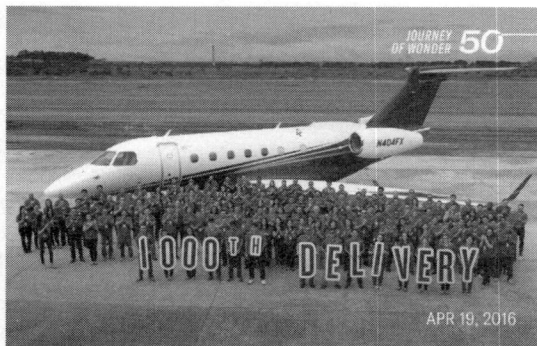

图 7-34　巴航工业交付的第 1000 架公务机

2021 年 9 月，巴航工业交付了第 1500 架公务机——飞鸿 300E，这款机型连续九年问鼎全球最畅销轻型公务机，如图 7-35 所示。巴航工业仅用 20 年时间就取得了如此令人瞩目的成就，而业内达到这个成就的平均时间是 34 年。巴航工业公务机拥有超过 950 家客户，在 80 多个国家运营 1500 架飞机，公务机业务年增长率累计达 22%。据统计，仅 2020 年，市场上交付的每 4 架中小型公务机中就有一架巴航工业飞鸿或领航系列公务机。

图 7-35　飞鸿 300E

六、达索飞机

1963 年，达索公司创始人马塞尔·达索设计出第一代公务机——神秘 20，这也是法国首款喷气式公务机，三个月后，美国泛美航空一次订购了 40 架神秘 20，拉开了达索公务机家族的序幕。

达索公务机家族被称为达索猎鹰(Dassault Falcon)，机型包括 Falcon900DX/LX/EX、

Falcon2000DX/LXS/EX、Falcon10X/8X/6X 等，如图 7-36 和图 7-37 所示。

达索猎鹰系列公务机在中国公务机市场一直排行第三。根据 2023 年年初的统计，目前国内公务机市场有 29 架达索猎鹰公务机。2024 年 3 月，作为全球首款超宽体专用公务机，全新达索猎鹰 6X 在中国香港和澳门进行了为期两天的静态展示活动，这标志着猎鹰 6X 公务机正式进军中国市场。猎鹰 6X 外观及内饰如图 7-38 所示。

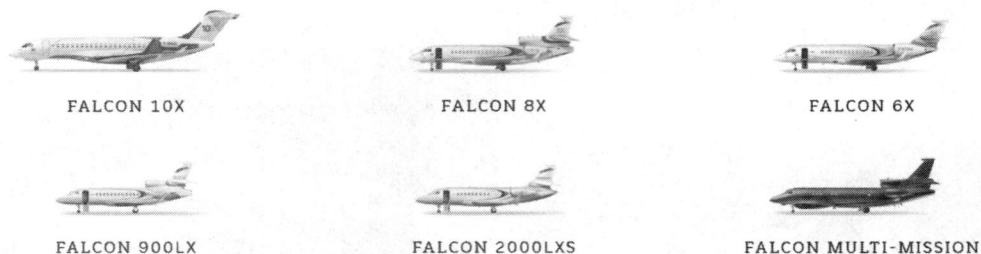

FALCON 10X　　　　FALCON 8X　　　　FALCON 6X

FALCON 900LX　　　FALCON 2000LXS　　FALCON MULTI-MISSION

图 7-36　达索猎鹰系列公务机图谱

图 7-37　猎鹰 8X

图 7-38　猎鹰 6X 外观及内饰

七、德事隆飞机

德事隆是拥有众多全球知名企业的母公司，旗下企业由五个事业部组成：贝尔直升机、德事隆航空、德事隆工业、德事隆系统和德事隆金融。

(一)贝尔直升机

贝尔直升机(Bell Helicopter)是世界上最大的直升机制造商，其总部位于美国南部得克萨斯州的沃斯堡，隶属于德事隆集团。贝尔直升机主要生产民用和军用直升机以及倾转旋翼机。贝尔直升机生产的民用直升机可乘坐 15 人，广泛应用于空中运输、医疗救护及搜索救援等活动。

贝尔直升机于 1979 年正式进入中国，迄今为止已经 46 年了。1979 年，贝尔 212 中型双发直升机成为首款引进中国的美国直升机产品。当年，中国共引进 8 架贝尔 212 直升机。贝尔 212 直升机在引进中国后的 40 余年里活跃在社会各个领域，该机型目前仍在适航状态，贝尔 212 引进中国后的工作画面如图 7-39 和图 7-40 所示。

图 7-39　1987 年贝尔 212 在长城吊运电视转播设备

图 7-40　2006 年山西警航引进贝尔 212 "兴旺号"

1984 年，中国民航局正式引进贝尔 214ST 型直升机，并交由民航广州管理局执管，主要用于海上石油钻井平台服务作业。20 世纪 80 年代，数架贝尔 214ST(见图 7-41)和贝尔 412 直升机被引入国内，用于近海油气业务和其他各类直升机作业任务。

中国民航飞行学院于 1985 年首次引进 6 架贝尔 206B-3 直升机，用于飞行训练。同时，这批贝尔 206 直升机也用于执行应急救援等任务，如图 7-42 所示。

2000 年后，贝尔 407、贝尔 429 等全新一代民用直升机快速引入中国，中国贝尔直升机机队规模显著增加。以首航直升机为例，2024 年年初，北京首航直升机有限公司机队再添新成员，贝尔 412 直升机加入公司规范运营，如图 7-43 所示。

图 7-41　贝尔 214ST 型直升机

图 7-42　贝尔 206B 型直升机

图 7-43　贝尔 412 型直升机

(二)德事隆航空

自 1927 年塞斯纳飞机公司成立至今，德事隆航空已有近百年历史。在这期间，德事隆航空累计交付超过 25 万架飞机。全球范围内超半数的通用航空飞机都由其生产制造，涵盖喷气公务机、涡桨飞机、高性能活塞飞机及特殊任务飞机。

德事隆航空拥有丰富的产品线，包括畅销全球的奖状系列商务机、空中国王和大篷车涡桨飞机及 T-6 军用教练机等。

1. 塞斯纳

塞斯纳飞机公司成立于 1927 年，总部位于美国中部堪萨斯州维奇塔市，是世界上设计与制造轻、中型商务飞机，涡轮螺旋桨飞机，以及单发活塞式发动机飞机的主要厂商，自 1991 年起，成为德事隆集团的子公司。塞斯纳主要有 3 个品牌：塞斯纳单发(S.E.P)飞机，涡轮螺旋桨飞机(Turboprop)和奖状(Citation)飞机。机型系列有十余款。

塞斯纳奖状公务机系列已有 40 多年的历史，奖状系列公务机包括奖状经度(Citation Longitude)(见图 7-44)、奖状纬度(Citation Latitude)、奖状雅升(Citation ASCEND)、奖状 CJ4 GEN2(Citation CJ4 GEN2)、奖状 CJ3 GEN2(Citation CJ3 GEN2)和奖状 M2 GEN2(Citation M2 GEN2)等。

图 7-44　塞斯纳奖状经度飞机

涡轮螺旋桨飞机系列包括著名的"大篷车"(Caravan)(见图 7-45)、"华丽大篷车"(Grand Caravan EX)(见图 7-46)和"空中信使"(SkyCourier)。

图 7-45　塞斯纳 208 "大篷车"

图 7-46　塞斯纳 408 "华丽大篷车"

2. 比奇

在航空业刚刚开始起步时，比奇这个品牌就已经诞生了。1932 年，沃尔特·比奇(Walter H. Beech)和奥利夫·安·比奇(Olive Ann Beech)夫妇成立了比奇飞机公司，该公司是美国通用及军用飞机生产商，其生产范围上至商用飞机及军用运输机，下至单引擎小型飞机。在 20 世纪中后期的大部分时间里，比奇飞机公司一直保持着通用航空制造领域三巨头之一的地位，其所生产的飞机为整个行业建立起了基准。1974 年，比奇飞机公司交付了第一架比奇空中国王 200 型公务飞机，为公务飞机的宽敞客舱、速度和旅客舒适度确立了新标准。德事隆航空收购比奇飞机公司之后，比奇品牌变得更加强大了。

比奇飞机能够满足客户对多功能性的需求，可完成空中救护、短途通勤等各类特殊任务。比奇飞机能够在水上、未铺设跑道或短跑道上起降，能搭载乘客去到其他飞机难以到达的区域。乘客可以在比奇飞机高端舒适的客舱中放松休息或在飞行过程中轻松办公。

比奇飞机包括空中国王 (King Air) 系列、德纳利 (Denali)、男爵 (Baron) 和富豪 (Bonanza)。空中国王系列机型分别是空中国王 360ER、空中国王 360、空中国王 260、德纳利、男爵 G58 和富豪 G36。

其中，空中国王系列飞机一直以来广受运营商的赞誉，2024 年是比奇空中国王问世 60 周年。2020 年 12 月，德事隆航空推出了新一代机型——比奇 260 空中国王涡桨飞机(见图 7-47)。该机型最多可容纳 9 人，最长航程为 3185 千米，最高巡航速度为 574 千米/小时。

图 7-47　空中国王 260

八、中国商飞飞机

自 20 世纪初飞机诞生以来，这一领域一直被少数几个国家所垄断。美国波音和欧洲空客，几乎占据了全球大型民航客机市场的半壁江山。进入 21 世纪，中国加大了在航空领域的投入，希望通过国家重点科技发展项目来缩小与国际巨头的差距，并最终实现航空工业的自主可控。

中国商用飞机有限责任公司是实施国家大型飞机重大专项中大型客机项目的主体，也是统筹干线飞机和支线飞机发展，实现我国民用飞机产业化的主要载体。中国商飞的企业使命是让中国的大飞机翱翔蓝天。其企业愿景是为客户提供更加安全、经济、舒适和环保的商用飞机。

目前，中国商飞的飞机型号包括 C919、ARJ21 和 C929。

(一)C919

C919，作为中国商飞的重点项目，不仅是中国航空工业的一次巨大飞跃，也是国家自主创新能力的直接体现。C919 飞机是我国首款完全按照国际先进适航标准研制的单通道大型中程干线客机，具有我国完全的自主知识产权。C919 的最大航程超过 5500 千米，最大载客量为 168 人。C919 采用先进金属材料和复合材料，使飞机飞得快、低油耗、噪声小，客舱舒适，也更容易控制维修成本。

2017 年 5 月 5 日，上海浦东国际机场的跑道上人声鼎沸。数千名工程师、设计师及来自全国各地的观众聚集在此，见证这一历史时刻——C919 首次腾空而起，如图 7-48 所示。2023 年 5 月 28 日，C919 开启这一机型全球首次商业载客飞行，从上海虹桥飞往北京首都机场，机上载有来自各行各业的旅客，如图 7-49 所示。这标志着 C919 的"研发、制造、取证、投运"全面贯通，中国民航商业运营国产大飞机正式"起步"。

截至 2023 年年底，C919 累计执行商业航班 655 班，累计承运旅客近 8.2 万人次，也已接收到了超 1200 架次的飞机订单。2024 年 4 月 26 日，中国国航发布公告，宣布已与中国商用飞机有限责任公司签署合同，计划采购 100 架 C919 增程型飞机，这批订单预计于 2024 年至 2031 年间分批交付。

图 7-48　C919 飞机首飞

图 7-49　C919 飞机在上海浦东国际机场首航

(二)ARJ21

ARJ21(Advanced Regional Jet for 21st Century)新支线飞机是我国首次按照国际民航规章自行研制、具有自主知识产权的中短程新型涡扇支线客机，座级为 78～97 座，航程为 2225～3700 千米，如图 7-50 所示。

图 7-50　ARJ21 飞机

2022 年 12 月 18 日，ARJ21 正式交付首家海外客户印尼翎亚航空，这标志着国产喷气式客机首次进入海外市场，如图 7-51 所示。ARJ21 目前已经具备年产 30 至 50 架的批量生产能力，正在向规模化运营、系列化发展的方向迈进。

图 7-51　印尼翎亚航空 ARJ21 飞机

成都航空是 ARJ21 国内第一家运营商。2015 年 11 月 29 日，首架 ARJ21 支线客机飞抵成都，交付给成都航空有限公司。为了迎接 ARJ21，成都航空还发布了新制服，表达"携手 ARJ21，筑梦共飞翔"的美好愿景。2016 年 6 月 28 日，ARJ21 迎来首次民航运营飞行。成都航空 ARJ21 首航仪式如图 7-52 所示。截至 2024 年 2 月底，成都航空的 ARJ21 机队规模为 30 架。

(三)C929

在 C919 商业飞行满一周年之际，2024 年 5 月，中国自主研制的首款洲际客机 C929 有了新进展，于 2024 年年底向中国民航局提出型号合格证申请。中国商飞客服公司副总经理表示，C929 正稳步推进初步设计，相信在不久的将来就会见到 C929 的原型机。

图 7-52　成都航空 ARJ21 首航仪式

九、中航西飞飞机

新舟 60 飞机(Modern Ark 60，MA60)是中航西安飞机工业集团股份有限公司以运-7 型飞机为基础，严格按照中国民航规章 CCAR-25 部标准及国际标准进行设计、生产、试飞验证的，具有中国自主知识产权的双发涡轮螺旋桨发动机支线飞机。它的载客量为 52～60 人，航程为 2450 千米，适宜中短途支线航线的运营。它是国内外航线上唯一批量投入商业运营的国产涡桨支线客机。此外，新舟 60 可进行多用途改装，例如货物运输机、海洋监测机、航测机、探测机等。这种多用途性使其在不同的航空领域都可以发挥很大的作用。

新舟 60 是我国民用飞机产业的探路者，该机型的研制工作可以追溯到 1988 年运 7-200A 型飞机的设计阶段。1991 年完成了新舟 60 的图纸设计。1993 年 12 月 26 日，首架新舟 60 适航试验机成功首飞。1998 年 5 月，新舟 60 试验型飞机取得了中国民航局颁发的型号合格证，这标志着这款飞机已经具备了进入市场销售的资格。为了满足市场需求，中航西安飞机工业集团股份有限公司在 1999 年开始着手研制新舟 60 的改进型，致力于打造一款全新的国产支线客机。新舟 60 改进型飞机采用了更为先进的发动机和航空电子设备，以提高飞行效率和安全性；采用了更为舒适的座椅和更为人性化的客舱布局，以提供更为舒适的乘坐体验。新舟 60 改进型飞机在 2001 年完成总装，并被正式命名为"新舟 60"，如图 7-53 所示。

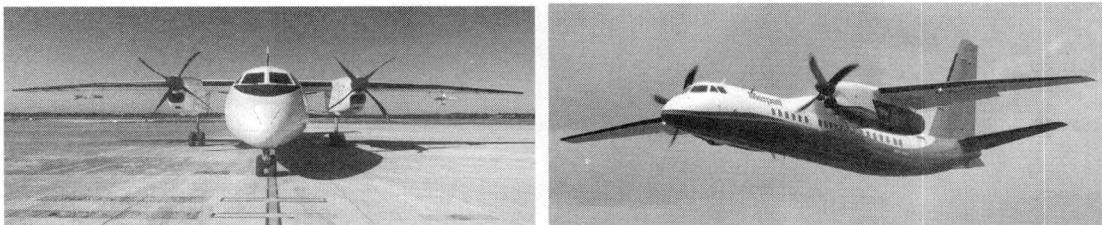

图 7-53　新舟 60 飞机

2004 年 11 月 2 日，新舟 60 出口至津巴布韦，这标志着该型飞机正式进军非洲市场。2005 年 12 月 28 日，新舟 60 又成功进入了东南亚市场，出口至老挝。2007 年 4 月 3 日，新舟·60 成功出口至玻利维亚，正式进军美洲市场。2008 年 10 月 19 日，新舟 60 由奥凯航空投入国内商业航线运营，为天津至烟台、大连、锦州的航线提供服务。2011 年 12 月 23 日，新舟 60 出口至塔吉克斯坦，进入中亚市场。2013 年 6 月 26 日，新舟 60 进军大洋洲市场，出口至汤加王国。

由于新舟 60 是我国这类支线客机的首个机型，所以也存在一些不足。比如，客舱门开在机尾处，且自带登机梯，旅客走在上面会有摇晃感；飞机噪声相比一般喷气式客机要大很多；飞机起落架问题导致飞机事故等。中航西飞一共生产了 119 架新舟 60 飞机。目前仅有一半左右的飞机还在服役，数据库显示，有 63 架新舟 60 被列为现役飞机，余下 50 多架飞机都处于停飞状态。截至 2014 年 1 月，出口的 57 架新舟 60 中，超过 26 架被废弃。

目前，新舟 60 最大的商业运营商是幸福航空。幸福航空拥有 25 架新舟 60 客机，其中 24 架处于服役状态，1 架处于停飞状态。幸福航空的新舟 60 飞机的外观和客舱如图 7-54、图 7-55 所示。

图 7-54　幸福航空新舟 60 飞机

图 7-55　幸福航空新舟 60 客舱

【思考题】

1. 世界上主要的飞机制造商有哪些？
2. 波音 737 飞机有哪些型号？
3. 波音 787 飞机的特点是什么？
4. 空中客车飞机包括哪些型号？
5. 中国第一架公务机飞机是什么型号？
6. 巴西航空工业的飞机型号有哪些？
7. C919 飞机的特点是什么？

第八章

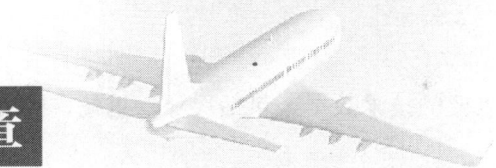

民航客机结构与设备概述

【本章导读】

民航客机作为现代航空旅行的核心载体，其复杂的结构与先进的设备共同构成了安全、高效、舒适的空中旅行环境。从基础的飞机骨架到精密的航电系统，再到环保节能技术的应用，每一部分都凝聚着航空科技的智慧与成果。本章将从飞机基本结构、客舱布局、动力系统、操作系统、航电与导航系统、机载设备与设施等多角度全方位对民航客机的结构与设备进行解析。

【学习目标】

- 了解飞机的基本参数；
- 理解飞机的基本结构；
- 清楚飞机的客舱布局；
- 掌握飞机动力系统的工作原理；
- 掌握飞机操纵系统的工作原理；
- 了解飞机灯光系统和空调系统的组成；
- 掌握飞机客舱设备组成；
- 掌握飞机卫生间的设备组成；
- 掌握飞机厨房的设备组成。

▌第一节▌ 民航客机基本结构

一、飞机基本参数

飞机基本参数指的是一架飞机重要的技术数据，包括尺寸、重量、推力、速度、载客量以及货运能力等方面的信息。

- 机长(Length)：或称全长，指飞机机头最前端至飞机尾翼最后端之间的距离。
- 机高(Hight)：指飞机停放地面时，飞机外形的最高点(尾翼最高点)的离地距离。
- 翼展(Wingspan)：指飞机左右翼尖间的距离。翼展是确定飞机滑行路线、停放位置、安全距离的重要指标。
- 最大起飞重量(Maximum Take-Off Weight)：指飞机适航证上所规定的该型飞机在起飞时所许可的最大重量。
- 最大着陆重量(Maximum Landing Weight)：指飞机在着陆时允许的最大重量。
- 最大航程(Maximum Range)：指一次不加油航行的最大距离，其通常是在完全加满油、空载、平稳飞行等条件下取得的，是一个理论值。
- 最大巡航速度(Maximum Cruise Speed)：指发动机每千米消耗最少燃油量情况下的飞行速度。
- 最大巡航高度(Maximum Cruise Altitude)：指飞机在执行飞行任务时能够达到的最高飞行高度。
- 油箱容积(Fuel Capacity Volume)：容积大小用于衡量承装油量的能力。
- 行李舱载重(Baggage Capacity Weight)：飞机最大货物载重量。
- 舱内高度(Cabin Interior Height)：机舱内最大竖直高度。
- 舱内宽度(Cabin Interior Width)：机舱内最大宽度，一般以中心线为准。
- 舱内长度(Cabin Interior Length)：飞机舱内最大长度。
- 马赫数(Mach Number)：常写作 M 数，指飞机飞行速度与当地大气中的音速之比。比如，M1.6 表示飞机的速度为当地音速的 1.6 倍。

以 A320neo 飞机为例，其基本参数如图 8-1 所示。

① 机长：37.57 米；
② 机高：11.76 米；
③ 翼展：35.80 米
④ 客舱长度：27.51 米；
⑤ 客舱宽度：3.70 米；
⑥ 轮距：7.59 米；
⑦ 轴距：12.64 米；
⑧ 巡航速度：M0.78；
⑨ 最大设计速度：648 千米/小时(M0.82)；
⑩ 最大飞行高度：11887 米至 12497 米；
⑪ 最大起飞重量：79 吨；

⑫ 最大着陆重量：67.4 吨；

⑬ 最大零燃油重量：64.30 吨；

⑭ 最大航程：约 6300 千米；

⑮ 油箱容积：26730 升。

图 8-1 A320neo 飞机基本参数

二、飞机外部结构

纵览飞机外观，飞机外部结构由机头、机身、机翼、机尾等部分组成，如图 8-2 所示。

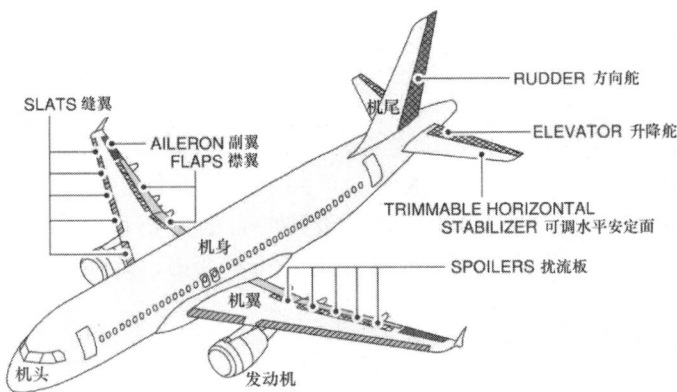

图 8-2 飞机外部结构

(1) 机头部分是驾驶舱。

(2) 机身部分由上部的客舱和下部的货舱及电子舱组成，是装载机组人员、旅客、货物和安装飞机操纵设备的场所。

（3）机翼部分位于机身两侧，由缝翼、襟翼、副翼、扰流板等组成，起到控制飞行姿态的作用；机翼下方是飞机的发动机。

（4）机尾部分由方向舵、升降舵、可调水平安定面组成，分为垂直尾翼和水平尾翼。

三、飞机起落架

民航客机配有三个起落架，包括两个安装在机翼内、侧向向机身收起的主起落架，和一个安装在机头下方、向前收起的前起落架，如图 8-3 所示。起落架的作用包括以下几个方面。

（1）承受飞机在地面停放、滑行、起降和滑跑时的重力；

（2）承受、消耗和吸收飞机在着陆或在地面运动时所产生的撞击和颠簸能量；

（3）滑跑与滑行时制动飞机；

（4）滑跑与滑行时操纵飞机。

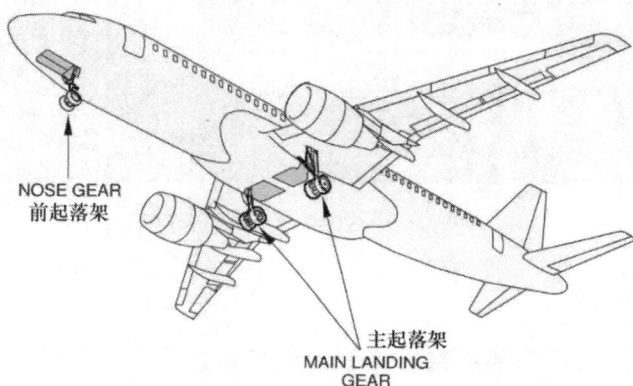

NOSE GEAR
前起落架

主起落架
MAIN LANDING GEAR

图 8-3　飞机起落架

四、飞机油箱

民航客机通常有三个油箱，分别位于飞机的左、右机翼及中央部位，如图 8-4 所示。每个油箱都有相应的燃油泵并通过燃油管、单向活门等部件相连。像 A380 这种大型客机，甚至还在机尾设有一个平衡油箱。这种设计的目的主要有两个：一个是平衡飞机重心，保持飞行稳定；另一个是利用燃油的重量防止机翼变形，确保飞行安全。

五、飞机客舱布局

民航客机分为单通道窄体客机和双通道宽体客机两种。

单通道窄体客机指机身宽度小于 4.72 米，客舱内每排座位数不超过 6 座的单通道客机。通俗来讲，单通道窄体客机就是客舱里只有一条纵向通道的飞机。A320 系列、B737系列都是单通道窄体客机。图 8-5 所示是中国南方航空 A321 机型客舱分布图。

双通道宽体客机指机身宽度大于 4.72 米，客舱内有两条通道的客机。B747、B777、

B787 和 A330 系列、A350 系列均属于双通道宽体客机。图 8-6 所示是中国南方航空 A350 机型客舱分布图。

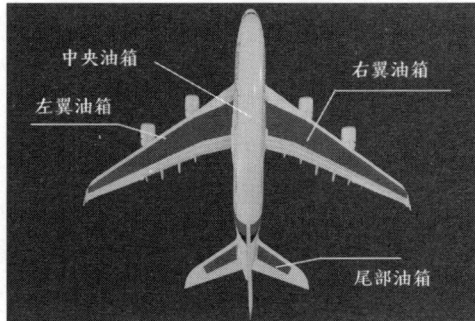

图 8-4 飞机油箱位置

中国南方航空机型图 空客321 CHINA SOUTHERN MODELS FIGURE Airbus321

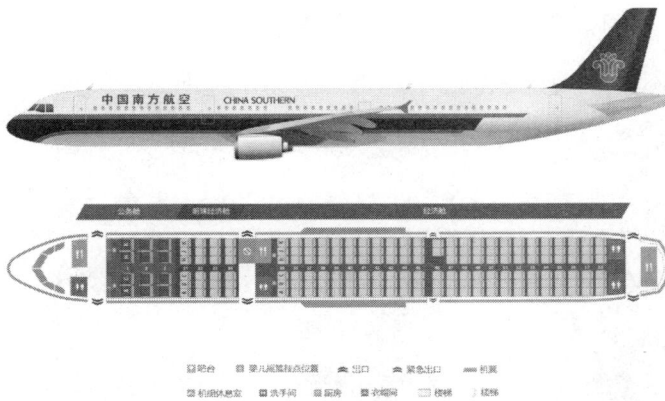

图 8-5 南航 A321 机型客舱分布图

中国南方航空机型图 空客350-900(359) CHINA SOUTHERN MODELS FIGURE Airbus350-900(359)

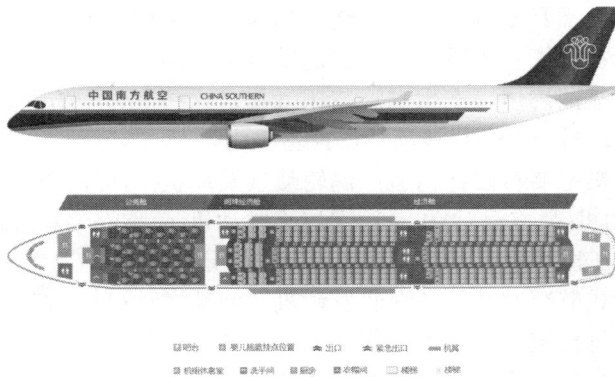

图 8-6 南航 A350 机型客舱分布图

▌第二节▌　民航客机系统与设备

一、主要系统

(一)动力系统

动力系统是飞机的核心组成部分，用来产生拉力或推力，使飞机前进。同时，为飞机上的用电设备提供电源，为空调等用气设备提供气源。

1. 发动机

发动机是飞机动力系统的关键部件，是飞机的动力来源。航空发动机可以分为活塞式和涡轮式两种。

活塞式航空发动机与现在常见的汽车发动机原理一致，依靠燃气在气缸内爆燃，推动活塞做功。根据不同的气缸排列形式，活塞式航空发动机可以分为星形活塞式发动机、直列活塞式发动机、V 形活塞式发动机和水平对置活塞式发动机，如图 8-7 所示。目前，在农用飞机、多用途运输机(森林灭火、搜救、巡逻等)上仍被广泛使用。

星形活塞式发动机气缸示意图　直列活塞式发动机气缸示意图　星形活塞式发动机飞机

V形活塞式发动机气缸示意图　水平对置活塞式发动机气缸示意图　水平对置活塞式发动机飞机

图 8-7　活塞式航空发动机

涡轮式航空发动机都具备压气机、燃烧室和涡轮三大核心部件。其基本工作原理是空气从进气道进入发动机后，首先被高速运转的压气机压缩，产生高压致密空气以提供大量氧气，然后在燃烧室喷油燃烧，产生高温高压气体，这些气体一方面推动涡轮转动，带动压气机继续压缩空气，另一方面释放能量，产生推力。

涡轮式航空发动机主要有四种构型：涡轮喷气发动机(简称涡喷)、涡轮风扇发动机(简称涡扇)、涡轮轴发动机(简称涡轴)和涡轮螺旋桨发动机(简称涡桨)，如图 8-8 所示。其中涡轮轴发动机主要用在直升机上，其他三种是用在固定翼飞机上。

最早出现的涡轮式航空发动机是涡桨发动机。涡桨发动机标志着航空发动机进入燃气涡轮时代，但此时的飞机依旧是发动机带动螺旋桨转动产生拉力。只不过燃气涡轮发动机转速及功率优于活塞式发动机。由于在亚音速条件下，螺旋桨效率比较高，所以涡桨发动机通常用在小型或低速的飞机上，比如新舟 60 飞机。随着飞行速度增加，螺旋桨飞机在达到音速时会出现剧烈的震颤，乃至飞机最终在空中解体或失控坠毁，人们意识到螺旋桨飞机无法超越音速，想要达到音速，只得摒弃螺旋桨。由此，涡喷发动机应运而生。

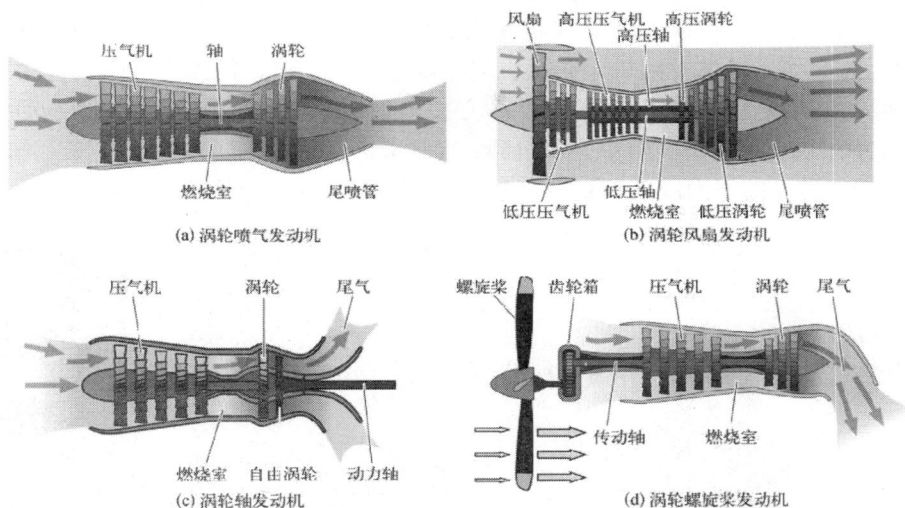

图 8-8　涡轮式航空发动机的四种构型

　　飞机的动力也由螺旋桨提供的拉力变成喷气发动机提供的推力。涡喷发动机的优点是适航范围广泛，无论是低空亚音速飞行还是高空超音速飞行都能胜任；缺点是低速飞行时费油。专业人士针对涡喷发动机这一缺点进行改进，设计出了涡扇发动机。

　　涡扇发动机与涡喷发动机的区别在于涡扇前面加了一个大风扇，风扇出口气流分成两股，通过内外两个环形涵道(外涵道和内涵道)流过发动机，如图 8-9 所示。而涡喷发动机只有一个空气通道(涵道)，外涵道空气经过涵道直接排出，内涵道气流走向涡喷发动机。这样的布局有利于省油和增加推力。涡扇发动机最大的特点就是推力大、推进效率高、噪声低、燃油消耗率低，飞机航程远。涡扇发动机在运转时，外涵道与内涵道空气流量的比值称为涵道比。涵道比越大越省油，经济性越好。高涵道比涡扇发动机在亚音速时有非常好的能效，因此被广泛地应用于民用客货飞机、公务机等。现代战斗机大多也采用涡扇发动机，但为了追求高空超音速性能，大多是使用低涵道比涡扇发动机。

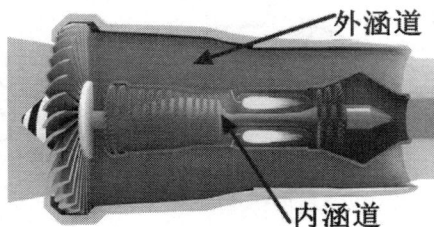

图 8-9　涡轮风扇发动机涵道

　　涡轮轴发动机，顾名思义是使用"轴"来传输动力的，一般适用于不需要直接提供空气推力的航空器，比如直升机。涡轮轴发动机的工作原理是将发动机的功率通过传动轴输送给主旋翼，再由主旋翼提供升力。

2. 辅助动力装置

辅助动力装置(Auxiliary Power Unit，APU)是安装在飞机机身尾部的一台小型涡轮发动机，如图 8-10 所示。APU 通常在飞机起飞之前使用，为空调系统及其他用电设备引气和供应电力，并启动飞机主发动机，在飞机起飞以后停止工作。但当飞机在飞行过程中遇到发动机故障时，APU 可重新启动，在紧急状态下向飞机提供气源或电源，为发动机重启提供动力。比如 2009 年，全美航空公司 1549 次航班遭受鸟击，导致双发失效，当时执飞的机长利用 APU 提供的电力成功控制飞机并将飞机安全降落在纽约哈德逊河。

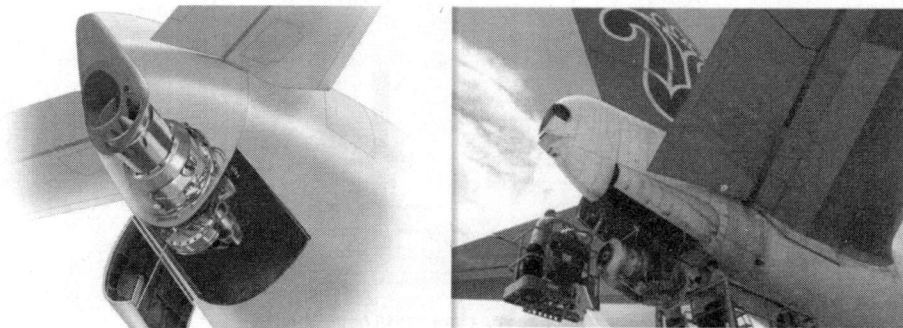

图 8-10 飞机辅助动力装置

3. 燃油系统

飞机燃油系统是指从油箱到发动机驱动泵的供油管路系统，它由油箱通气系统、加油/抽油系统、应急放油系统、供油(输油)系统和测量及指示系统组成，如图 8-11 所示。

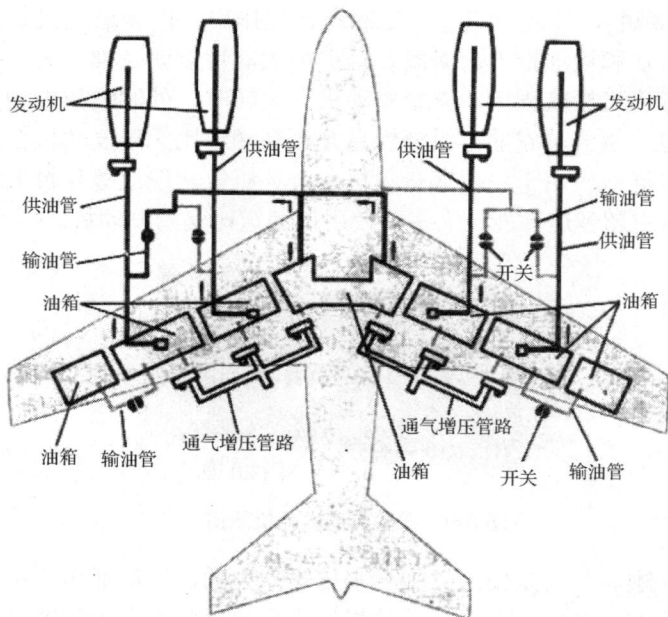

图 8-11 喷气式飞机供油管路系统

燃油系统主要有四个功能：

① 储存燃油。

② 在规定的飞行条件下，安全可靠地为发动机和辅助动力装置供油。

③ 调节重心位置，保持飞机平衡和优化机翼结构受力。

④ 用作冷却源冷却飞机其他附件，比如润滑油、液压油、热交换器等。

4. 液压系统

液压系统是飞机主要的机载系统之一，利用液压油作为介质，通过液压泵、控制阀、执行器等部件实现飞机的各种动作控制。液压系统的功能包括控制飞机的起飞、着陆、姿态调整、推力反向，以及控制机翼、起落架等部件的收放和展开等。现代飞机重量大、速度快，人力控制极为困难，因此，飞机上绝大部分的助力结构采用的是液压助力，每台发动机和 APU 都有一套独立液压系统以确保飞行安全。

(二)飞机操纵系统

飞机操纵系统是控制飞机安全飞行的关键系统，用来传递操纵指令、驱动舵面运动，完成对飞机飞行状态的控制。飞机操纵系统包括主操纵系统(升降舵、方向舵、副翼)、辅助操纵系统(扰流板、减速板、后缘襟翼系统、前缘襟翼和缝翼)和警告系统(失速警告系统、起飞警告系统、火警系统等)，如图 8-12 所示。

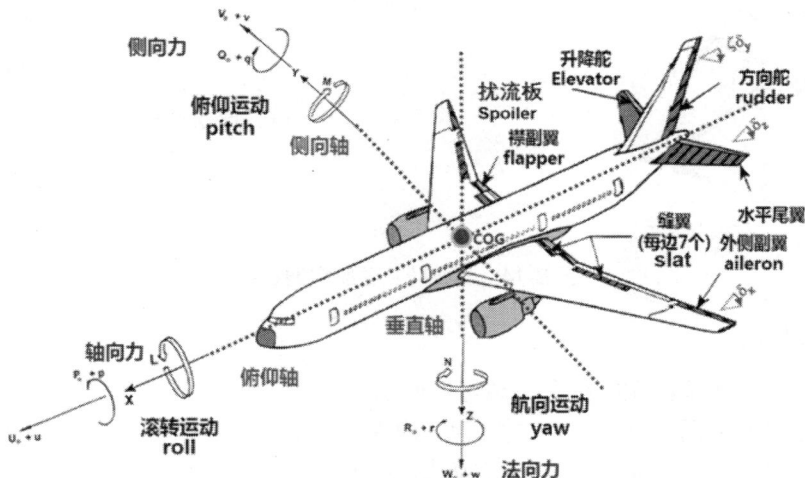

图 8-12　飞机操纵系统示意图

(三)空调系统

飞机发动机或者飞机辅助动力装置可以为飞机提供清新的空气。发动机或辅助动力装置所提供的空气经过调压、控温、调湿后，可以保证客舱的舒适度。循环空气一部分将进入空气混合组件与新鲜空气混合后再循环，另一部分则被排出机外，如图 8-13 所示。驾驶舱是由安装在驾驶舱下的空气混合组件提供空气，循环后的空气由驾驶舱底部隔栅排出驾驶舱。飞机客舱由安装在客舱下方的空气混合组件提供空气，循环后的空气通过客舱地板边的隔栅排出客舱。位于旅客座椅头顶上方、行李箱下部的旅客服务组件，为旅客提供独立的空调出风口。每个独立空调出风口可以单独调节出风方向和出风量，如图 8-14 所示。

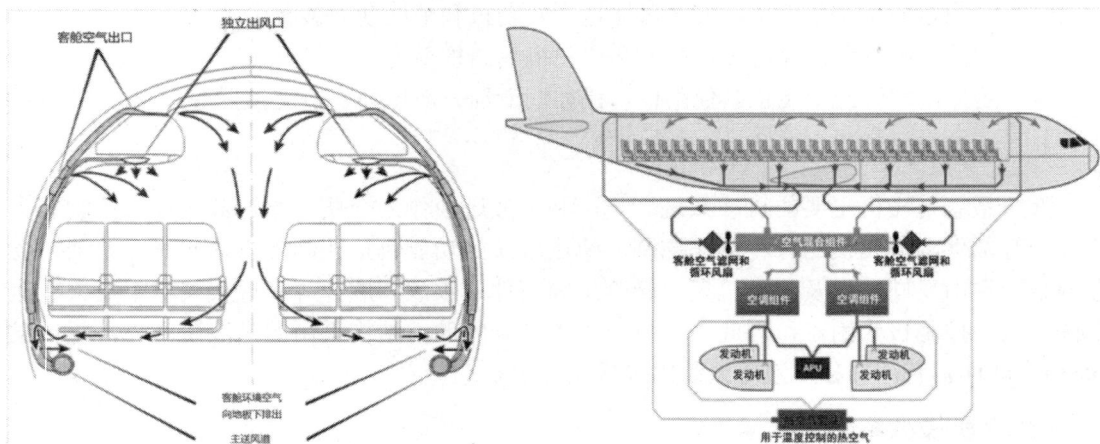

图 8-13 飞机空调系统

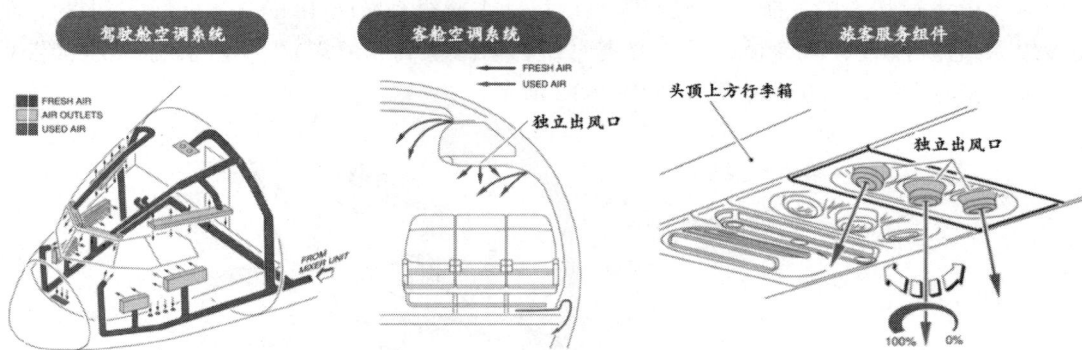

图 8-14 驾驶舱及客舱空调系统

(四)灯光系统

灯光系统包括客舱灯光照明和应急灯光照明。

客舱灯光照明采用了凹形发光二极管，由多种 LED 灯、荧光灯和白炽灯组成。根据不同的飞行或服务阶段，选择多种灯光模式，提升旅客的舒适感。备用灯光位于前客舱进入区域和后客舱进入区域，由 LED 灯组成，可以在飞机没有全面通电之前为客舱乘务员面板区域提供照明服务。

应急灯光照明是应急撤离引导系统组件，为机上人员撤离飞机时提供撤离路线照明。它包括客舱内部应急出口方向指示灯和飞机内外部应急逃生通道照明灯光，如图 8-15 和图 8-16 所示。飞机一旦失去电力系统，所有内外部应急灯光将会点亮，为旅客指明应急逃生通道。

图 8-15　客舱内部应急灯光组成

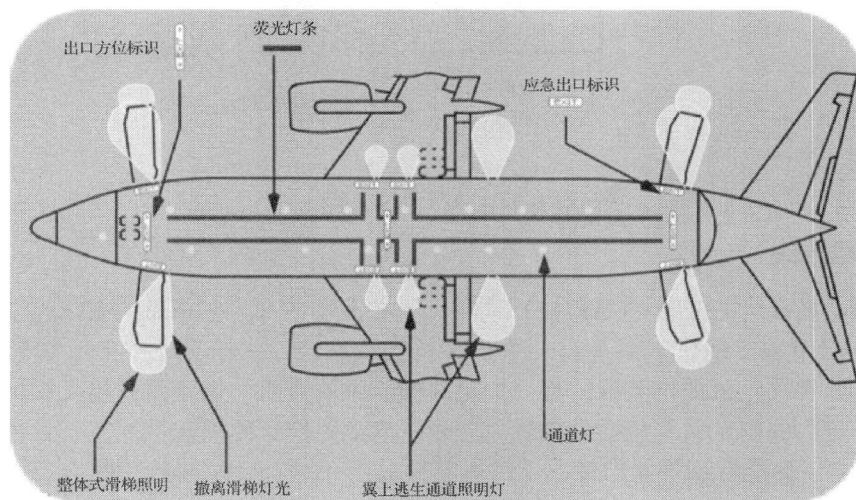

图 8-16　飞机外部应急灯光组成

(五)通信系统

目前，民航客机的通信系统可以实现四个部分的连接。

① 机组成员间通话；

② 机组与地面机务通话；

③ 客舱广播；

④ 旅客呼叫。

(六)清污水系统

清水系统的功能是将飞机清水箱中的水供应至厨房和卫生间；污水系统的功能是把卫

生间马桶的污水排到污水箱及通过加热的排水樻杆将卫生间洗手盆和厨房水池的废水排出，如图 8-17 所示。

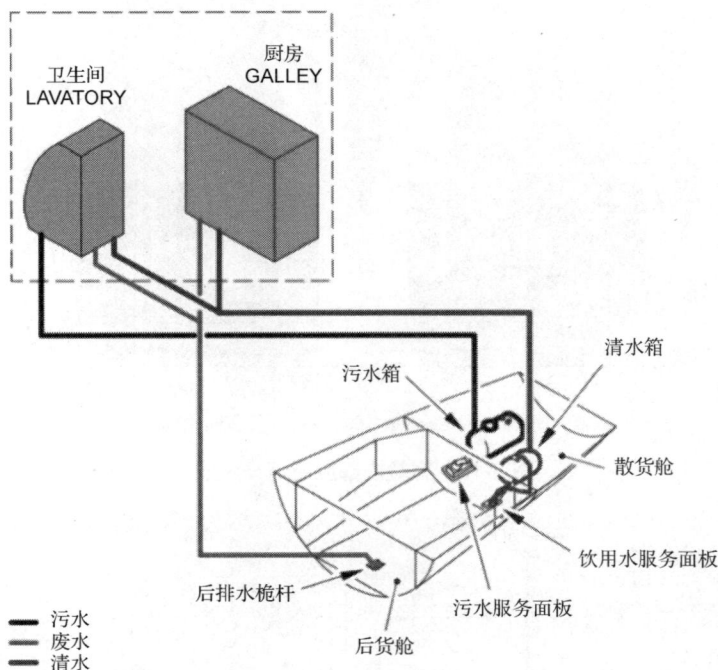

图 8-17　飞机清污水系统

(七)供氧系统

机上的供氧系统是按照 CCAR-121 部第 K 章中列明的仪表和设备的要求设计的。民航客机上配有两个独立的供氧系统：一个是客舱供氧系统，供给客舱中的旅客和乘务员使用，由化学氧气发生器提供氧气；另一个是驾驶舱供氧系统，供给驾驶舱飞行员使用，由储藏在电子舱内的固定氧气瓶提供氧气。此外，机上还配有便携式手提氧气设备，可满足机上人员急救、客舱释压等紧急情况下的用氧需求。

二、主要设备

(一)客舱设备

1. 行李箱

民航客机的行李箱位于客舱两侧的旅客座椅头顶上方，如图 8-18 所示。它通常用于存放应急设备和旅客行李等物品。行李箱分为下沉式和盖板式两种。

2. 客舱座椅

民航客机经济舱配备的是三座一组的旅客座椅，如图 8-19 所示。

图 8-18 飞机客舱行李箱

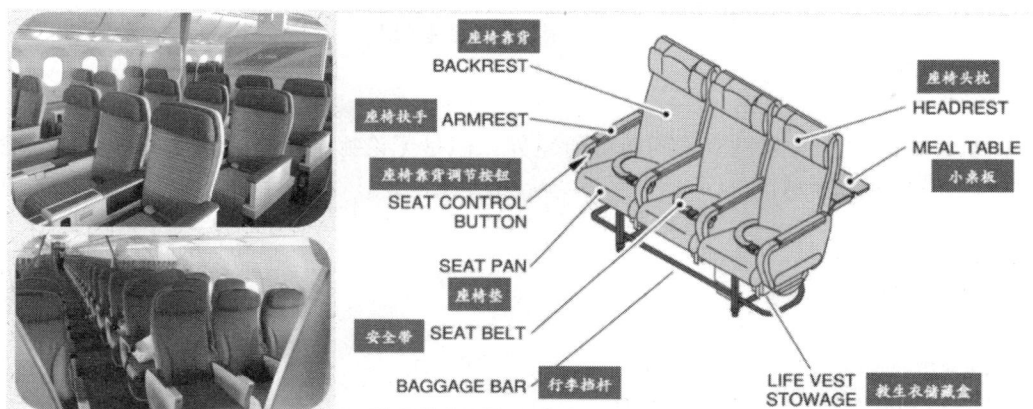

图 8-19 旅客座椅组成结构

① 座椅靠背：可以调节座椅靠背的角度，可向后倾斜至少 15 度。

② 座椅头枕：头枕的两端可以根据旅客休息需求，调节任意角度。

③ 座椅扶手：旅客座位之间均配有座椅扶手，座椅扶手可以向上翻起或拆卸。

④ 小桌板：每个座椅背后配有一个小桌板，供旅客用餐时使用。经济舱第一排的小桌板位于座椅扶手内。

⑤ 座椅垫：在水上撤离时，座椅垫可用作漂浮物。

⑥ 座椅靠背调节按钮：座椅扶手上配有座椅靠背调节按钮，按下按钮，同时将座椅靠背向后推，可以调节座椅靠背角度；再次按压按钮，可使座椅靠背复位。

⑦ 行李挡杆：在经济舱座椅下方备有行李挡杆，用于防止行李移动，起到固定作用。

⑧ 救生衣储藏盒：每位乘客座椅下方救生衣储藏盒内，配有一件救生衣，在水上撤离时使用。

3. 旅客服务组件

旅客服务组件，简称 PSU(passenger service unit)，位于客舱顶部行李箱下。PSU 上提供氧气面罩、阅读灯及其按钮、呼叫乘务员按钮、通风口、扬声器、系好安全带标志灯和禁止吸烟标志灯，如图 8-20 所示。

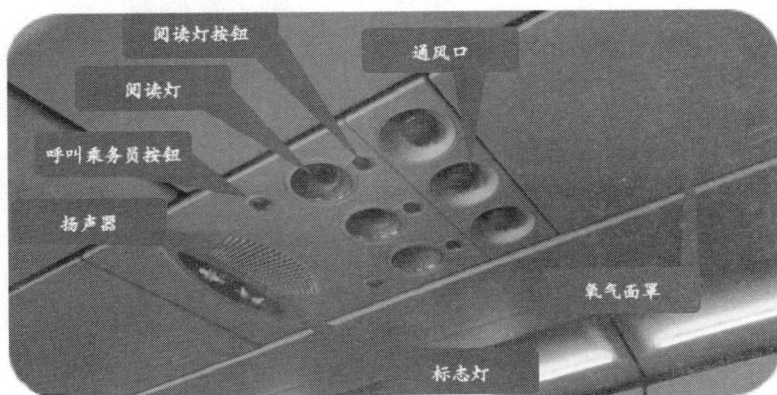

图 8-20　旅客服务组件 PSU

(二)卫生间设备

民航客机的卫生间因机型不同而有所差异。但是无论哪种机型，卫生间内部均包含以下设备，如图 8-21 所示。

☑ 马桶组件 toilet unit
☑ 洗手盆组件 wash basin unit
☑ 卫生间服务组件 lavatory service cabinet
☑ 灯光组件 light units
☑ 带门洗手盆柜 access door wash basin cabinet
☑ 垃圾箱及闭合箱盖
☑ 护理台 nursing table
☑ 卷纸架 paper roll holder
☑ 镜子 mirror
☑ 烟灰缸 ashtray
☑ 衣帽钩 coat hook
☑ 把手 hand grip
☑ 烟雾探测器 smoke detector
☑ 垃圾箱灭火器 wash-bin fire extinguisher

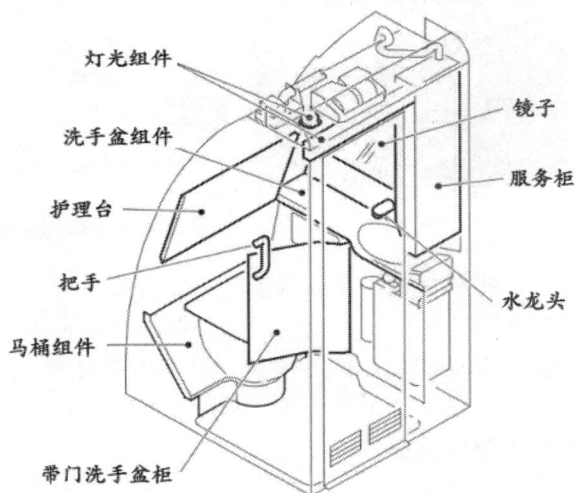

图 8-21　机上卫生间内部设备

①　马桶组件：包含负压式马桶、马桶盖、马桶坐垫、冲水按钮和水阀开关，如图 8-22 所示。

②　洗手盆组件：包含洗手盆、水龙头、水关断阀门等。卫生间中的洗手水来自飞机的水箱，其中，热水由安装在洗手盆下方加热器提供，可将冷水加热至 40～50℃。

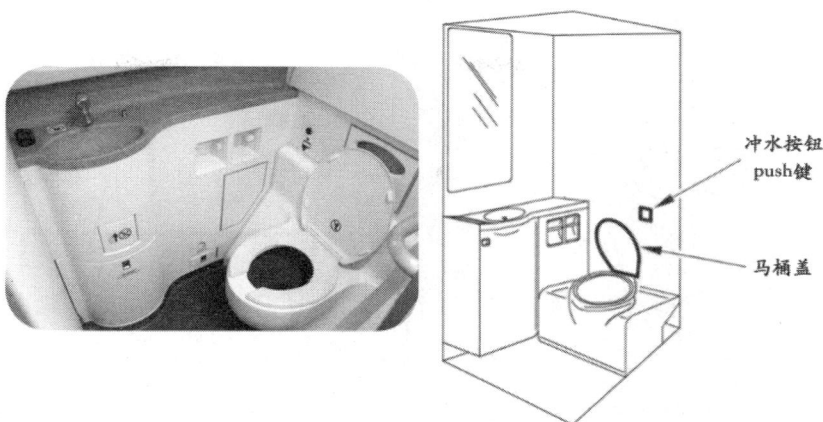

图 8-22　卫生间马桶组件

③　灯光组件：包含天花板灯、镜前灯、镜面放大镜灯、洗手盆灯、置物架灯和地板灯，如图 8-23 所示。

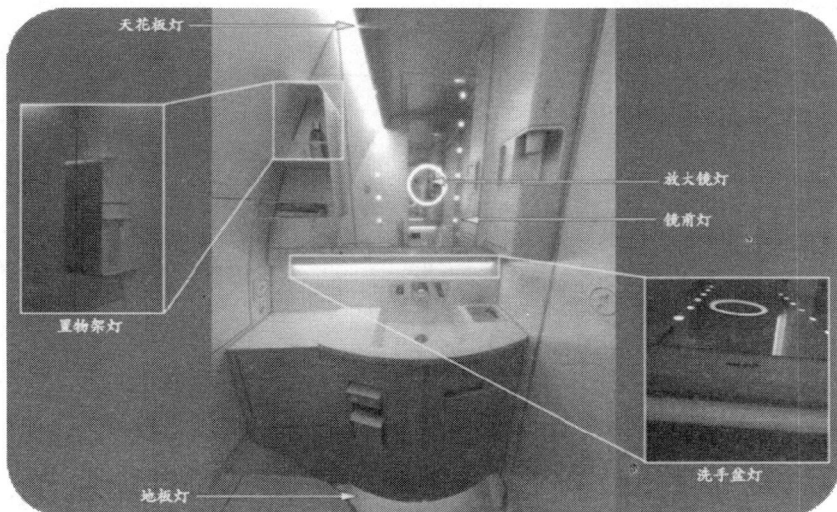

图 8-23　卫生间灯光组件

④　卫生间服务组件：在卫生间内镜子下方或者靠近卫生间门的侧边有卫生间服务组件，包含"回到座位"信息指示牌、呼叫铃按钮和剃须插座，如图 8-24 所示。

⑤　烟雾探测器：民航客机的每个卫生间的天花板里都安装有烟雾探测器，用于探测卫生间内的烟雾和火灾，如图 8-25 所示。

⑥　垃圾箱灭火器：民航客机的每个卫生间里都配备一个垃圾箱灭火器，安装在垃圾箱的正上方，如图 8-26 所示。当垃圾箱遇火时，灭火器将自动运行。垃圾箱中的温度升高到大约 79℃时，安装在释放管末端的热熔塞熔化，使灭火剂流入垃圾箱。

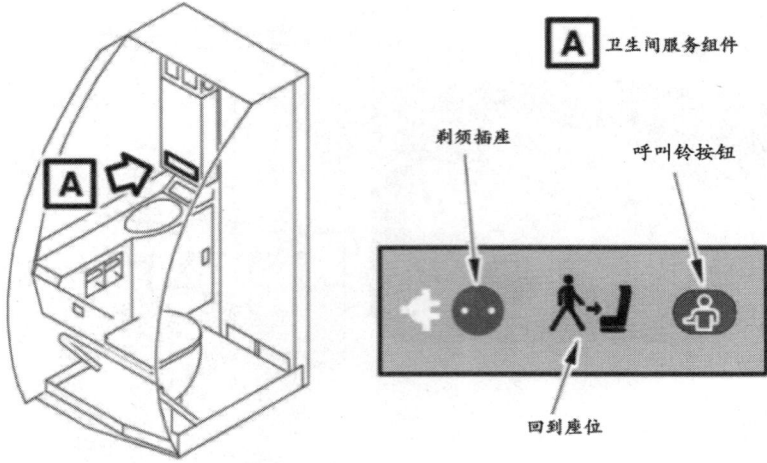

图 8-24　卫生间服务组件

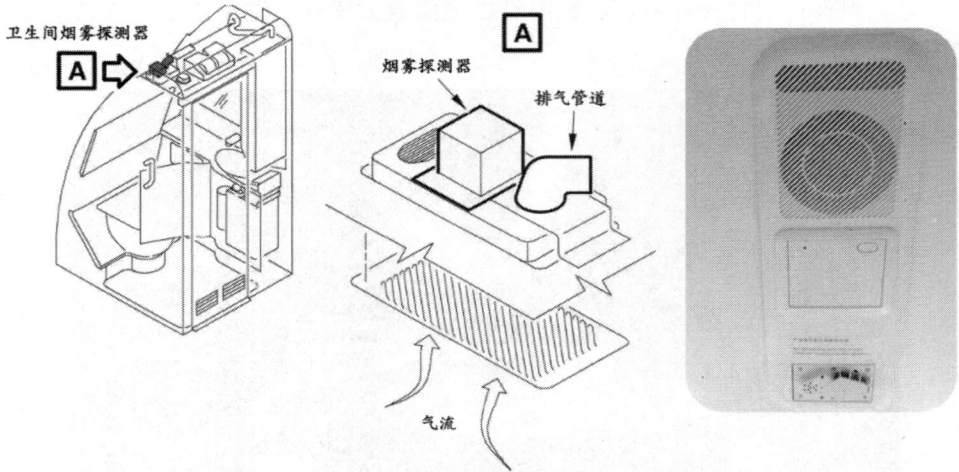

图 8-25　卫生间烟雾探测器

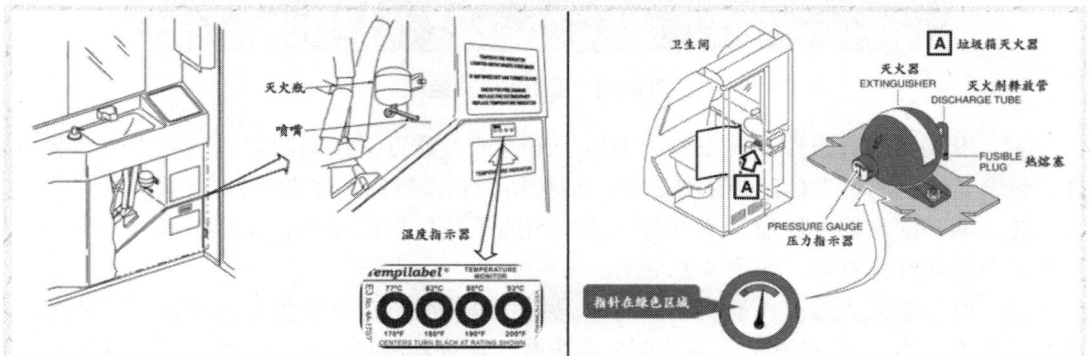

图 8-26　卫生间垃圾箱灭火器

(三)厨房设备

从技术层面上讲,民航客机的厨房分为两种类型:湿厨房和干厨房。湿厨房用于存储和准备食物及饮品,里面配有电力系统和水系统等;干厨房仅用于存储食物和饮品。

在每个厨房中均配有厨房配电板,配电板上有冷风机控制面板、工作灯开关、跳开关、厨房电源开关和插座开关等,如图 8-27 所示。

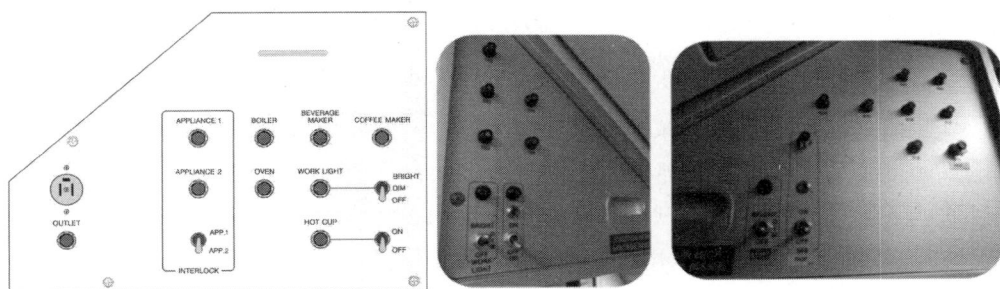

图 8-27　厨房配电板

此外,厨房中还配有煮水器、蒸汽烤箱、综合咖啡机、保温箱、微波炉、冰盒等不同设备及不同数量的餐车和备份箱,如图 8-28 所示。根据机型不同,厨房设备配置位置和配置内容也会有所差异。

图 8-28　厨房设备

【思考题】

1. 什么是飞机的最大起飞重量？
2. 什么是飞机的最大巡航速度？
3. 什么是辅助动力装置？
4. 飞机的外部结构包括哪些组成部分？
5. 简述飞机的起落架结构。
6. 简述飞机的油箱结构。
7. 飞机的发动机可以分为哪几类？
8. 燃油系统的主要功能有哪些？
9. 简述客舱座椅的组成结构。
10. 简述飞机卫生间设备组成。

第九章

民用航空飞行概述

【本章导读】

在人类探索天空的征途中，飞机作为在地球大气层内飞行的交通工具，其运行性能与安全性深受大气环境的影响，其飞行原理也一直是科学技术领域的研究热点。了解并掌握大气环境的特性及其变化规律，对于确保飞行安全、提高飞行效率具有重要意义，更是人类智慧与自然法则完美结合的典范。本章旨在从大气层的划分、各层特性分析、天气条件影响、大气属性与飞行安全关系以及飞行环境综合评估等方面，对飞机飞行所面临的大气环境进行详细介绍，深入剖析飞机飞行的基本原理，揭示其背后隐藏的物理学奥秘。

【学习目标】

- 了解大气层的组成，以及对流层和平流层中大气的基本特性；
- 了解大气环境对飞行安全的影响；
- 了解大气压力对飞机飞行的影响；
- 了解大气温度及密度对飞机飞行的影响；
- 熟悉飞机上的各种作用力；
- 掌握飞机升力产生的原理；
- 掌握飞机平衡的原理；
- 了解飞机的基本操纵。

▌第一节▌ 大 气 环 境

飞机能在天上自由飞行而不会掉下来，与大气环境和飞机结构有着密切关系。"大气"指的是地球外围的空气层，是由于引力作用而环绕地球的气体圈层，它是地球自然环境的重要组成部分之一。飞机的动力与大气之间的关系密不可分。

一、大气组成

大气是由多种气体混合组成的，按其成分可以分为三部分：干燥清洁的空气、水汽和悬浮微粒。如图9-1所示。

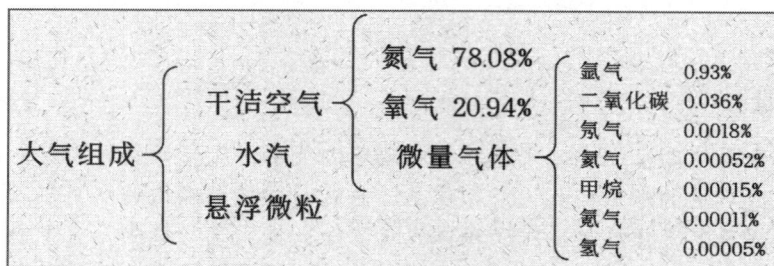

图 9-1　大气的组成

① 干洁空气的主要成分是氮气、氧气、氩气、二氧化碳气体，其含量占全部干洁空气的99.986%；氖气、氦气、氪气、甲烷等次要成分只占 0.014%左右。

② 水汽主要来自海水的蒸发，少量来自江河湖泊的蒸发及土壤、植物的蒸腾作用。水汽在大气中的含量很低，约为 0.02%～6%，并随着时间、地点、气象条件等因素的变化而发生较大变化。虽然水汽含量低且不稳定，却是云、雾、雨、雪、霜、露等天气现象的起源。同时，水汽具有很强的吸收长波辐射的能力，对地面的保温起着重要的作用。

③ 悬浮微粒主要是大气尘埃和空气中的其他杂质。

二、大气层结构

地球被大气包围着，大气的高度大约有 1000 千米，再向外的大气已经十分稀薄。根据大气在垂直方向上温度的差异，可将大气层分为五个部分：对流层、平流层、中间层、热层、散逸层，如图9-2所示。

① 对流层：贴近地面的最低层，是大气中最活跃、与人类关系最密切的一层。其厚度随季节和纬度改变而变化。通常夏季较厚，冬季较薄；南北极最薄，赤道最厚。低纬度区为17～18千米、中纬度地区为10～12千米、高纬度地区为8～9千米，如图9-3所示。在这一层，气温随高度升高而递减，大约每上升 100 米，温度降低 0.6℃。由于贴近地面的空气受地面辐射增温的影响而膨胀上升，上面冷空气下沉，故在垂直方向上形成强烈的对流。常见的风、雨、雷电等天气现象就发生在这一层。

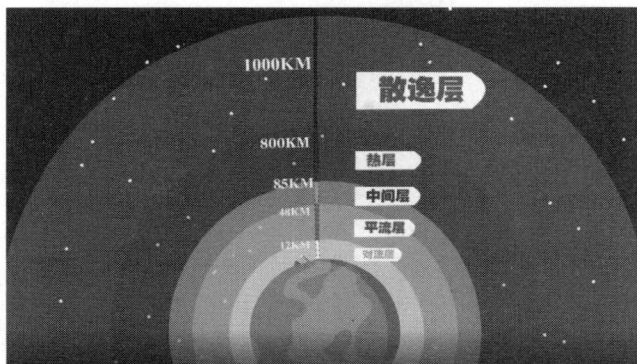

图 9-2　大气层结构

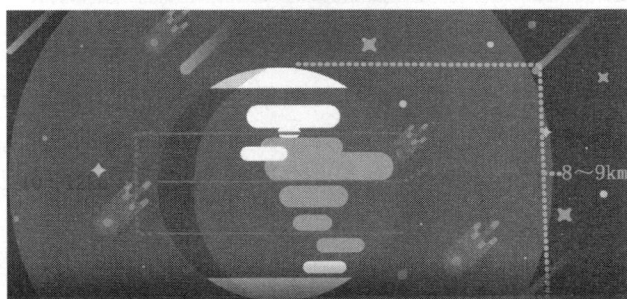

图 9-3　对流层厚度示意图

②　平流层：从对流层层顶到 50 千米的大气层为平流层。这一层空气以水平运动为主，没有垂直对流运动，比对流层空气稀薄、干燥，水汽和尘埃的含量甚微，大气透明度好，很难出现云、雨等天气现象。在平流层下层，即 30～35 千米以下，温度随高度变化幅度较小，气温趋于稳定，也称为同温层；在 30～35 千米以上，温度随高度升高而升高。这是因为在约 15～35 千米的范围内，有厚约 20 千米的臭氧层。臭氧能吸收太阳光的紫外线，使地球生物免受紫外线的照射，同时又对地球起保温作用，如图 9-4 所示。此外，在紫外线作用下，臭氧被分解为原子氧和分子氧。当重新化合生成臭氧时，会释放出大量的能量，使平流层的温度升高。

③　中间层：从平流层层顶到 85 千米的大气层称为中间层。该层空气更稀薄，臭氧含量低，能吸收的太阳辐射很少，气温随高度增加而下降，该层顶部温度可降至-113～-83℃，有强烈的垂直对流运动。当流星高速穿过时，周围的空气会使它们燃烧殆尽，从而对地球起到保护作用。

④　热层：从 85 千米到 800 千米的大气层称为热层或者暖层。这一层的下部是由分子氮组成，上部是由原子氧组成，原子氧吸收太阳的紫外线，使得层中气体温度随高度增加而增加。在太阳和宇宙射线的作用下，这一层空气分子发生电离，形成较高密度的带电粒子，故又称为电离层。电离层能反射地面发射的电磁波，有利于无线电通信。通常航天器在这一层，比如我国的天宫一号。

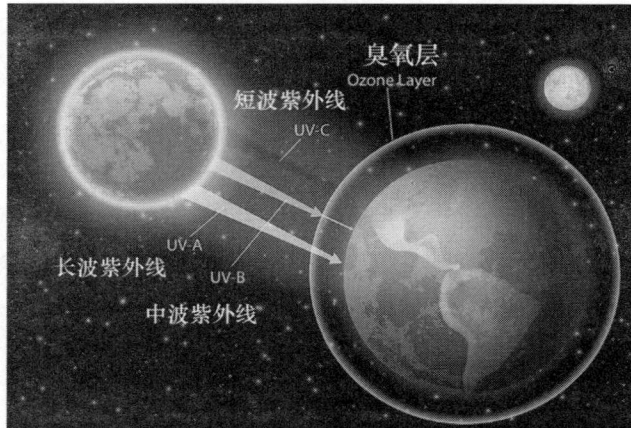

图 9-4　臭氧层示意图

⑤　散逸层：也叫作逃逸层，是地球大气的最外层，也是逐步过渡到星际空间的大气层。这一层空气极为稀薄，空气密度几乎与太空密度相同，空气受地心引力极小，气体及微粒可以从这层被碰撞出地球重力场而进入太空逸散。这一层的温度也是随高度增加而略有增加的。人造卫星的运行轨道通常在这一层。

此外，按照大气化学成分的均匀性，大气层可以分为均质层和非均质层，如图 9-5 所示。

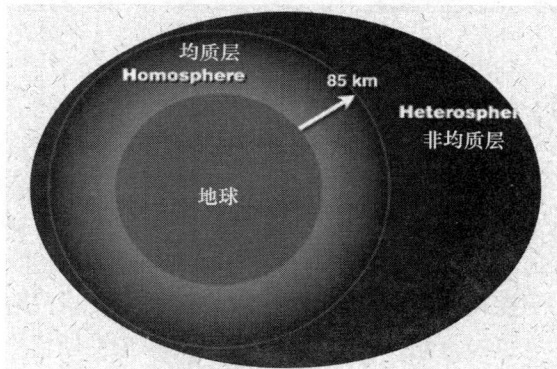

图 9-5　均质层与非均质层

均质层高度在 85 千米以内，包括对流层、平流层和中间层。层内大气的成分均匀且保持不变，主要是氮气和氧气。在这一层中约 15～35 千米处还有臭氧层，臭氧浓度在 23 千米处最大。均质层以上的大气圈层称为非均质层，位于距离地面 85 千米以上，大气化学成分组成随着高度变化而不同。

三、大气物理参数

(一)大气压力

在大气层中的物体，都要受到来自空气分子撞击产生的压力。这是大气层自身重力产生的作用于物体上的压力。由于地心引力作用，距离地球表面越近，引力越大，空气分子密集度越高，大气压力越大；距离地面越高，空气分子数量随着高度增加而减少，大气压力越小。为了比较大气压力大小，科学家规定了一个标准：在纬度 45°的海平面上，当温度为 0℃时，760mmHg(约 1013.25hPa)产生的压力强度叫作标准大气压。每升高 1000米，大气压力会减少约 10%。在对流层顶部的大气压力为 200hPa 左右；在平流层顶部的大气压力为 1hPa 左右；在中间层顶部的大气压力为 0.1hPa 左右。

大气压力对民航客机的设计、系统配置及机载人员都有很大影响。比如客舱增压与客舱释压就和大气压力特性相关。民航客机飞行高度一般在 8000～12000 米，属于不适合人类生存的高度。为了保证机上人员的安全及乘坐的舒适性，必须进行客舱增压，即把压缩空气灌进客舱和驾驶舱。通常，民航客机在最大飞行高度下，客舱内的气压与海拔 2400 米左右高度的气压相同。在飞行过程中，机体破损、密封泄漏或者增压系统出现故障等情况，会导致客舱失压。飞机在起飞和着陆时，需要用所在机场的场面气压调整高度表，比如，飞机在海平面高度和 1524 米高度时，由于气压的变化，起飞距离相差 1000米，如图 9-6 所示。

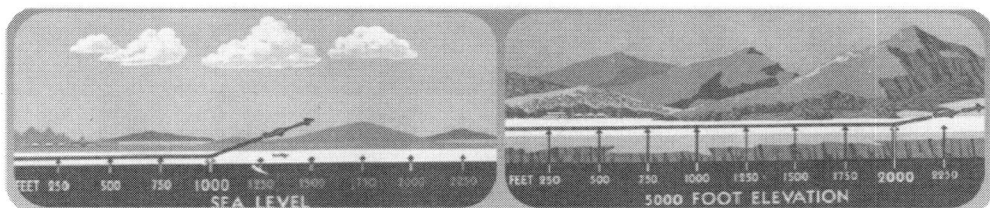

图 9-6　飞机起飞距离因气压变化而改变

(二)大气温度

气象学中把空气的冷热程度称为空气温度。所谓高处不胜寒，气温的变化与海拔高度呈反比关系，即随着海拔高度的增加，气温逐渐下降。在对流层中，由于空气不能直接吸收太阳短波辐射，只能吸收地面反射出的长波辐射而从下垫面加热空气。靠近地面的空气受热多，远离地面的空气受热少，高度每升高 1000 米，气温降低约 6.5℃，比如泰山山顶的温度比山脚下低 5～10℃。温度递减的速率随着高度增加逐渐减小，当到达对流层顶部时，温度递减几乎停止。到了平流层，由于有臭氧层的存在，臭氧能够吸收太阳辐射中的紫外线，所以高度越高，温度越高。

气温对民航客机的飞行性能影响比较大。气温高时，发动机推力减小，飞机增速减慢，飞机升力变小，飞机的滑跑距离更长；在同一高度飞行时，气温低时，发动机推力增大，飞行速度变大。

(三)大气密度

在标准大气条件下(标准大气条件：在海平面上，大气温度为 15℃，大气压力为 1013.25hPa 的情况)单位体积空气的质量称为大气密度或者空气密度，约为 1.225 kg/m³。大气密度的变化与大气温度、大气压力及湿度等因素相关。当气温升高时，空气分子运动速度加快，分子间距离增大，单位体积的分子数量减少，所以密度变小；当气压增加时，空气分子之间的相互作用增强，空气分子的碰撞频率和能量增加，空气分子排列得更加紧密，所以密度变大。飞机发动机产生的功率与大气密度成正比，当大气密度变小时，飞机的发动机吸入的空气变少，功率降低，飞机的推力和升力减小。

▌第二节▌ 飞 行 原 理

一、飞机作用力

飞机飞行时主要受到升力、推力、阻力和重力四种作用力，如图 9-7 所示。这四种作用力的平衡关系是飞机在空中飞行的基础，也是飞机设计和操作的重要原理之一。升力是垂直向上的力，主要由飞机的机翼产生，使飞机能在空气中上升和保持在空中飞行；重力是垂直向下的力，代表飞机所受到的地球引力，需通过升力来平衡；推力是与飞机飞行方向相同的力，由发动机产生，推动飞机前进；阻力是与飞机方向相反的力，由飞机的飞行速度和空气阻力决定，需通过推力来克服。

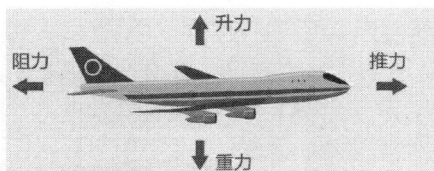

图 9-7 飞机的作用力

(一)飞机升力

飞机想要起飞，需要在发动机的推动下在跑道上加速到一定速度才能够飞起，这是为了让机翼和空气之间产生足够的相对速度，以获得升力。飞机必须产生大于自身重力的升力才能升空飞行，这是飞行的基本原理。飞机的升力从哪里来？机翼向下偏折空气以提供升力。

当机翼以一定的迎角迎接水平气流时，机翼上方的空气被机翼弯折，获得向下的速度，并形成机翼上方的低压区。同时，机翼下方的空气被机翼压缩，形成高压区，也获得一定的向下速度。飞机机翼升力示意图如图 9-8 所示。发动机输出的功率使得向下速度的气流获得了向下的动量，机翼在对气流的做功过程中获得了向上的冲量，两者大小相等、方向相反，于是机翼向上抬升。

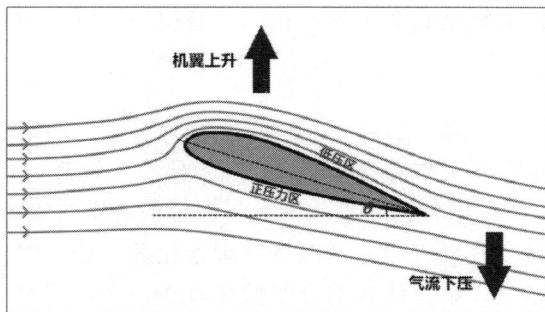

图 9-8 飞机机翼升力示意图

控制升力大小最直接的办法是调整机翼相对气流的迎角，如图 9-9 所示。在一定范围内，升力的大小与迎角呈线性关系，当迎角大到一定程度时，气流与机翼开始分离，机翼进入失速状态。迎角越大，气流分离点越靠近机翼前缘，失速越严重，直到升力降为零。在不改变主翼迎角的情况下，飞机可以通过调整襟翼的位置来控制弯折气流的程度。飞机襟翼如图 9-10 所示。

图 9-9　飞机迎角

图 9-10　飞机襟翼

(二)飞机推力

飞机需要产生足够的推力来克服阻力和重力，以保持在空中飞行。飞机推力是由飞机发动机提供的。根据牛顿第三定律，发动机喷出高速气流向后推动飞机，气流产生的反作用力使飞机则获得了向前的推力。

(三)飞机阻力

飞机阻力是因空气对飞机运动的阻碍而产生的，包括空气摩擦阻力和气动阻力。空气摩擦阻力是因飞机表面与空气接触而产生的摩擦力，而气动阻力是因飞机在空气中运动时产生的气流压力差引起的。飞机需要产生足够的推力来克服阻力，以保持在空中飞行。

(四)飞机重力

飞机重力是地球对飞机的吸引力，是飞机在空中飞行时需要克服的力。飞机需要产生足够的升力和推力来抵消重力，以保持在空中飞行。

二、飞机平衡

飞机的平衡包括"作用力平衡"和"力矩平衡"两个方面，是指作用于飞机的各力之和为零，各力对重心所构成的各力矩之和也为零。飞机处于平衡状态时，飞行速度的大小和方向都保持不变，也不绕重心转动，属于飞机的稳定性；飞机处于不平衡状态时，飞行速度的大小和方向将发生变化，并绕重心转动，属于飞机的操纵性。通常，以飞机的三个轴来分析飞机的平衡，飞机机体轴示意图如图 9-11 所示。

① 横轴——俯仰平衡；
② 立轴——偏转平衡；
③ 纵轴——滚转平衡。

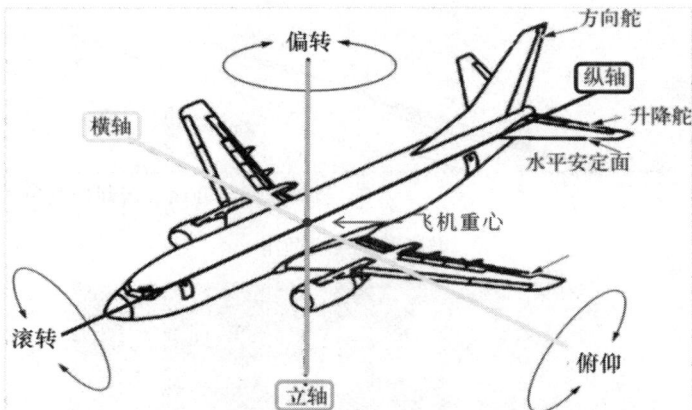

图 9-11　飞机机体轴示意图

(一)俯仰平衡

飞机在飞行中会受到各种各样的扰动，比如阵风或者舵面的偶然偏转等，使飞机偏离原来的平衡状态，如果飞机能在偏离后自动恢复至原来的平衡状态，则飞机具有稳定性。影响飞机俯仰平衡的一个重要因素是飞机迎角的变化。飞机取得俯仰平衡后，不绕横轴转动，迎角保持不变，作用于飞机的各俯仰力矩之和为零。

对于飞机而言，飞机重心是重力的作用点，压力中心是机翼升力的作用点。虽然两个力大小相等、方向相反，但两个作用点位置不同，如图 9-12 所示。重心处于压力中心之前，会给飞机造成一个绕横轴的低头力矩。此时需要有第三个力产生抬头力矩，使飞机保持俯仰平衡，这个力就是水平尾翼产生的负升力。

图 9-12　飞机重心与压力中心位置不同

机翼翼弦和相对气流形成正迎角，产生升力；水平尾翼和相对气流形成负迎角，产生负升力，如图 9-13 所示。如果飞机受到气流影响抬头，此时水平尾翼的负迎角会减小，负升力减小，从而产生一个低头力矩；反之，飞机受到干扰低头时，水平尾翼负升力增大，产生一个抬头力矩。也就是说，在水平尾翼的帮助下，无论飞机抬头或低头，均能恢复原来的状态，即水平尾翼能使飞机保持俯仰平衡。

图 9-13　飞机迎角

影响飞机俯仰平衡的因素很多，包括加减油门、收放襟翼、收放起落架及飞机重心位置改变等。以重心位置改变为例，飞机在飞行中，由于机上人员、货物的移动或者燃料的消耗等都有可能引起飞机重心位置的前后变动。重心位置的改变会引起各俯仰力矩的改变，主要是影响到机翼力矩的改变，故重心前移，下俯力矩增大；重心后移，上仰力矩增大。这也是为什么航空公司不允许旅客在进入客舱后随意调换座位的原因。

(二)偏转平衡

飞机在天上是怎么转弯的呢？答案是通过控制飞机升降舵、方向舵和副翼的偏转来实现。通过改变舵面上的空气动力，产生附加力和相对于飞机重心的操纵力矩，进而改变飞机飞行状态。飞机升降舵、方向舵和副翼位置如图 9-14 所示。

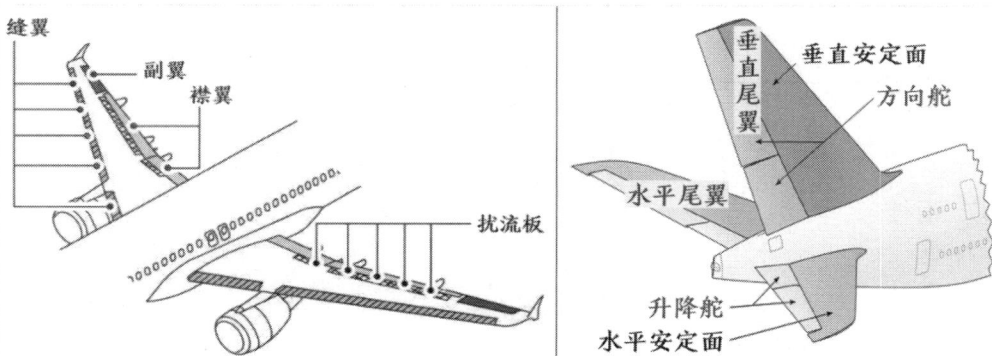

图 9-14　飞机升降舵、方向舵和副翼位置

升降舵与飞机水平安定面相连，负责飞机的升降。当飞机需要下降时，飞行员压操纵杆，升降舵向下偏，水平尾翼产生向上的升力，飞机产生低头力矩，飞机开始下降；当飞机需要爬升时，飞行员拉操纵杆，升降舵向上偏，水平尾翼产生向下的升力，飞机产生抬头力矩，飞机开始上升。

方向舵与飞机垂直安定面相连，一般可以左右偏转 30°，作用类似于汽车方向盘。当飞行员踩左脚蹬时，方向舵向左偏转，飞机正面气流使方向舵产生一个向右附加力，这个力与飞机重心共同作用，产生飞机向左偏航的力矩，使飞机向左偏转。反之则右转。

仅靠操作方向舵只能引起飞机的侧向滑行，不能使飞机转弯，还需要副翼的配合才行。飞机转弯时必须倾斜，即飞机左右机翼一高一低。若飞行员向左压驾驶杆，左副翼偏上，迎角减小，左翼升力降低；右副翼偏下，迎角增大，右翼升力增大。此时左右副翼产生的升力差相当于飞机纵轴产生了一个横滚力矩，使飞机向左方倾斜，飞机实现左转弯。

总之，先操纵升降舵使飞机上升或下降，再利用方向舵操控飞机的左右方向，最后结合副翼实现飞机转弯。

(三)滚转平衡

固定翼飞机的滚转，是指以飞机纵轴(机头机尾连线)为中心轴，向左或向右翻滚。民航客机出于舒适性考虑，不会在空中做大幅度滚转机动，而军用飞机在空战中，会较多地出现组合机动动作。飞机的滚转平衡，是指作用于飞机左右机翼的升力对重心形成的力矩之和为零，即飞机的左滚力矩之和等于右滚力矩之和。飞机取得滚转平衡后，不绕纵轴滚转，坡度不变或没有坡度。飞机滚转平衡受到破坏时，保持平衡最有效的方法是适当转动驾驶盘或使用副翼调整片，利用偏转副翼产生的横侧操纵力矩平衡使飞机滚转的力矩，以保持飞机的滚转平衡。

三、飞行过程

民航客机完成一次航班任务需要经历以下几个阶段，如图 9-15 所示。

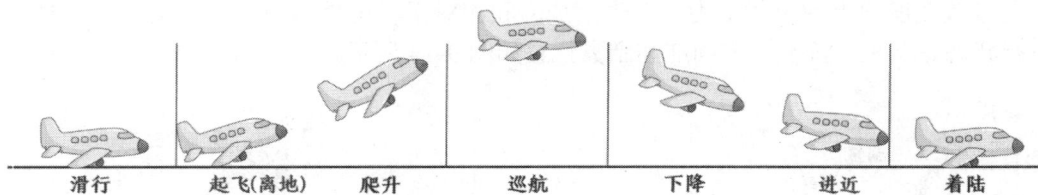

图 9-15　飞机飞行过程

① 滑行；
② 起飞；
③ 爬升；
④ 巡航；
⑤ 下降；
⑥ 进近；
⑦ 着陆。

飞机在起飞前需要完成各项地面勤务工作，包括：旅客登机、货物行李装卸、飞行机组从航管部门获取相关飞行资料、机务检查飞机状况并签署放行文件、地服人员与客舱机组签署飞机舱单等文件及核对人数等。所有工作完成后，飞行员向空中管制部门申请放行许可，同时申请飞机推出和发动机开车。

获得许可指令后，飞机在机坪上启动好发动机，按照指定路线在滑行道行进至跑道，在跑道头等待起飞指令，准备进入起飞阶段。飞机起飞是一个直线加速运动过程，首先以最大功率在地面滑跑，当速度增加到一定数值时，机翼的升力和飞机重力相等，飞行员拉操纵杆，飞机抬头，前轮离地，飞机开始升空。

在此阶段，有以下三个重要的速度节点。

① 起飞决断速度：这个速度是在飞机设计制造时经过计算决定的，意味着飞机到达这个速度时必须起飞，否则飞机的刹车能力不能保证飞机在跑道长度范围内能停下来，如果此时中断起飞，飞机会冲出跑道，导致事故的发生。

② 抬轮速度：起飞滑跑中，飞行员开始拉杆抬前轮，以增大飞机的俯仰角时的速度。飞行员必须精准确定这个速度，过早抬轮有可能导致飞机尾部刮擦跑道，不仅损伤机身，还会埋下安全隐患。

③ 起飞安全速度：是指起飞结束时应达到或超过的保证起飞安全的速度。它又称为起飞爬升速度，是当飞机在一发失效时，达到离地面上空约 10.66 米时应达到的最小爬升速度。

飞机爬升阶段有以下两种方式。

① 固定角度爬升：以固定角度持续爬升到预定飞行高度，特点是节省时间。

② 阶梯式爬升：飞机升到一定高度后，水平飞行以增加速度，然后再爬升到第二高度，经过几个阶段后爬升到预定飞行高度。特点是节约燃料。

从飞机在跑道端松开刹车开始，到飞机离开地面达到规定高度，这段时间是飞行员最繁忙、操作最复杂的阶段。飞机达到预定高度后，保持水平等速飞行状态，进入巡航阶段。

在大约降落前半小时，飞行员开始逐渐降低飞行高度，减慢飞行速度，准备进入目的地机场空域，此时进入下降阶段。

进近阶段是飞机在下降时对准跑道飞行的过程，此时飞机需要调整水平飞行姿态、高度和速度，飞行员会根据目视或导航设备的指示引导飞机进入正确的航道。随着飞行高度降低，飞机会进一步减速，减小下降速度并调整姿态，起落架被放下、襟翼和副翼也会调整到适当位置，以适应着陆所需的条件。

飞机从 15.24 米的高度下滑，下滑到规定高度时，飞行员拉操纵杆增大迎角，飞机阻力随之增大，飞机减速运动，进入平飘过程。飞机速度逐渐减小，接地前升力略小于重力，飞机缓慢下沉。飞机以较小速度和较小下沉速度轻轻接地，两个主轮接地后，阻力使飞机减速，随着速度减小，升力降低，机头自动下俯，前轮自动接地，然后飞机逐渐减速直至完全停下并离开跑道进入滑行道。此阶段为飞机着陆阶段。飞机着陆示意图如图 9-16 所示。

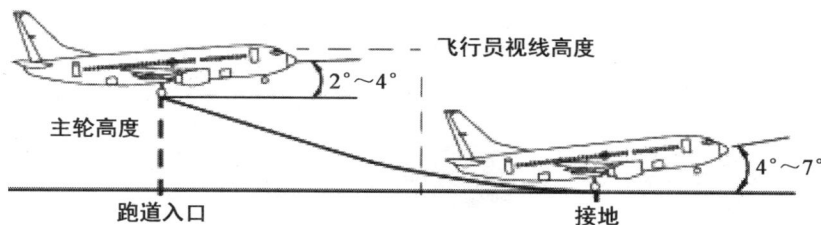

图 9-16　飞机着陆示意图

【思考题】

1. 大气主要由哪几个部分组成？
2. 简述大气层五级结构分别是什么。
3. 简述对流层的基本情况。
4. 什么是大气压力及其对飞机飞行的影响。
5. 飞机的作用力有哪些？
6. 简述飞机升力的作用原理。
7. 简述飞机俯仰平衡的原理。
8. 简述飞机偏转平衡的原理。
9. 简述飞机滚转平衡的原理。
10. 简述飞机飞行过程包括哪些阶段。
11. 飞机爬升阶段有哪两种方式？

第五篇

民用航空安全

第十章

民用航空安全概述

📺 【本章导读】

　　飞行安全是航空运输业的根基，它关乎人们的生命财产、行业发展前景，乃至国家形象，是航空运输业永恒的主题。航空安全不容有错，失之毫厘，谬以千里。只有牢固树立"人民至上、生命至上、安全第一"的理念，才能实现民航安全生产，最终实现航空强国梦。

　　本章以航空安全为中心，以航空安全保卫和民航危险品运输为扩展，全面介绍民用航空安全体系。希望大家对航空安全有更深刻和更全面的认识与理解，更加懂得遵守规章制度的重要性。

🔍 【学习目标】

- 理解飞行安全的重要意义；
- 了解影响飞行安全的风险因素；
- 掌握气象环境对飞行安全的影响；
- 掌握地理环境对飞行安全的影响；
- 掌握人为因素对飞行安全的影响；
- 熟记航空安全保卫的概念；
- 了解航空安保的目的与宗旨；
- 理解非法干扰和扰乱行为的概念；
- 掌握劫机的种类；
- 掌握危险品运输的概念及特征；
- 掌握危险品航空运输相关法律依据；
- 熟记危险品的 9 大类别；
- 掌握危险品运输的概念；
- 了解危险品培训的要求；
- 掌握旅客携带物品登机的规定。

▌第一节▌ 飞 行 安 全

一、飞行安全的含义

飞行安全包含两层含义：一层含义是持续安全，就是随着时间的推移，始终保持着安全飞行，安全飞行时间是持续安全在数量上的直观表现；另一层含义就是高标准高品质的飞行安全，这种安全并不体现在数量上，而体现在质量上，不存在任何侥幸行为和运气成分，扎扎实实地提高民用航空器飞行安全质量，使飞行安全水平稳步提升。数量与质量，两层含义结合，才能使民航飞行安全风险降到最低，事故率逐年降低。

二、飞行安全的重要性

飞行安全是持续性的安全，这种持续性贯穿整个民航系统。从飞机零部件生产、飞机组装、飞机维修、飞机指挥、直到最后飞机飞行，整个过程中，无论哪个环节出现问题都有可能破坏到整体安全，带来严重后果。所以飞行安全的重要性对每一位参与其中的民航人来说都是不言而喻的。无危为安，无损为全，飞行安全的意义是规避风险、防患于未然、建立长效安全机制来降低损失。只有每个环节都坚守好安全的红线，才能换来持续的安全。

组装飞机的每一颗螺丝钉、维修飞机的每一项工作、驾驶飞机的每一个动作、指挥飞机的每一句用语、安检乘客的每一个包裹都关乎着飞行的安全，只有充分认识到飞行安全的重要性，才能抓得住重点，把飞行安全植入骨髓，民航雄鹰才能振翅高飞。

三、影响飞行安全的风险因素

安全生产是民航运输企业生存与发展的根本、前提和生命线，也是航运企业运营工作的核心所在。随着时代进步、科技更新、航空公司快速发展，机队规模、航班量、客货运输能力、效益等方面均有显著提升。但各类风险因素日益显现，时刻威胁航空公司的正常营运。

(一)环境因素

民航运输企业在生产活动过程中面临的环境风险因素主要是指影响企业营运安全的自然环境因素。航空运输对自然环境依赖严重，雷暴、风切变、积冰、云、地形等会对运输生产构成严重威胁。

1. 气象环境

气象是影响民航安全的重要因素，也是影响民航经济效益的重要条件。气象因素分为可见气象因素和不可见气象因素。可见气象因素包括强对流、雷电、大风、冰雪、暴雨、浓雾、沙尘暴等；不可见气象因素包括大气压、风切变、云中过冷水滴积冰、颠簸等。

① 气温、气压、大气密度。这些因素主要影响飞机起飞和着陆时的滑跑距离、飞机

载重量以及燃料的消耗。气温越高，气压越低，空气密度越小，机翼产生的升力越小，起飞滑跑的距离越长。比如，空气密度减小 10%，滑跑距离要延长 20%。某种喷气式飞机在零度时起飞要滑跑 1500 米，在气温 30 度时要滑跑 2000 米。

②　风。风的方向和速度会影响飞机的飞行路线、飞行速度和升力等。比如，飞机在起飞和着陆时要求在逆风条件下进行，以便缩短滑跑距离，顺风则会增大起飞和着陆的滑跑距离。侧风则会使飞机偏离跑道，严重影响飞机的起飞和着陆。其中，风切变是影响飞行安全的重要危险因素，被称为"无形杀手"。风切变是指风向和风速在空中水平或垂直短距离上的明显变化。风切变会导致飞机的飞行出现偏移或滚转。1975 年 6 月 27 日，美国东方航空一架波音 727 飞机在纽约肯尼迪机场着陆时，遇低空风切变而坠毁，113 人死亡。这次空难事件震惊了美国航空界。

③　云。不同的云带来不同的气象条件，对飞行的影响也不同。云底很低的云影响飞机起降；云中过冷水滴使飞机积冰；云中湍流造成飞机颠簸；云中明暗不均容易使飞行员产生错觉；云中雷电伏击使仪表失灵、油箱爆炸、损坏飞机、发生飞行事故等。

④　积冰。飞机结冰是指飞机在 0℃ 以下的云中飞行时，在飞机的外表通风面上凝结冰霜的一种现象。形态可以分为明冰、毛冰与雾凇三种。飞机积冰会使飞机的空气动力性能变差，推力和升力减小，正面阻力增大，流线型也受到破坏。如果结冰较厚，还可改变飞机重心位置，影响飞机的安全性和操纵性。旋翼和螺旋桨叶上结冰，会造成飞机剧烈颤动；发动机进气结冰，会损坏飞机；驾驶舱风挡结冰，会妨碍目视飞行；天线结冰，会影响通信或造成通信中断。2012 年 4 月 2 日，俄罗斯一架载有 43 人的双引擎 ATR-72 型飞机在西伯利亚坠毁，机上 31 人遇难。调查人员透露，结冰是飞机在秋明郊外失事的主要原因。

⑤　能见度。在航空界，能见度是指具有正常视力的人在当时的天气条件下能够看清楚目标轮廓的最大距离。它既是判断气象条件简单还是复杂的依据之一，也是决定机场是否开放、飞机起飞着陆是用目视飞行规则还是仪表飞行规则的依据之一。影响能见度好坏的主要天气现象包括降水、大雾、积云、烟雾、风沙等，其中降水和大雾对飞机飞行安全的影响最大。2003 年 1 月 8 日，土耳其航空公司 634 号航班从伊斯坦布尔阿塔图尔克机场前往迪亚巴克尔机场，在最后降落前坠毁在浓雾之中。机上 5 名机组人员和 75 名乘客中的 70 名乘客丧生，幸存下来的 5 名乘客也身受重伤。

⑥　颠簸。飞机在飞行中产生颠簸的基本原因是大气中存在乱流。这些不稳定气流的范围有大有小，方向和速度也各不相同。当飞机进入与机体尺度相近的乱流涡旋时，飞机的各部位就会受到不同方向和速度的气流影响，原有的空气动力和力矩的平衡被破坏，从而产生不规则的运动。飞机由一个涡旋进入另一个涡旋，就会引起振动。当飞机的自然振动周期与乱流脉动周期相当时，飞机颠簸就会变得强烈。2016 年 6 月 19 日，从德国法兰克福飞往上海浦东机场的国航 CA936 航班，在飞行过程中遭遇强气流发生严重颠簸，机上 17 人落地后被送医治疗。"晴空颠簸"是一种与强对流活动无关的、较难预测和规避的大气现象。通常发生在 6000 米高度以上，没有明显的天气现象相伴，颠簸区与无颠簸区没有明显边界，所以很难被飞行员察觉。2023 年 7 月 10 日，国航 CA1524 航班，在从上海飞往北京的途中遭遇强烈晴空颠簸，导致乘务员和旅客受伤，安全出口指示灯被撞坏，杂物散落一地。

【案例】

2007 年 9 月 16 日，One-Two-GO 航空 269 航班，MD-82 飞机由泰国曼谷飞往普吉岛，降落时疑似遇上风切变导致滑出跑道，机身断裂爆炸起火，遇难人数 89 人。

2012 年 4 月 20 日，巴基斯坦 Bhoja Air 航空 213 号航班上 127 人在空难中丧生。由于飞机降落时，天空中大雨倾盆，雷电交加，飞机的坠毁可能是因为被闪电击中。

2013 年 2 月 13 日，乌克兰一架安 24 客机在顿涅茨克紧急降落时冲出跑道并着火，造成至少 5 人死亡。飞机重着陆后继续向前冲，并在脱离跑道 700 米的地方停下来。飞机起火，机身裂开。事故发生时，机场附近正被浓雾笼罩。

2014 年 7 月 23 日，复兴航空公司 GE222 航班，在澎湖上空失联，机型 ATR-72，乘客 54 人，机组 4 人。由高雄飞往澎湖马公，因为受到台风影响，天气不佳，紧急迫降失败，坠毁在澎湖县湖西乡西溪村 62 号空地。事故造成 47 人死亡，11 人受伤。另外，波及附近 2 栋民宅并造成火警。

2. 地理环境

飞机在起飞和下降的关键阶段比在巡航阶段更容易发生紧急情况，一个很小的失误就会引发很严重后果。除了气象环境之外，机场的地理环境对航空器的安全起降也至关重要。若机场位于地理环境复杂的地带，比如机场周边有高地或者坐落在山脉中，航空器发生事故的可能性会更大。

中国广西河池市金城江机场建在悬崖边上，跑道是世界上最窄的跑道之一，海拔 677 米，受天气影响很大，对飞行员有非常高的技术要求。广西河池市金城江机场如图 10-1 所示；葡萄牙马德拉丰沙尔机场，建在山的对面，跑道从半山凿出伸向海洋。空中乱飞的海鸟、随时改变风向的海风，是最大的隐患。葡萄牙马德拉丰沙尔机场如图 10-2 所示。

图 10-1　广西河池市金城江机场

图 10-2　葡萄牙马德拉丰沙尔机场

此外，尼泊尔拥有全球最偏远、最危险的跑道，跑道的两侧就是高耸的山脉，即使是有经验的飞行员也会面临挑战。位于尼泊尔东北部的丹增·希拉瑞机场(Ten zing-Hillary Airport，原名卢卡拉机场)位列世界十大危险机场之首，冠有"世界屋脊上的跑道"称号。尼泊尔丹增·希拉瑞机场如图 10-3 和图 10-4 所示。尼泊尔的坠机事件主要在该机场发生。2019 年 4 月 14 日，一架小型 Summit Air 飞机在该机场起飞时，与一架停在机场内的直升机相撞，造成 3 人死亡。该机场海拔 2845 米，只有一条全长仅约 527 米的跑道，宽约 20 米，但坡度达到 18.5°，机场尽头的一边是悬崖，另一边则是喜马拉雅山。2008 年，尼泊尔雪人航空公司的一架飞机就在此发生空难，造成 18 名乘客和机组人员丧生。

图 10-3　尼泊尔丹增·希拉瑞机场

图 10-4　浓雾下的丹增·希拉瑞机场

(二)人为因素

人为因素指的是由民航运输企业营运有关人员引发的风险因素。虽然"人"是企业运营系统中最具价值的主体，但人自身的局限性决定了人为因素是最易滋生风险的温床。有研究显示，航空事故中至少有 70%～80%的事故与事故征候都能找到相关的人为因素。运输企业营运过程中涉及的人员很多，包括机组、机务、空管、签派、地勤等，他们是衔接企业安全运行的纽带，从事故链理论角度分析，如果在运输企业运行过程中相关人员的某一环节出现脱离，将对企业安全运行产生巨大的影响。

1. 飞行机组

飞行机组因素是导致飞行事故的人为因素的重要部分。在飞行机组因素中，机组操作不当居首位，其次是机组违章驾驶，其他依次是机组判断失误、机长技术能力不强、机组配合失调、机组心理素质欠佳、复飞决断不及时和机组不能正确使用设备等。

【案例】

1994 年 3 月 23 日，由空客 A310 执飞的俄罗斯航空 593 号航班从莫斯科飞往香港，但于中途坠毁在西伯利亚，机上 75 人全部罹难。这起事故原因的荒唐程度堪称民航历史之最：第二副驾驶 Yaroslav Kudrinsky 让自己的两个孩子玩操纵盘。根据事故后发现的驾驶舱录音，Kudrinsky 让自己两个孩子(12 岁的 Yana 和 15 岁的 Eldar)在半夜时进入驾驶舱。两个孩子都坐在了机长的位子上玩操纵盘。飞机处于自动驾驶状态时，操纵盘不应被启用。但当 Eldar 把操纵盘往下推了整整 30 秒后，系统被迫回到手动驾驶状态。当机长和副驾回到座位上掌控操纵盘时，一切都来不及了。飞机坠毁到下方的山里，机上人员全部丧命。

2005 年，从突尼斯杰尔巴城飞往意大利巴里的突尼斯国际航空 1153 号航班于中途坠落在地中海里，机上 49 名乘客中的 16 名遇难，33 名乘客获救。2009 年 3 月，该航班的机长和副驾驶被判处 10 年监禁。该班飞机因机械故障而将燃油耗尽并开始坠落，之后机长和副驾驶并没有将应急程序执行到位，而是开始祈祷。舱音记录器显示机长呼唤"安拉和他的先知穆罕默德"求助。证据显示机组人员起初做出了许多努力试图解除危机，但最终陷入惊慌并任由坠毁发生。

2010 年 8 月 24 日 21 时 38 分 08 秒，河南航空有限公司机型为 ERJ-190，注册编号 B-3130 号飞机执行哈尔滨至伊春的 VD8387 班次定期客运航班任务，在黑龙江省伊春市林都机场 30 号跑道进近时在距离跑道 690 米处坠毁，部分乘客在坠毁时被甩出机舱。机上有乘客 91 人，包括儿童 5 人。事故造成 44 人遇难，52 人受伤，直接经济损失 30891 万元。该事故属可控飞行撞地，事故原因是飞行员降落时出现失误。

2010 年 7 月 28 日，巴基斯坦蓝色航空 202 号航班在巴基斯坦首都伊斯兰堡附近坠毁，机上 146 名乘客和 6 名机组人员全部遇难。坠机原因是机长在飞行中几次用"严厉傲慢"的语气和副驾驶说话，导致副驾"失去自尊"，所以在机长开始犯严重错误时，副驾驶没有敢进行干预。之后机长无视空管人员发出的天气警告，在灾难来袭过程中，他的错误也没有得到副驾的纠正。若副驾能够纠正机长重复犯的错误，也许悲剧就可以避免。再加上当时正处于季风气候的雨季，机长惊慌失措并失去控制，最后飞机坠毁在一个山坡上。

2015 年 3 月 24 日，德国之翼 4U9525 号航班的副驾驶将机长关在门外，操纵一架 A320 客机在阿尔卑斯山坠毁，导致 150 人死亡。根据舱音记录仪所显示的副驾驶曾怂恿机长去卫生间，机长在驾驶舱外曾拼命踹门，以及在撞山前曾记录到驾驶舱呼吸声音等判断，这是一起自杀事件。该副驾驶曾告诉女友"要搞事"。此事之后，很多航空公司修改了规定，要求驾驶舱必须同时有两名机组人员在。

2. 维修人员

航空器维修人员是负责航空器适航性和安全运行的技术保障人员。他们与航空安全关系密切，主要集中表现在经维护修理后的航空器适航品质和安全质量方面。航空器维修是航空系统的基本组成部分，它的人为差错的增加可能导致系统安全网的崩溃。

维修人员对航空器所做的任何维修工作都有可能发生人为差错，如航线更换件安装不正确、组装时忘记取下液压管上的堵头、在接近某处做工作时用脚踏坏了某条空气管路、结构裂纹在目视检查时未发现、由于诊断错误拆下无问题的电子盒而有故障的却留在飞机上等。

因此，注重安全、重视细节，就是要持续不断地对维修人员进行技术培训，使其熟练掌握所在岗位的生产操作、设备维护技术，从根本上杜绝因野蛮操作、误操作、习惯性违章操作以及处理方法不当而导致事故的发生。

【案例】

1994 年 6 月 6 日清晨，一架载有 146 名旅客和 14 名机组人员的图-154 飞机在西安市长安区鸣犊镇坠毁，机上人员无一幸存，这也是我国民航史上最惨重的空难之一。根据事故调查组分析，飞机在起飞后 24 秒就出现异常飘摆，随着飞行高度的提升，异常飘摆不仅没有缓解，反而越发严重。3 分钟后，机身摆动幅度已经超过 30°。随后飞机偏离了路线，并向右侧作不规则转弯，而此时飞机已经爬升到 4700 米的高度。不久后，飞机出现抬头，仰角达到 20°，时速骤降至 373 千米，驾驶舱内充斥着失速警报声和飞行员的悲呼声。最终，在飞机起飞后 9 分钟左右，因飞机失速，飞机大幅度向左滚转，在数十秒内从 4100 米高空急速坠落至 2884 米，由于机身无法承受巨大的过载压力，伴随着两声巨响，飞机在空中解体。调查员在飞机残骸中发现：飞机自动驾驶仪安装座上有两个插头，而这两个插头竟然插反了！根据航空公司维修记录显示，在航班起飞前一天，这架飞机经历了一次维修，机务维修人员在更换安装时，将倾斜阻尼插头与航向阻尼插头相互插错，且没有进行复检。最终导致飞机操纵性异常，造成无法挽救的惨重后果。

2005 年 8 月 14 日，塞浦路斯的太阳神航空一架波音 737-300 客机，于希腊当地时间 12 时 04 分，在雅典东北方的马拉松及伐那法斯之间一个山区小村葛拉玛提克坠毁，机上 115 名乘客及 6 名机员全部罹难。塞浦路斯政府为此次空难举国哀悼 3 天。此次空难也被称作"幽灵航班"。调查报告指出，该飞机曾在事故发生前因为空调系统故障而进行维修，机务做完机舱加压测试后，忘记把加压掣从"手动模式"调回"自动模式"。飞行员在航前检查时也未察觉。当飞机爬升超过 5000 米后，因机上加压系统处于手动模式而未能自动为机舱加压，所以机舱空气稀薄，氧气不足。机长及副驾驶并不知道机舱失压，一直以为是机上空调失灵而没有戴上面罩，因此，很快便失去意识并处于昏迷状态，导致飞机无人驾驶。最后飞机因燃料不足而坠毁。

3. 空管人员

空中交通管制是一项高风险、高工作负荷的智力劳动，空管人员就像乐队指挥一样，指挥每一架进入本管制区域的飞机。空管人员一方面要不断获取信息，分析评估动态，果断作出判断决策，发出指令信息，为航空器配备安全管制间隔，处理突发特情；另一方面空管人员的思考时间很短，但发出的指令直接影响航班空中飞行状态和飞行安全。管制活动是在空管员、飞行员和有关设备的共同作用下进行的，任何一个环节出现问题都有可能引发飞行冲突甚至是飞行事故。

【案例】

1977 年 3 月 27 日，一架美国泛美航空公司波音 747 飞机和一架荷兰皇家航空公司的波音 747 飞机在西班牙洛斯罗德奥斯机场发生地面相撞事故，一场震惊世界的惨烈事故就此诞生。最后经过统计，荷兰皇家航空航班 248 人全部遇难，美国泛美航空航班有 335 人遇难，61 人侥幸生还。583 人遇难的结果，使得本次灾难成为人类民航史上最大的飞行安全事故。灾难原因是机场大雾以及机场空管员与飞行员沟通不畅。

2022 年 7 月 1 日，从莫斯科飞往巴塞罗那的 BTC2937 号航班与一架 DHL 货运公司的波音 757-200 货机在德国的乌伯林根上空相撞，导致两架飞机上的 71 人全部遇难。这起事故的原因是空管人员未能向飞行员提供准确、及时的信息，导致两架飞机在同一高度相遇并发生碰撞，由施瓦辛格主演的《空难余波》便是依据此次空难改编的。

2016 年 10 月 11 日，上海虹桥机场发生两架飞机冲突事件。简单地说，就是一架 A320 飞机在起飞时发现一架 A330 飞机入侵跑道，A320 机长经过短暂判断后决定继续起飞，于是 A320 飞机从 A330 上空飞越，幸运的是两架飞机没有冲撞。民航局调查后初步判断为一起因塔台管制员指挥失误造成跑道入侵的不安全事件。

(三)机场管理因素

1. 鸟击

鸟击，顾名思义，就是飞鸟与飞机相撞。飞鸟质量不大，速度也不快，而飞机却恰恰相反，按照物理学定律，撞击力与质量和速度的平方呈正比，飞机的高速运动使得鸟击的破坏力达到惊人的程度。比如，一只重 100 克的麻雀，与时速 400 千米的飞机相撞，可瞬间产生两吨重的冲击力，轻则损伤飞机，重则机毁人亡。

飞鸟并不是不会躲避危险，而是对于飞机这样的高速飞行器难以规避。飞机在起飞的时候，速度可能达到每小时数百千米，这样快的飞行速度以及爬升速度，有可能导致鸟群规避不及。飞机容易被鸟撞击的部位包括：雷达罩、驾驶舱风挡玻璃、发动机、起落架、大翼、水平安定面等。

【案例】

2009 年 1 月 15 日，全美航空 US1549 航班，执飞机型 A320，从纽约长岛拉瓜迪亚机场飞往北卡罗来纳州夏洛特。起飞后不到 1 分钟，遭到"双鸟击"，在机长的精湛技术和沉着处置下，6 分钟后成功迫降在哈德逊河上。这也是民航史上首次成功水上迫降。由此事件改编而成的《萨利机长》影片于 2016 年上映。

2013 年 6 月 4 日，国航一架执飞成都至广州的航班在起飞后不久，飞机机载雷达罩在数千米高空被撞出一个大凹洞，机组随后立即决定返航，半个小时后航班安全回到成都双流机场，事件未造成人员伤亡。

2019 年 8 月 15 日，俄罗斯乌拉尔航空公司一架大型客机，在起飞后不久就遭遇了多只飞鸟的撞击，导致飞机两台发动机起火，引擎失灵。机组人员紧急在离机场不远处的一片玉米地里成功实施了迫降。幸运的是虽然有 75 名乘客不同程度受伤，但飞机上 233 名人员全部生还。

2023 年 8 月 26 日，长安航空 9H8409 飞行机组执飞广西梧州至海南三亚航班，在起飞离地的关键阶段飞机遭遇鸟击，机组在操纵受较大影响的突发情况下妥善处置，返航梧州，确保了机上 183 名旅客和机组人员的生命安全。

2. 跑道环境

对于飞机滑行和起降而言，最重要也是影响最大的就是机场跑道环境。包括跑道道面、跑道周围障碍物、跑道周围地形、跑道目视助航设备和机场净空。

跑道道面的质量直接影响飞机起飞和着陆的安全性。受到雨、雪、积水等气候的影响，摩擦系数降低，会产生飘滑现象；道面若有金属物、石子、纸屑、树枝等杂物，容易被吸入航空器发动机其他部位，轻则机身划伤，重则破坏航空器动力系统，造成严重事故。

【案例】

2000 年 7 月 25 日，一架法国航空公司的协和超音速客机在戴高乐机场起飞 56 秒后尾部起火，飞行员发现情况后采取行动，在紧急迫降的过程中，飞机不幸坠毁。机上共有 113 人在空难中死亡，只有 1 人死里逃生。调查结果显示，这次事故的原因是飞机在起飞滑跑过程中，压到了跑道上的一块 43 厘米的金属薄片，导致轮胎爆裂。爆裂的轮胎碎片飞起，正好击中了飞机的油箱，造成燃油泄漏并燃起大火，最终导致飞机坠毁。而罪魁祸首的金属薄片，是从上一班飞机上掉落的异物。

2015 年 12 月 11 日，一架由广州飞往昆明的航班在昆明长水国际机场东跑道降落，着陆时飞机轮胎发生爆胎，后被拖至指定停机位。经检查，发现跑道上有异物，有中线跑道灯脱落。

▎第二节▎ 航空安全保卫

【案例：南航"3·7"事件】

2008 年 3 月 7 日，南航 CZ6901 航班于 10 点 35 分从乌鲁木齐起飞前往北京，12 点 40 分在兰州紧急备降。一名来自新疆的 19 岁维吾尔族女子将汽油注入易拉罐后，用香水掩盖汽油味，骗过机场安检人员登上飞机，企图协同 4 名恐怖分子在航班飞行中实施炸机行为。幸好当班的一名乘务员警惕性高，当闻到厕所传出汽油味，并发现里面一名维吾尔族姑娘神色慌张后，立即将情况报告给了机上安全员，安全员与机组及时制服歹徒并隔离控制，成功粉碎了一起恐怖组织自杀式攻击活动。经过警方缜密侦查，认为这是境外恐怖分子指使的一起有组织、有预谋的针对航空器实施恐怖袭击的案件。犯罪嫌疑人古扎丽努尔·吐尔地及相关涉案人员已被警方抓获。事后南航奖励该航班机组 40 万元，最先发现情况的乘务员获得 8 万元。

【案例：大连"5·7"空难】

2002 年 5 月 7 日 20 点 40 分，中国北方航空公司的一架"麦道-82"飞机从北京起飞，执行北京飞往大连的 CJ6136 航班。机上共有乘客 103 人，其中有 7 名外国籍旅客，另有机组成员 9 人。21 点 32 分，大连周水子机场接到当时在大连海滨傅家庄上空的飞机报告，称机舱内失火，此后便与机场失去联系。21 点 37 分，海上一艘渔船通过电话向大连海上搜救中心报告，称在傅家庄上空，一架民航客机失火。21 点 40 分，飞机坠落在大连港外侧海面。事故发生时，大连港劳务分公司职工刘吉庆正在港口装船作业，他说看到一架飞机在空中盘旋两、三圈后，一头扎入海里，激起很高的浪花。21 点 50 分，各相关部门立即展开了救援行动，在当地驻军的支持下，海事、边防等部门共出动了 40 多艘船只在飞机失事海域进行搜救。搜救结果，机上 112 人全部遇难，这就是震惊中外的"五七"空难。随后各相关部门全力组织事故处理和调查工作。2002 年 12 月 7 日，新华社发布消息称，通过调查，并经周密核实，认定空难是一起由乘客张丕林纵火造成的破坏事件。如图 10-5 所示。

图 10-5 大连"五七"空难现场图片

狭义的航空安全侧重于生产安全，如飞行安全、维修安全，不涉及人为故意破坏因素。主要是由航空器本身的性能、相关人员的操作以及环境影响造成的。随着民用航空的发展、航空科技的进步，飞行安全得到了很大提升，人们越来越意识到威胁和干扰航空运输的违法犯罪行为对航空安全的危害日益凸显。国际民航组织及各国民航部门将航空安保列为民用航空的重要组成部分。防范的是直接或间接危及民用航空的破坏行为。

一、航空安全保卫的概念

航空安全保卫简称航空安保(security)，《国际民用航空公约》附件 17《保安》中对航空安保的定义是为保护民用航空免受非法干扰行为而采取的措施和使用的人力、物力资源的总和。

航空安保是一个很宽泛的概念。定义中的"非法干扰行为"是以列举的形式出现，并随着危及民用航空的人为故意破坏方式不断演变而增设。

在 2006 年 4 月 1 日生效的第八版《国际民用航空公约》附件 17 中，列举的非法干扰行为有 6 种，包括：①非法劫持飞行中的航空器；②非法劫持地面上的航空器；③在航空器或机场内劫持人质；④强行闯入航空器、机场或航空设施场所；⑤为犯罪目的而将武器或危险装置或器材引入航空器或机场；⑥发布虚假信息，危及飞行中或者地面上的航空器、机场或民航设施场所的旅客、机组人员、地面人员或大众的安全。2010 年 11 月，ICAO 第 191 届理事会第 2 次会议通过了对附件 17 的第 12 次修订。在"非法干扰行为"中增加了"毁坏使用中的航空器"和"利用使用中的航空器造成死亡、严重人身伤害，或对财产或环境的严重破坏"的内容。

二、航空安保的目的与宗旨

① 预防和制止劫持、爆炸航空器，攻击民航机场，破坏民航设施，非法干扰民航运营秩序行为的发生。

② 保卫国家安全，保证广大旅客、机组和公众的生命财产不受侵害。

③ 使航空器、机场设施免遭巨大损失。

④ 维护民用航空运输生产、业务活动的秩序和正常发展。

⑤ 保证国内外国家领导人的专机安全。

⑥ 促进各国之间友好交往，维护国家政治声誉、企业的良好形象、社会的安定。

⑦ 保障航空企业有序发展与经济利益。

⑧ 打击恐怖活动和违法犯罪行为。

⑨ 保障人们的利益和创造良好生活环境。

三、非法干扰的概念

非法干扰是指危及民用航空和航空运输安全的实际或未遂的行为，其包括但不限于以下几种。

① 非法劫持飞行中的航空器；

② 非法劫持地面上的航空器；

③ 毁坏使用中的航空器；

④ 在航空器或机场内扣留人质；

⑤ 企图犯罪而将武器或危险装置或器材带入航空器或机场；

⑥ 利用使用中的航空器造成死亡、严重人身伤害，或对财产或环境造成严重损坏；

⑦ 传递危及飞行中或地面上的航空器、机场或民航设施场所中的旅客、机组、地面或公众安全的虚假信息。

【案例】

> 1988年12月21日，美国泛美航空公司一架波音747客机在苏格兰小镇洛克比上空爆炸坠毁，造成机上259人和地面11人丧生。空难发生后，美英两国情报机构组成的调查组立即对空难展开调查，并最终于1990年秋天认定这次空难系利比亚航空公司驻马耳他办事处经理费希迈和利比亚特工阿卜杜勒·迈格拉希所为。这次炸弹袭击被视为一次对美国象征性的袭击，是"9·11"袭击事件发生前最严重的恐怖活动。此次事件亦重挫泛美航空的营运，使该公司在空难发生的三年之后宣告破产。
>
> 1989年9月19日，法国联合航空公司772航班从扎伊尔飞往巴黎时，在尼日尔境内爆炸，造成170名乘客全部遇难。事件发生大约10个月以后，一名刚果人向警方交代，有一个利比亚人曾经交给他一个装满了炸药的箱子，让他交给该航班的一名旅客，从而导致这场灾难。1999年，法国法院判定这起空难是6名利比亚人制造的，利比亚政府应对此负责。2004年1月9日，利比亚终于与1989年法国客机爆炸案遇难者家属代表达成赔偿协议，同意赔付每位遇难者的家属100万美元，共计1.7亿美元。

四、扰乱行为的概念

扰乱行为是指在航空器上不遵守行为规范，或不听从机组人员指示，从而扰乱航空器上良好秩序和纪律的行为。

飞行中的航空器上出现扰乱或者不安全行为时，航空安全员应口头予以制止，告知其违反规定或违法事实，以及应当承担的后果，制止无效的，应当采取约束性措施予以管束。

(一)可能危及飞行安全的行为

可能危及飞行安全的行为，包含但不限于以下几种。

(1) 戏言劫机、炸机；

(2) 未经许可企图进入驾驶舱；

(3) 在客舱卫生间内吸烟；

(4) 殴打机组人员或威胁伤害他人；

(5) 谎报险情、危及飞行安全；

(6) 未经允许使用电子设备；

(7) 违反规定开启机上应急救生设备；

(8) 其他可能危及飞行安全的行为。

(二)扰乱秩序行为

扰乱秩序行为，包含但不限于以下几种。

(1) 寻衅滋事、酗酒滋事、殴打旅客；

(2) 在飞机上打架、性骚扰；

(3) 盗窃机上物品；

(4) 抢占座位、行李架；

(5) 强行登占航空器；

(6) 妨碍或煽动旅客妨碍机组人员履行职责；

(7) 其他扰乱航空器运营秩序的行为。

【案例】

2024 年 3 月 16 日，旅客赵某在航班卫生间吸食香烟，触发机上烟感报警，根据《中华人民共和国治安管理处罚法》第二十三条第一款第(三)项之规定，公安机关对赵某处以行政拘留 5 日。

2023 年 11 月 12 日，旅客黄某、郭某与梁某 3 人因客舱座椅靠背调节产生纠纷，继而发展成打架斗殴。根据《中华人民共和国治安管理处罚法》第四十三条第一款之规定，航班落地后，公安机关对黄某某、郭某某和梁某某三人作出行政拘留和罚款的处罚。

2024 年 3 月 18 日，旅客吴某某醉酒后乘机并霸占头等舱座位，不听劝阻，扰乱客舱秩序，造成航班延误。根据《中华人民共和国治安管理处罚法》第二十三条第一款第(三)项之规定，公安机关对吴某某处以行政拘留 10 日。

2024 年 3 月 1 日，旅客潘某某因未赶上飞机而泄愤，扬言飞机上有炸弹，导致航班延误 2 个多小时。根据《中华人民共和国刑法》第二百九十一条之一第一款规定，公安机关对潘某某依法采取刑事强制措施。后经法院判决，判处潘某某拘役 5 个月，缓刑 6 个月。

2024 年 3 月 30 日，旅客张某在飞机降落滑入机位时拉开应急舱门，导致滑梯释放，飞机计划执行的返程航班任务取消。根据《中华人民共和国治安管理处罚法》第三十四条之规定，公安机关对张某处以行政拘留 12 日。

五、劫机的概念

世界上发生的第一起劫机事件是在 1931 年的秘鲁，此次劫机没有造成人员伤亡，国际社会首次使用劫机定义。

劫机，即以武器或威胁等暴力手段劫持飞机的行为。

自从民用航空出现，劫机便成为一种犯罪途径，这种犯罪类型往往具有破坏性巨大、恐怖性高、容易引起人们恐慌与关注等特点，而这种特点又恰巧非常适合某些喜欢制造轰动性后果的政治团伙组织和个人，以至于成为民族矛盾、种族仇恨、政治冲突与发泄私愤的出口。

按照不同的目的可以将劫机分为以下四种。

(1) 以反社会为目的，劫持航空器，撞击重要目标，制造重大事件，造成机毁人亡的自杀性恐怖活动。

(2) 以政治要求为目的，劫持航空器，要挟政府的恐怖活动。

(3) 以经济要求为目的，劫持航空器，要挟政府的恐怖活动。

(4) 以破坏国家安全为目的，劫持载有关系国家安全的重要人员的航空器的恐怖活动。

【案例：法航"12·24"劫机事件】

1994 年 12 月 24 日，法国航空 8969 号班机从阿尔及利亚首都阿尔及尔飞往法国巴黎。在阿尔及尔起飞前被四名伊斯兰武装组织成员劫持。

持续至 12 月 26 日在马赛国际机场被法国国家宪兵特勤队(GIGN)成功解救。事件共造成 9 名 GIGN 队员及 13 位乘客受伤、4 名劫机者在马赛被杀、3 名乘客在阿尔及利亚被杀。

【案例：广州白云机场劫机事件】

1990 年 10 月 2 日，一架从厦门飞往广州的厦门航空公司 8301 航班上，21 岁的蒋晓峰闯入驾驶舱，利用藏在夹克里的爆炸物威胁飞行员将飞机开往台湾寻求政治庇护。飞行员并没有打算满足他的劫机要求，并试图使其相信飞机上没有足够的燃料，继续飞往广州，并寻求机会降落。劫机犯随后试图袭击飞行员并独自驾机未果。在飞行员试图降落时，这架波音 737 撞上了另一架飞机而起火。灾难造成 128 名乘客遇难。

【案例："9·11"事件】

"9·11" 事件是发生在美国本土的最为严重的恐怖袭击行动，遇难者总数高达 2996 人。

2001 年 9 月 11 日 9 时左右，两架被恐怖分子劫持的民航客机，美国航空 11 号航班和联合航空 175 号航班，分别撞向纽约世贸中心 1 号楼和 2 号楼，两座建筑在遭到攻击后相继倒塌，世贸中心其余 5 座建筑物因受震而坍塌损毁。同一时间，一架被劫持的美国航空 77 号航班客机，撞向位于华盛顿的美国国防部五角大楼，五角大楼局部结构损坏并坍塌。另一架联合航空 93 号航班客机，在机组和乘客的反击下，坠毁在宾夕法尼亚州香克斯维尔的一片空地上，距离华盛顿特区只有约 20 分钟飞行时间。"9·11" 事件现场图片如图 10-6 所示。

图 10-6 "9·11"事件现场图片

第三节 民航危险品运输

什么是危险货物？根据《危险货物分类和品名编号》(GB 6944—2012)中的阐述，危险货物是指具有爆炸、易燃、毒害、感染、腐蚀、放射性等危险特性，在运输、储存、生产、经营、使用和处置中，容易造成人身伤亡、财产损毁或环境污染而需要特别防护的物质和物品。

【导入案例】

当地时间 2022 年 7 月 16 日晚，一架由乌克兰航空公司运营的安东诺夫货机在希腊北部城市卡瓦拉附近坠毁，如图 10-7 所示，货机上有 8 人，全部遇难。货机搭载了 12 吨"危险物品"，主要为爆炸品。货机失事前，飞行员报告一台发动机出现故障，申请紧急降落，获准在卡瓦拉或塞萨洛尼基的机场降落。与地面的通话随后中断，飞机坠毁于卡瓦拉机场以西约 40 千米的农田中。有目击者报告称，这架货机在着火状态下快速坠落，随后撞向地面、发生爆炸。飞机坠毁后仍不断传出爆炸声。

图 10-7　在希腊北部卡瓦拉附近坠毁的乌克兰安-12 飞机

一、认识危险品

(一)危险品的概念

- 国际民航组织在《危险物品安全航空运输技术细则》(简称《技术细则》)中对"危险品"给出了明确的定义：危险品是指能对健康、安全、财产或环境构成威胁，并在《技术细则》的危险物品表中列明和根据《技术细则》进行分类的物品或物质。

- 航空运输协会在《危险品规则》中给出危险货品的定义：危险货品就是对健康、安全、财产与环境会造成危害的物质或物品；或是《危险品规则》的危险品品名表中列举的物质或物品；或是根据《危险品规则》属于危险货品分类标准的物质或物品。

- 《中国民用航空危险品运输管理规定》中指出："危险品"是国际民航组织列在《技术细则》危险品清单中或者根据该细则归类的能对健康、安全、财产或者环境构成危险的物品或者物质。

(二)危险品的特征

依据危险品概念，危险品需要满足以下三个特征。

① 具有爆炸性、易燃性、毒害性、腐蚀性、放射性等性质。

② 易造成人员损伤和财产损毁。当受到摩擦、撞击、震动，接触火源，日光曝晒，遇水受潮，温度变化或遇到性能相抵触的其他物品等时，危险品容易发生化学变化，从而引起爆炸燃烧、中毒、灼伤等，容易带来人员伤亡或财产损毁。

③ 需要特别防护，比如避光、温度控制、湿度控制。

二、危险品航空运输相关法律依据

　　航空运输业的发展离不开良好的法律环境支持，危险品运输随着航空货运量的增加而增多。为了规范危险品航空运输，相关国内外组织拟定了危险品航空运输的有关法规及文件。

(一)国际危险品运输相关法规

1. 联合国危险货物运输专家委员会(UNCoETDG)

　　《关于危险货物运输的建议书——规章范本》(橙皮书)，如图 10-8 所示。

　　《关于危险货物运输的建议书——试验和标准手册》，如图 10-9 所示。

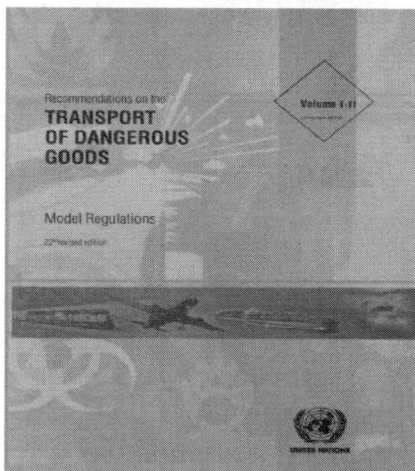

图 10-8　《关于危险货物运输的建议书——规章范本》英文版封面　　图 10-9　《关于危险货物运输的建议书——试验和标准手册》中文版封面

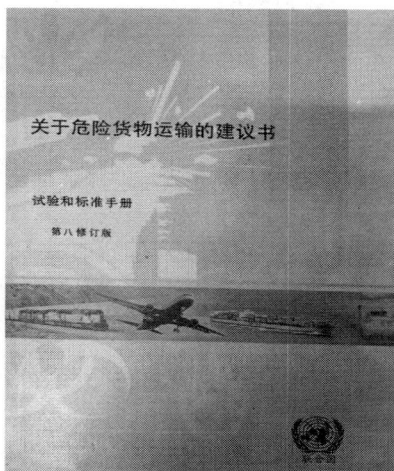

2. 国际原子能机构(IAEA)

　　《放射性物质安全运输条例》，如图 10-10 所示。

3. 国际民用航空组织(ICAO)

　　《国际民航公约》附件 18——《危险物品的安全航空运输》，如图 10-11 所示。

　　《危险物品安全航空运输技术细则》(简称《技术细则》)，如图 10-12 所示。

　　《与危险品有关的航空器事故征候应急响应指南》(红皮书)，如图 10-13 所示。

4. 国际航空运输协会(IATA)

　　《危险品规则》(dangerous goods regulations，DGR)，如图 10-14 和图 10-15 所示。是 IATA 在国际民用航空组织 ICAO 的《技术细则》的基础上，以国际航空运输协会的附加要求和有关的细节作为补充，基于运营和行业标准实践方面的考虑，制定的比《技术细则》更具约束力和操作性的危险品航空运输参考程序手册。《危险品规则》使用方便、操作性强，因而在世界航空运输领域中作为操作性文件被广泛使用。

图 10-10　《放射性物质安全运输条例》中文版封面

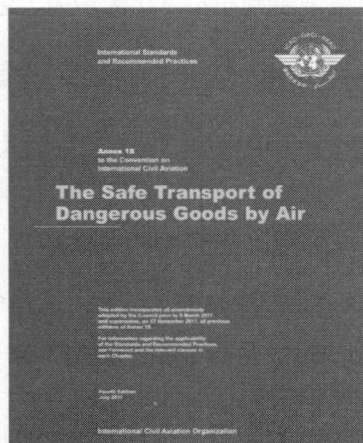

图 10-11　《国际民航公约》附件 18

图 10-12　《危险物品安全航空运输技术细则》

图 10-13　《与危险品有关的航空器事故征候
应急响应指南》

图 10-14　《危险品规则》英文版第 62 版封面

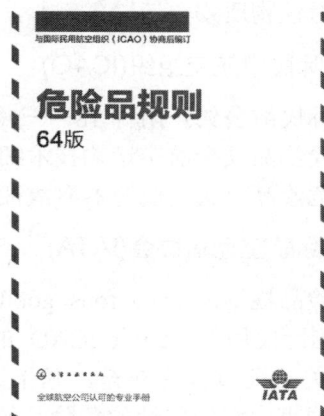

图 10-15　《危险品规则》中文版第 64 版封面

(二)国内危险品运输相关法规

① 《中华人民共和国民用航空法》；
② 《中华人民共和国民用航空安全保卫条例》；
③ 《中国民用航空安全检查规则》；
④ 《中国民用航空危险品运输管理规定》；
⑤ 《民用机场管理条例》；
⑥ 《中华人民共和国刑法》；
⑦ 《中华人民共和国安全生产法》；
⑧ 《危险化学品安全管理条例》；
⑨ 《中华人民共和国放射性污染防治法》；
⑩ 《病原微生物实验室生物安全管理条例》；
⑪ 《可感染人类的高致病性病原微生物菌(毒)种或样本运输管理规定》；
⑫ 《民用爆炸物品安全管理条例》；
⑬ 《国务院关于特大安全事故行政责任追究的规定》。

三、危险品分类

危险品的种类繁多，特性各不相同。为了安全地存储、管理和运输，国际航空运输协会发布的《危险品规则》中，将其分为 9 大类别 20 个项别。很多危险品除了具有某一危险特性外，还具有其他一种或几种次要危险性。9 大类别如下。

第一类：爆炸物品；
第二类：气体；
第三类：易燃液体；
第四类：易燃固体、易自燃物质、遇水释放易燃气体的物质；
第五类：氧化性物质和有机过氧化物；
第六类：毒性物质和感染性物质；
第七类：放射性物质；
第八类：腐蚀性物质；
第九类：杂项危险品。

20 个项别如表 10-1 所示。

表 10-1　危险品的类别及项别

类　别	项　别
第一类：爆炸物品	1.1 项　具有整体爆炸危险性的物质和物品； 1.2 项　具有喷射危险性而无整体爆炸危险性的物质和物品； 1.3 项　具有局部起火危险性和轻微的爆炸危险性(或轻微的喷射危险性)或两者有的危险，但无整体爆炸危险的物品或物质； 1.4 项　不存在明显危险性的物质和物品； 1.5 项　具有整体爆炸危险性的非常不敏感的物质； 1.6 项　无整体爆炸危险性的极不敏感的物品

续表

类　别	项　别
第一类：爆炸物品	绝大部分爆炸品禁止航空运输，如 TNT 炸药或者硝铵炸药等； 民航货机可以运输遇难信号弹、油井射孔弹、点火器等； 民航客机只能运输属于 1.4 项的爆炸品，如手枪弹药、信号弹、安全烟花等
第二类：气体	2.1 项　易燃气体； 2.2 项　非易燃无毒气体； 2.3 项　毒性气体
	易燃气体有氢气、甲烷、丙烷、丁烷、乙炔、打火机等；非易燃无毒气体有氮气、氧气、二氧化碳等；毒性气体有氯气、氨气、一氧化碳、硫化氢等
第三类：易燃液体	无项别
	属于易燃液体的有油漆、酒精、黏合剂、汽油、丙酮、苯等。
第四类：易燃固体、易自燃物质、遇水释放易燃气体的物质	4.1 项　易燃固体； 4.2 项　易自燃物质； 4.3 项　遇水会释放易燃气体的物质
	属于易燃固体的物质有安全火柴、硫黄、赛璐珞、红磷、硫等；属于易自燃物质的有白磷；属于遇水释放易燃气体的物质有钠、钾、碳化钙等
第五类：氧化性物质和有机过氧化物	5.1 项　氧化性物质； 5.2 项　有机过氧化物
	常见的氧化性物质有高锰酸钾、氯酸钙、漂白粉等；有机过氧化物有过氧化氢、过氧乙酸等。
第六类：毒性物质和感染性物质	6.1 项　毒性物质； 6.2 项　感染性物质
	毒性物质有砒霜、尼古丁、氰化钾、氰化钠、农药等；感染性物质如病毒、病菌以及一些医疗标本和医疗废弃物等。
第七类：放射性物质	分为Ⅰ级白色、Ⅱ级黄色、Ⅲ级黄色、裂变物质
第八类：腐蚀性物质	无项别
	腐蚀性物质有硫酸、硝酸、汞和蓄电池电解液等。
第九类：杂项危险品	无项别
	常见的杂项危险品有锂电池、石棉、大蒜油、磁性物质、电动轮椅、救生器材、冷冻生鲜等。

四、危险品标签

　　在民航运输过程中，对危险品包装件进行正确的标记和打上正确的标签是保障飞行安全的重要因素。危险品标签分为危险性标签和操作性标签。

(一)危险性标签

该标签表示物品的危险性质，标签呈菱形，上半部有危险品识别标识，下角有分类号。最小尺寸为 100mm×100mm，如表 10-2 所示。

表 10-2　危险品标签

类　别	项　别	标签图例	标签说明
第一类： 爆炸物品	1.1 1.2 1.3		图形：爆炸的炸弹(黑色)； 底色：橙色； 底角数字：1(黑色)
	1.4		图形："1.4"(黑色)； 底色：橙色； 数字须高于 30mm，字体笔画的宽度约 5mm； 底角数字：1(黑色)
	1.5		图形："1.5"(黑色)； 底色：橙色； 数字须高于 30mm，字体笔画的宽度约 5mm； 底角数字：1(黑色)
	1.6		图形："1.6"(黑色)； 底色：橙色； 数字须高于 30mm，字体笔画的宽度约 5mm； 底角数字：1(黑色)
第二类： 气体	2.1		图形：火焰(黑色或白色)； 底色：红色； 底角数字：2 (黑色或白色)
	2.2		图形：气瓶(黑色或白色)； 底色：绿色； 底角数字：2 (黑色或白色)
	2.3		图形：骷髅和交叉股骨(黑色)； 底色：白色； 底角数字：2(黑色)
第三类： 易燃液体			图形：火焰(黑色或白色)； 底色：红色； 底角数字：3 (黑色或白色)

类　别	项　别	标签图例	标签说明
第四类：易燃固体、易自燃物质、遇水释放易燃气体的物质	4.1		图形：火焰(黑色)； 底色：白色加上7条红色竖直条带； 底角数字：4(黑色)
	4.2		图形：火焰(黑色)； 底色：上半部白色，下半部红色； 底角数字：4(黑色)
	4.3		图形：火焰(黑色或白色)； 底色：蓝色； 底角数字：4 (黑色或白色)
第五类：氧化性物质和有机过氧化物	5.1		图形：圆圈上带火焰(黑色)； 底色：黄色； 底角数字：5.1(黑色)
	5.2		图形：火焰(黑色或白色)； 底色：上半部红色，下半部黄色； 底角数字：5.2 (黑色)
第六类：毒性物质和感染性物质	6.1		图形：骷髅和交叉股骨(黑色)； 底色：白色； 底角数字：6(黑色)
	6.2		图形：三枚新月叠加在一个圆圈上(黑色)； 底色：白色； 底角数字：6(黑色)
第七类：放射性物质	Ⅰ级		图形：三叶形(黑色)； 底色：白色； 底角数字：7(黑色)； 文字(强制性要求)：在标志的下半部分用黑体标出 RADIOACTIVE、CONTENTS、ACTIVITY、TRANSPORT INDEX； 在 RADIOACTIVE 后，标上一条垂直的红色短杠

续表

类　别	项　别	标签图例	标签说明
第七类： 放射性 物质	Ⅱ级		图形：三叶形(黑色)； 底色：上半部黄色加白边，下半部白色； 底角数字：7(黑色)； 文字(强制性要求)：在标志的下半部分用黑体标出 RADIOACTIVE、CONTENTS、ACTIVITY 在一个黑框里标出 TRANSPORT INDEX；
	Ⅲ级		在 RADIOACTIVE 后，标上两/三条垂直的红色短杠
	裂变性 物质		底色：白色； 底角数字：7(黑色)； 文字(强制性要求)：上半部用黑色文字标注 FISSILE 字样，下半部在一个黑框里标出 CRITICALITY　SAFETY INDEX
第八类： 腐蚀性 物质			图形：液体从两只玻璃容器中溢出并侵蚀了手和金属(黑色)； 底色：上半部白色，下半部黑色带白色边线； 底角数字：8(白色)
第九类： 杂项 危险品			图形：上半部为 7 条黑色竖条带(黑色)； 底色：白色； 底角数字：9 带下画线(黑色)
			图形：上半部为 7 条黑色竖条带，下半部为电池组，一个损坏的电池并发出火焰(黑色)； 底色：白色； 底角数字：9 带下画线(黑色)

(二)操作标签

操作标签也叫作储运标签，表示物品在存储和运输过程中需要注意的事项。此类标签既可与危险性标签同时使用，也可单独使用。标签为矩形，如表 10-3 所示。

表 10-3　操作标签

标签名称	图　例	说　明
仅限货机	CARGO AIRCRAFT ONLY FORBIDDEN IN PASSENGER AIRCRAFT	须与危险性标签相邻粘贴； 最小尺寸 120mm×100mm，小包装件尺寸可减半； 底色为橘黄色，图形和文字为黑色； 任何情况下，不得将贴有此标签的货物装入客机

标签名称	图例	说明
磁性物质		最小尺寸 110mm×90mm； 底色为白色，图形和文字为蓝色； 磁性物质被划分为第 9 类物质，使用该标签替代第九类危险性标签
锂电池		新版，2017 年 1 月 1 日开始实施； 最小尺寸 120mm×100mm，若包装箱尺寸不够，标准尺寸可缩小至 105mm×74mm； 标签须有宽度不小于 5mm 的红色边框
低温液体		该标签须与非易燃气体(2.2 项)危险性标签同时使用； 最小尺寸 74mm×105mm； 底色为绿色，图形和文字为白色
包装件方向		最小尺寸 74mm×105mm； 图形为白色； 向上箭头标明包装封闭盖的方向在上方； 包装件相对的两面，至少贴两个标签
远离热源		此标签须与 4.1 项或 5.2 项同时使用； 贴有此标签的危险品需要存储在避免阳光直射、远离热源、通风良好的场所
装有可拆卸湿电池轮椅		A 部分粘贴于轮椅上，标明轮椅具有可拆卸电池； B 部分粘贴于电池，用于和轮椅配对； 同时加贴"腐蚀性标签"和"包装件方向"标签

五、民航危险品运输规定

(一)危险品运输概念

危险品运输是特种运输的一种，指专门组织或技术人员对非常规物品使用特殊车辆进行的运输，以确保这些货物在运输过程中能够安全到达目的地，避免对环境和人员造成伤害。

民航危险品运输是指使用民用航空器，通过航空运输方式，完成货物或邮件的运送。只有经过国家相关职能部门严格审核，拥有安全运输危险品的相应设备设施的企业才有资格进行危险品航空运输。

(二)危险品运输包装

危险品运输包装指的是盛装危险物品的容器。危险品航空运输要求使用符合国际民航组织规定的专用危险品运输包装，包括木箱、纸箱、金属箱等。包装外需要粘贴相应的危险品标签，标明该危险品的种类、性质、应急处理措施等信息。危险品运输包装样式如图 10-16 所示。

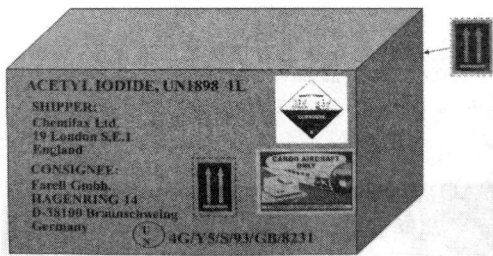

图 10-16　危险品运输包装样式

根据危险品所具有的危险性程度不同，危险品包装被划分为三个等级。

(1) Ⅰ级：用于包装危险性较大的物品或物质。

(2) Ⅱ级：用于包装危险性中等的物品或物质。

(3) Ⅲ级：用于包装危险性较小的物品或物质。

【案例：违规托运危险品，快递公司受处罚】

深圳市德邦物流有限公司在未制定危险品培训大纲并报民航地区管理局备案的情况下，于 2016 年 3 月 13 日托运了航空运输危险品喷漆(票号：479-45062765，承运人：深圳航空公司)，托运的货物未正确地分类、包装、加标记、贴标签且未填写危险品运输文件，涉嫌违规托运危险品。2016 年 6 月 2 日，民航中南局在其官网公布《民用航空行政处罚决定书》，依据《中国民用航空危险品运输管理规定》第 132 条，对深圳市德邦物流有限公司做出罚款人民币 25000 元的行政处罚。同时，按照《中华人民共和国行政处罚法》第 23 条的规定，责令该公司立即改正上述违法行为。另外，由于该公司员工未接受《中国民用航空危险品运输管理规定》要求的危险品培训，不满足相关培训要求，民航中南局依据《中国民用航空危险品运输管理规定》第 137 条的规定，对该公司做出罚款人民币 10 000 元的行政处罚。

(三)危险品航空运输许可

承运人从事危险品货物、含有危险品的邮件航空运输，应当取得危险品航空运输许可。危险品航空运输许可的有效期最长不超过 24 个月。

境内承运人要想申请取得危险品航空运输许可，应当具备下列条件。

① 持有公共航空运输企业经营许可证；
② 危险品航空运输手册符合《中国民用航空危险品运输管理规定》的要求；
③ 危险品培训大纲符合《中国民用航空危险品运输管理规定》的要求；
④ 按照危险品航空运输手册建立了危险品航空运输管理和操作程序、应急方案；
⑤ 危险品航空运输从业人员按照危险品培训大纲完成培训并考核合格；
⑥ 货物、邮件航空运输安全记录良好。

境内承运人向其公共航空运输企业经营许可证载明的主运营基地机场所在地民航地区管理局提交相关材料：①申请书；②危险品航空运输手册；③危险品培训大纲，并确保其真实、完整、有效。经审查符合要求，由民航地区管理局为其颁发危险品航空运输许可证。

六、危险品培训

在航空运输过程中，危险品可能会通过多种途径被带入进客机中，比如货运、客运、客舱服务等方式。为了确保飞行安全，凡是在航空运输过程中可能会接触到危险品的各岗位工作人员均需接受危险品培训，并通过考核。

国际民用航空组织(ICAO)和国际航空运输协会(IATA)将需要接受危险品培训的人员分为 12 类，危险品培训人员类别图如图 10-17 所示。为了保证知识更新，接受危险品培训的人员需要在前一次培训后的 24 个月内进行复训，且培训记录应保存 3 年以上，并随时接受民航局或者民航地区管理局的检查。

类别	人员名称
1类	托运人及承担托运人责任的人员
2类	包装人
3类	负责处理危险品收运工作的货运代理人员
4类	负责处理货物、邮件或供应品（危险品除外）的货运代理人员
5类	负责货物、邮件或供应品的操作、存储和装载的货运代理人员
6类	经营人及地面操作代理收运危险品的人员
7类	负责收运货物、邮件或供应品（危险品除外）的经营人及地面操作代理机构人员
8类	负责货物、邮件或供应品的操作、存储和装载的经营人及地面操作代理机构人员
9类	旅客服务人员
10类	飞行机组人员、监装主管和配载人员
11类	客舱机组成员（飞行机组除外）
12类	安检人员

图 10-17 危险品培训人员类别图

由于不同工作岗位人员接触危险品的程度不同，要求掌握的危险品航空运输规定和技能也有所差异，所以各岗位人员培训内容也不一样。各岗位人员培训内容要求如图 10-18 所示。

人员类别 内容要求	1	2	3	4	5	6	7	8	9	10	11	12
基本原理	√	√	√	√	√	√	√	√	√	√	√	√
限制	√		√		√	√		√	√	√	√	√
托运人的一般要求	√		√			√						
分类	√		√	√		√		√	√		√	√
品名表	√		√			√				√		
一般包装要求	√		√			√						
包装说明	√		√			√						
标签与标记	√		√		√	√		√			√	√
申报单及其他文件	√		√			√						
收运程序						√						
对未申报危险品的识别	√		√		√	√		√	√	√	√	√
存储与装载程序					√	√		√	√	√		
机长通知单						√		√				
旅客及机组人员的规定	√		√			√		√	√		√	√
紧急情况的处理	√		√		√	√		√	√		√	√

图 10-18　各类人员培训内容要求

七、民航危险品运输流程

(一)航空客运危险品运输流程

航空客运中的危险品运输主要有旅客出港和进港两个阶段。

(1) 出港阶段：由机场安检部门分别对旅客的交运行李和手提、随身携带行李进行安检。交运行李由值机部门称重、挂牌，安检部门安检，地服部门入库、装机、入货舱；旅客手提、随身携带行李则由安检部门将其与旅客一同安检后，再由旅客带进候机楼隔离区，最后登机带入客舱。

(2) 进港阶段：地面服务工作人员将交运行李卸机、装传送带，旅客提取后出隔离区；手提、随身携带行李则跟随旅客下机离开隔离区。

(二)航空货运危险品运输流程

航空货运中的危险品运输需要经过运输准备、货物出港、空中运输和货物进港四个阶段。

(1) 运输准备阶段：托运人需要对托运物品进行识别，确定其是否为危险品。若有必要，还应出具由鉴定机构开具的危险品鉴定报告。若确定为危险品，首先由托运人或其代理人根据相关法规填写危险品申报单等运输文件，并对其进行包装、粘贴标记和标签。然后由货运销售代理人对危险品进行包装件的检查、接收，并填写检查单等货运文件。

(2) 货物出港阶段：由地面服务代理人对危险品包装件进行计重、安检、入库、组装、装机，并填写货运单、预订舱位等。

(3) 空中运输阶段：由经营人对危险品进行空中运输。

(4) 货物进港阶段：主要由地面服务代理人对危险品包装件进行卸机、核对、入库等。最后交付货物，由收货人提取货物。

【案例：伪报危险品酿成更大损失】

2000 年 3 月，北京空港航空地面服务有限公司(BGS)接收了大通国际运输公司托运的一票货物，货主为中国化工建设大连公司，收货人为一家印度公司，委托马来西亚航空公司承运，货运单上品名为 80 桶固体的 8-羟基喹啉(白色或淡黄色结晶或结晶性粉末、腐蚀性较小、低毒)。但是载货飞机到达吉隆坡转机卸货时，飞机上的两桶货物出现泄漏，造成5 名工人中毒，飞机遭受严重腐蚀而报废。

事故调查表明：该票货物是 2000 年 3 月 14 日由中国公司签发的空运单，单上填写的是非危险品，适于普通航空运输，这批物品的报关、物品鉴定等事项也均由中国公司办理。相关技术部门认定，泄漏物品与合同单上申报的普通物品不符，实际货物为危险品草酰氯(淡黄色、有毒、有腐蚀性的液体)，此行为属于伪报危险品品名。

事故赔偿：马来西亚航空公司和马来西亚保险公司等 5 家境外保险公司将中国化工建设大连公司及大通国际运输公司等 6 家与此事件有关的公司诉至北京市高级人民法院，2007 年 12 月，北京市高级人民法院依法判决中国化工建设大连公司赔偿 5 家境外保险公司共计 6 506.3 万美元。

八、旅客携带物品乘机规定

为保障民航旅客人身财产安全、民用航空运输安全和国家安全，防止针对民用航空活动的非法干扰，中国民用航空局发布了《民航旅客禁止随身携带和托运物品目录》和《民航旅客限制随身携带或托运物品目录》。

(一)禁止随身携带及托运的物品

禁止随身携带及托运的物品示意图如图 10-19 所示。

打火机、火柴　　枪支、管制刀具　　危险品　　强辐射物品

图 10-19　禁止随身携带及托运的物品示意图

1. 枪支等武器(包括主要零部件)

枪支等武器是指能够发射弹药(包括弹丸及其他物品)并造成人身严重伤害的装置或者可能被误认为是此类装置的物品。主要包括：手枪、步枪、冲锋枪、猎枪、射击运动枪、麻醉注射枪、道具枪、发令枪、钢珠枪、各类非法制造的枪支等，以及这类枪支的仿真品。

2. 爆炸或者燃烧物质和装置

爆炸或者燃烧物质和装置是指能够造成人身严重伤害或者危及航空器安全的或者可能被误认为是此类装置的物品。主要包括炸弹、手榴弹、照明弹、烟幕弹、信号弹、催泪弹、雷管、引信、起爆管、烟花爆竹、烟饼、黄烟、礼花弹等，以及这类物品的仿真品。

3. 管制器具

能够造成人身伤害或者对航空安全和运输秩序构成较大危害的管制器具主要包括匕

首、三棱刮刀、带有自锁装置的弹簧刀或跳刀、警棍、手铐、拇指铐、脚镣、弩等。

4. 危险物品

能够造成人身伤害或者对航空安全和运输秩序构成较大危害的危险物品主要包括易燃液体、易燃固体、自燃物品、遇湿易燃物品、压缩气体、液化气体、氧化剂和有机过氧化物、毒害品、腐蚀性物品和放射性物品。

5. 其他物品

其他能够造成人身伤害或者对航空安全和运输秩序构成较大危害的物品主要包括传染病病原体、火种(包括各类点火装置)、额定能量超过 160Wh 的充电宝和锂电池、酒精体积百分含量大于 70%的酒精饮料、强磁化物、有强烈刺激性气味或者容易引起旅客恐慌情绪的物品，以及不能判明性质的可能具有危险性的物品。

重点强调：中国民用航空局规定禁止旅客随身携带打火机、火柴乘坐民航班机，含国际/地区航班、国内航班，也不可以放在托运行李中托运。

6. 国家法律、行政法规、规章规定的其他禁止运输的物品。

(二)禁止随身携带但可托运的物品

禁止随身携带但可托运的物品示意图如图 10-20 所示。

非管制刀具　　　　　　　　液态物品　　　　　　　　超限行李

图 10-20　禁止随身携带但可禁止托运物品示意图

1. 锐器

该类物品带有锋利边缘或者锐利尖端，由金属或其他材料制成的、锋利度足以造成人身严重伤害的器械，主要包括：

① 日用刀具(刀刃长度大于 6 厘米)，如菜刀、水果刀、剪刀、美工刀、裁纸刀；
② 专业刀具(刀刃长度不限)，如手术刀、屠宰刀、雕刻刀、刨刀、铣刀；
③ 用作武术文艺表演的刀、矛、剑、戟等。

2. 钝器

该类物品不带有锋利边缘或者锐利尖端，由金属或其他材料制成的、锋利度足以造成人身严重伤害的器械，主要包括棍棒(含伸缩棍、双节棍)、球棒、桌球杆、板球球拍、曲棍球杆、高尔夫球杆、登山杖、滑雪杖、指节铜套(手钉)等。

(三)其他

其他能够造成人身伤害或者对航空安全和运输秩序构成较大危害的物品主要包括：

① 工具，如钻机(含钻头)、凿、锥、锯、螺栓枪、射钉枪、螺丝刀、撬棍、锤、钳、焊枪、扳手、斧头、短柄小斧(太平斧)、游标卡尺、冰镐、碎冰锥；

② 其他物品，如飞镖、弹弓、弓、箭、蜂鸣自卫器，以及不在国家规定管制范围内的电击器、梅斯气体、催泪瓦斯、胡椒辣椒喷剂、酸性喷雾剂、驱除动物喷剂等。

(三)随身携带有限定条件但可以作为行李托运的物品

1. 液态物品概念

液态物品通常指液体、凝胶及喷雾类(气溶胶)类物品，主要包括：

① 常见的饮品，例如矿泉水、饮料、汤及糖浆等；

② 带有酱汁的食物或酱汁，例如水果罐头等；

③ 常用化妆品，例如乳霜、护肤液、护肤油、香水及其他类似化妆品；

④ 喷雾及压缩容器内充物，例如剃须泡沫、香体喷雾、摩丝等；

⑤ 膏状物品，例如牙膏、洁面乳等；

⑥ 凝胶，例如头发定型及沐浴用的凝胶产品；

⑦ 任何稠度相似的溶液及物品，例如隐形眼镜药水、营养口服液等。

2. 乘坐国际及地区航班

携带的液态物品应当盛放在单体容器容积不超过 100mL 的容器内随身携带(单体容积超过 100mL 的容器，内含液态物品即使不超过 100mL 或者 100g，也不允许随身携带)。与此同时，盛放液态物品的容器应置于最大容积不超过 1L、可重新封口的透明塑料袋中，每名旅客每次仅允许携带一个透明塑料袋，超出部分应作为托运行李托运。

3. 乘坐国内航班

除航空旅行途中自用的化妆品、牙膏及剃须膏除外，禁止随身携带液态物品。

航空旅行途中自用的化妆品必须同时满足三个条件：①每种限带一件；②盛放在单体容器容积不超过 100mL 的容器内；③接受开瓶检查。(单体容器容积超过 100mL 的航空旅行途中自用的化妆品、牙膏及剃须膏即使不超过 100mL 或者 100g，也不允许随身携带)。

在同一机场控制区内由国际、地区航班转乘国内航班的旅客，其随身携带入境的免税液态物品必须同时满足三个条件：①出示购物凭证；②置于已封口且完好无损的透明塑料袋中；③经安全检查确认。由国际、地区航班转乘国内航班过程中离开机场控制区的旅客，必须将随身携带入境的免税液态物品作为行李托运。携带液态物品示意图如图 10-21 所示。

婴儿航空旅行途中必需的液态乳制品、糖尿病或者其他疾病患者航空旅行途中必需的液态药品，经安全检查确认后方可随身携带。

旅客在机场控制区、航空器内购买或者取得的液态物品，在离开机场控制区之前可以随身携带。

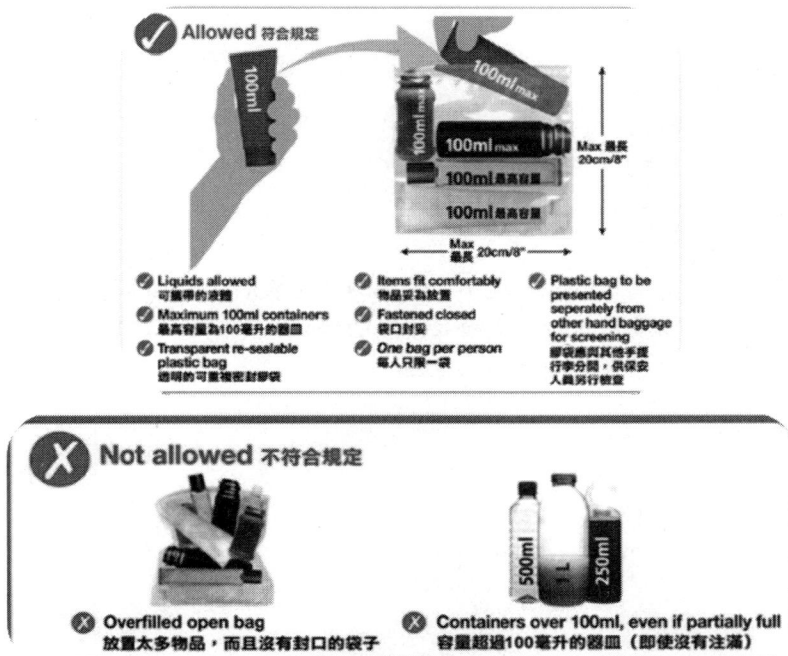

图 10-21　携带液态物品示意图

(四)禁止随身携带但作为行李托运有限定条件的物品

酒精饮料禁止随身携带，作为行李托运时有以下限定条件：

①　标识全面、清晰且置于零售包装内，每个容器容积不得超过 5L；

②　酒精的体积百分含量小于或等于 24%时，托运数量不受限制；

③　酒精的体积百分含量大于 24%、小于或等于 70%时，每位旅客托运数量不超过 5L；

④　禁止托运酒精体积百分含量大于 70%的酒精饮料。

(五)禁止作为行李托运且随身携带有限定条件的物品

充电宝、锂电池禁止作为行李托运，随身携带时有以下限定条件(电动轮椅使用的锂电池另有规定)：

①　标识全面、清晰，额定能量小于或等于 100Wh；

②　当额定能量大于 100Wh，小于或等于 160Wh 时，必须经航空公司批准且每人限带两块。

【思考题】

1. 简述飞行安全的重要性。

2. 简述影响飞行安全的风险因素。

3. 什么是航空安全保卫？

4. 航空安保的目的与宗旨是什么？

5. 简述非法干扰的概念。

6. 简述扰乱行为的概念。

7. 简述劫机的种类。

8. 危险品的概念是什么？

9. 危险品有哪些特征？

10. 危险品航空运输有哪些法律依据？

11. 简述危险品的 9 大类别。

12. 根据危险品具有的危险性程度不同，危险品包装划分为几个等级？

13. 客舱机组人员需要进行哪些危险品内容的培训？

14. 简述禁止随身携带及托运的物品范围。

参考文献

[1] 雷傲. 浅析国家航空器与民用航空器的区分[J]. 中国民用航空，2019. 7(60).

[2] Olivier Jankovec. Airport Carbon Accreditation Annual Report[EB/OL]. [2022-2023]. http://www. airportcarbonaccreditation. org.

[3] 夏迪娅·吾甫尔. 论《海牙议定书》[R]. 时代报告，2013.3：236-237.

[4] 谭刚. 1931—1937 年欧亚航空公司的经营管理领域业绩分析[J]. 西南大学学报(社会科学版)，2013.3(2).

[5] 张超汉. 国际航空运输事故承运人先行付款制度研究：以 1999 年《蒙特利尔公约》第 28 条为分析文本[J]. 法律科学(西南政法大学学报)，2016(06).

[6] 刘贺. 《北京公约》对国际航空保安公约体系的更新[J]. 北京航空航天大学学报社会科学版，2023，36(1).

[7] 刘国俊. 开启新疆民航事业的欧亚航空公司[J]. 档案春秋，2019(02)：34-39

[8] 秦程. 中国航空公司早期发展研究(1929—1937)[D]. 河南大学，2012.

[9] 薛定刚，周翃. 民航概论[M]. 北京：航空工业出版社，2021.

[10] 刘岩松. 民航概论[M]. 北京：清华大学出版社，2017.

[11] 王帅，杨振秋，于海川. 民航基础知识[M]. 北京：中国民航出版社，2019.

[12] 任新惠，董晨欣. 聚焦我国机场管理模式的归类研究[J]. 中国民用航空，2010(10)：3.

[13] 李家祥. 明确机场定位 统筹处理五大关系 进一步促进机场又好又快发展：对贯彻落实《民用机场管理条例》的几点思考和认识[J]. 民航管理，2009.

[14] 通用机场信息平台，2023 年全国通用机场数据简报[EB/OL]. 2024-01-19.